HISTOIRE
DE LA
MAISON DES BAUX

PAR

G. NOBLEMAIRE, G. C. ✻

INGÉNIEUR EN CHEF DES MINES
DIRECTEUR GÉNÉRAL HONORAIRE DE LA COMPAGNIE DES CHEMINS DE FER
DE PARIS A LYON ET A LA MÉDITERRANÉE
MEMBRE DE L'ACADÉMIE DE MARSEILLE

OUVRAGE ACCOMPAGNÉ DE 13 PLANCHES EN PHOTOTYPIE
ET DE 9 TABLEAUX GÉNÉALOGIQUES

PARIS
LIBRAIRIE ANCIENNE HONORÉ CHAMPION
ÉDOUARD CHAMPION
5, QUAI MALAQUAIS, 5

1913

HISTOIRE

DE LA

MAISON DES BAUX

Cet ouvrage a été tiré à 300 exemplaires sur papier de Hollande Van G

numérotés de 1 à 300.

N°

HISTOIRE

DE LA

MAISON DES BAUX

PAR

G. NOBLEMAIRE, G. C. ✱

INGÉNIEUR EN CHEF DES MINES

DIRECTEUR GÉNÉRAL HONORAIRE DE LA COMPAGNIE DES CHEMINS DE FER

DE PARIS A LYON ET A LA MÉDITERRANÉE

MEMBRE DE L'ACADÉMIE DE MARSEILLE

OUVRAGE ACCOMPAGNÉ DE 15 PLANCHES EN PHOTOTYPIE

ET DE 9 TABLEAUX GÉNÉALOGIQUES

PARIS

LIBRAIRIE ANCIENNE HONORÉ CHAMPION

ÉDOUARD CHAMPION

5, QUAI MALAQUAIS, 5

1913

VUE GÉNÉRALE DE

INTRODUCTION

LES BAUX DE PROVENCE ET LA FAMILLE DES BALZ

En dehors des Provençaux qui tous connaissent la montagne et le village ruiné des Baux, les touristes étrangers y sont, le plus souvent, conduits par le hasard et l'amour du pittoresque; quelques-uns d'entre eux par le souvenir des poétiques descriptions que Mistral a consacrées au Val d'Enfer dans *Mireille* et dans *Calendau* ou par ce qu'ils peuvent avoir entendu dire de la plus illustre des familles de la Provence. Jusqu'à présent, les Baux ont été difficilement accessibles et en dehors des routes ordinaires du tourisme. Aujourd'hui, un service régulier d'automobiles, organisé en 1912 par la Compagnie des Chemins de fer P.-L.-M., permet facilement, par un voyage circulaire d'Arles à Avignon, la visite en une journée des ruines de la célèbre abbaye de Montmajour, celle des admirables monuments romains de Saint-Remy, celle enfin de l'abrupte hauteur couronnée par les ruines imposantes du château des Balz; elles en couvrent le sommet de leurs gigantesques débris au milieu desquels, depuis le démantèlement définitif de 1632, s'élève, fière et grandiose, la tour du donjon seigneurial.

De cette illustre famille qui a tenu, au moyen âge, une si grande place en Provence, au royaume de Naples, où elle existe encore, puis a émigré en Sardaigne, en Albanie et en Roumanie où elle est aujourd'hui largement représentée, j'ai connu à Paris le dernier représentant mâle, le peintre Raymond Balz, l'élève préféré d'Ingres et c'est l'amitié que je porte à ses deux filles, Mme Hennet de Goutel et Mlle Jeanne Balz, qui m'a donné l'idée d'en retracer l'histoire.

J'ai une autre raison plus personnelle, plus technique d'aimer les Baux. Je les vis pour la première fois en 1860, lorsque, ingénieur des mines du Département, je m'y rendis pour instruire une demande en concession d'une mine de fer sur leur territoire. L'existence d'une couche de minerai était manifeste; mais, après avoir analysé à mon laboratoire les échantillons que j'en avais rapportés, je dus conclure contre l'institution d'une concession pour le motif que ces minerais ne contiennent que 10 à 15 % de fer, le reste est de l'alumine. Cette conclusion, tombée sous les yeux de l'illustre chimiste Henri Sainte-Claire Deville, à la famille duquel je devais plus tard m'allier, fut pour lui un trait de lumière. L'aluminium, qu'il étudiait, se tirait alors d'un minerai assez rare d'Islande, la Cryolithe. Dans le nouveau produit, il trouvait une source inépuisable du métal dont il devait tirer si grand parti. Sous le nom de Bauxite, qu'il lui donna, c'est aujourd'hui un minerai largement exploité, dans le Var, les Bouches-du-Rhône et l'Hérault par toutes les usines d'Europe qui fabriquent l'aluminium.

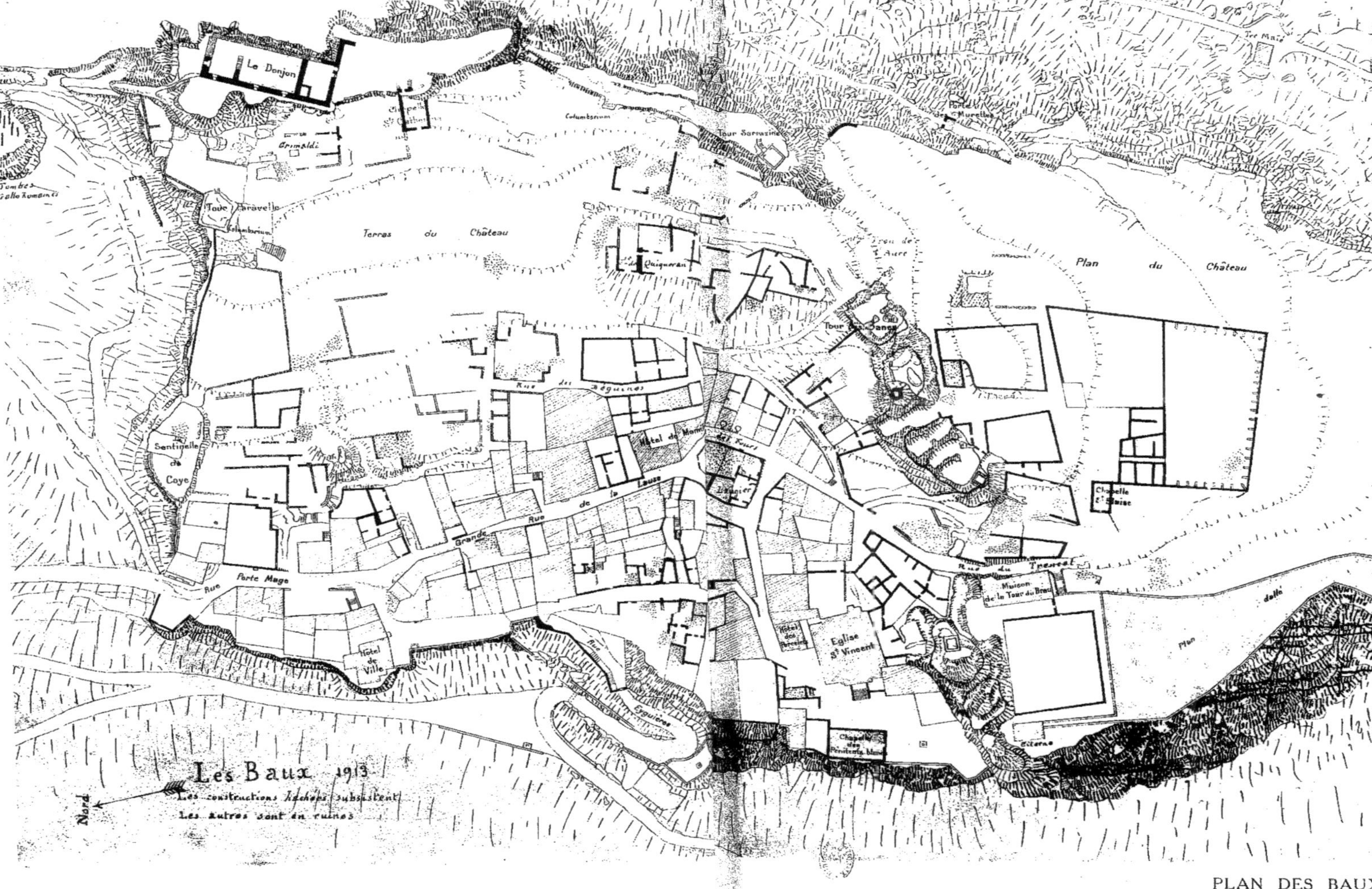

PLAN DES BAUX
DRESSÉ EN 1904

CHAPITRE PREMIER

LES BALZ, DE L'ORIGINE A 1100

Pour ceux qui aiment les légendes et les recueillent comme les pré-
des de l'histoire, les Balz remontent loin. Ils revendiquent comme
cêtre l'un des trois rois Mages, Balthazar. C'est une tradition que rien
'appuie, bien entendu, mais une tradition populaire en Provence où les
lages, — on se demande pourquoi, — jouissent, encore de nos jours,
'une singulière popularité. Elle est rapportée par Mistral dans le chant 1er
e son *Calendau*[1], elle a inspiré Alphonse Daudet, l'admirable conteur
es choses de Provence, et c'est aux Noëls populaires du pays d'Arles
ue Georges Bizet a emprunté la marche des rois Mages[2] qui donne une
llure si spéciale à l'ouverture de *l'Arlésienne*. Quand j'aurai ajouté que le
lason de la famille, une étoile d'argent à 16 rayons sur fond de gueules,
appelle l'étoile qui guida les Mages à Bethléem, j'aurai dit tout ce qu'on
ait, ou plutôt tout ce qu'on répète en Provence de leur origine légen-
laire. Pour d'autres amateurs de légendes, ils descendent de la tribu

1. Li Prince di Baus, la proumièro
Per soun antique noum e per sa resplendour
Di gran famiho Prouvençalo,
Raço d'aigloun jamai vassalo.
... a soun dire coume a soun crèire
Eli countavon dins si rèire (*aïeux*)
lou Mage Bautezar dou quau un descendént
Era vengu d'Etioupio
Planta bourdoun sus lis Aupiho (*Alpilles*)
... D'aqui soun crid de guerro : A l'asar Bautezar.

2. De boun matin — ai rescountrat lou trin — di tres gran Reis dessus lou gran camin.

sainte des Baltes d'où sortaient les rois de Gothie et à laquelle appartenait Alaric qui, parti des bords de la Baltique, saccagea Rome en 412, après avoir traversé la Provence.

Si l'on s'en tient aux faits qu'il est possible d'établir, c'est vers l'an 900 qu'on en trouve les premières traces, incertaines d'abord et peu à peu se précisant, dans les chartes précieusement conservées dans les archives des monastères de Saint-Victor, de Montmajour, de Saint-Césaire, de Saint-Trophime d'Arles et patiemment recueillies avec beaucoup d'autres et publiées en 1879 et 1882 par le Dr Barthélemy, bibliothécaire et membre de l'Académie de Marseille (*Inventaire chronologique et analytique des chartes de la Maison de Baux*). Les premières ne sont guère que des donations aux abbayes, inspirées, là comme ailleurs, par la crainte superstitieuse qu'inspirait partout l'approche de l'an 1000, que l'on supposait devoir marquer la fin du monde [1]. C'est dans ces actes de pieuses offrandes que nous trouvons des indications sur la famille et la filiation des donataires.

Le comte Leibulfe, seigneur des terres d'Argence, sur la rive droite du bas Rhône, est le premier Balz dont les anciens chroniqueurs citent le nom. Ils le font vivre vers l'an 800, date que rien, à ma connaissance, ne justifie et que, pour ma part, je retarderais volontiers d'un siècle environ.

En rapprochant des tableaux généalogiques, établis tant par Barthélemy, que par le prince Georges Bibesco descendant, par les Balz actuels de Roumanie, de l'illustre famille provençale, les dires de Papon (*Histoire de Provence*, 1777) et les discussions plus modernes de Manteyer (*La Provence du Ier au XIIe siècle*, 1908) et de Paul Fournier (*Le royaume d'Arles et de Vienne*, 1891), je crois que l'on peut, avec une presque certitude, résumer dans le tableau suivant, l'origine de la famille des Balz.

1. Ces donations aux monastères sont souvent motivées de la façon la plus expressive. Voici la justification de l'une d'elles faite par Guillaume et Geoffroy, comtes de Provence, à l'abbaye de Montmajour : « propter metum gehennæ, ut Deus omnipotens eripere me dignetur ab Averni ignibus, ut ad ipsum pervenire merear, secundum promissionem quam repromittit Deus diligentibus se. »

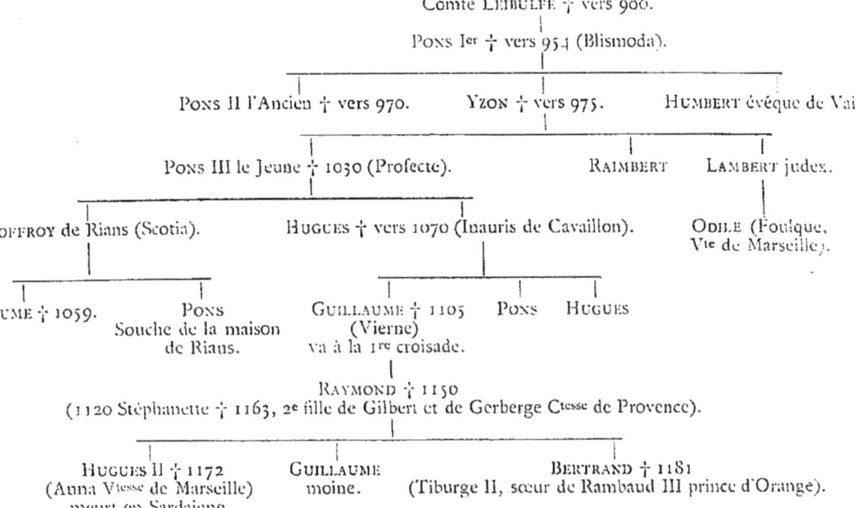

PONS Ier et sa femme Blismoda ne sont connus que de nom ; ils eurent trois fils : Pons II, Yzon et Humbert, évêque de Vaison.

PONS II *l'Ancien* est nommé dans deux chartes de 965 et 967, citées par Barthélemy et Paulet, conservées au chapitre d'Arles et qui le qualifient, l'une de Vice Comes, l'autre de Major ; son nom se lit encore gravé sur l'un des murs de l'église Saint-Vincent, aux Baux.

YZON est mentionné comme père de Pons le Jeune dans une charte du 14 mai 971, de donation d'une église aux moines de Montmajour par Bozon II comte d'Arles et de Provence et sa femme Folcoare (Barthélemy, 1).

PONS III (Pontius juvenis), son fils aîné, est connu d'abord par la donation de terres qu'il fait à Saint-Étienne d'Arles, le 9 avril 975 (By 2) : « Ego Pontius juvenis... dono aliquid de proprietate meâ... in comitatû Arelatense, in agro Argenteâ... Facta donatio in Arelati civitate, VIII aprilis, XXVIII regnante Conrado Rege. » Il s'agit ici de Conrad le Pacifique, empereur d'Allemagne et roi de Bourgogne. Cette singulière manière de dater, (que nous retrouverons fréquemment plus tard dans les actes des comtes de Provence de la maison de Barcelone), était sans doute une reconnaissance implicite de la suzeraineté que, pendant tout le Moyen Age, les empereurs d'Allemagne ont exercée et revendiquée sur la Provence [1].

En 981, on trouve Pons III le Jeune, sa femme Profecte et leur fils Ugo, mentionnés dans une charte (By 3), par laquelle un certain Silvius, sa femme Reifrede et leurs fils Aymeric et Pons font donation à l'abbaye de Montmajour d'une terre qu'ils tenaient de Pons le Jeune « in Comitatù Arelatense secùs castrum qui vocatur *Balcius* » ; c'est la première mention connue du château des Balz.

Nous les retrouvons en 1008, puis en 1028, faisant deux donations à l'abbaye de Saint-Victor de Marseille (By 4 et 7).

Pons le Jeune dut mourir vers 1030, laissant deux fils :

Le premier, Gauzfredus (Geoffroy), seigneur de Brignoles et de Pertuis par son mariage avec Scotia, fille de Guigo et de Gualdrada, est la souche de la famille de Rians ;

Le second, Ugo (Hugues), marié à Inauris, fille d'Artaud vicomte de Cavaillon, est la souche de celle des Balz. Il est nommé dans une charte de donation à Saint-Trophime d'une partie de la ville et du château de Marignane, en 1032 (By 10) ; puis, avec sa femme Inauris, en 1045 et 1055, dans trois chartes de donation au monastère de Saint-Victor (By 11, 12 et 18). Enfin, la charte du 16 octobre 1059 (267 du Cartulaire de Saint-Victor, citée par Barthélemy, p. VII) donne des renseignements certains sur les deux fils de Pons III le Jeune : « nos omnes coheredes, Gauzfredus et Ugo et uxores nostræ, scilicet Scotia cum filiis nostris Vuillelmo et Pontio, Inauris cum suis filiis Vuillelmo, Ugone et Pontio,

1. Voir sur cette suzeraineté, Appendice (note 1).

concedimus et donamus... » Hugues mourut vers 1070 ; de ses trois fils, on ne connaît guère que l'aîné Vuillelmus.

GUILLAUME, tantôt avec son frère Pons et leur mère Inauris, tantôt, et plus souvent, avec sa femme Vierne, figure, de 1046 à 1091, dans de nombreuses chartes de donation aux moines de Saint-Étienne, Saint-Trophime et Saint-Victor (By 13 à 15, 19, 22 à 26). Lié d'amitié avec Raymond IV de Saint-Gilles comte de Toulouse, Guillaume le suit en Palestine (1105) et y meurt comme lui.

RAYMOND, son fils, qui les avait accompagnés, figure comme témoin au testament de Raymond de Saint-Gilles, fait au Mont Pélerin, le 31 janvier 1105 (By 27). Il revient en France et, avec lui, nous entrons dans une période plus précise de l'histoire [1].

1. Avant d'y entrer et de quitter le domaine des légendes, on me permettra peut-être, puisque j'ai parlé des Rois Mages, de faire connaître celle que, sur eux-mêmes, j'ai recueillie à Cologne où, suivant la tradition, reposent leurs restes, à l'ombre du Dôme : Revenus à Babylone, leur pays, ils y furent baptisés par saint Thomas, ordonnés prêtres et associés à son apostolat. Sainte Hélène apporte leurs corps à Constantinople et les donne à l'évêque Eustorgius qui les emporte à Milan. De l'église San Eustorgio, où l'on montre leur sarcophage avec l'inscription : *Sepulchrum trium magorum*, leurs reliques furent portées à l'église de San Giorgio al Palazzo. En 1164, après la prise de Milan, Frédéric Barberousse les donne à son chancelier Rainald von Dassel archevêque de Cologne. Elles sont vainement réclamées par le Pape Alexandre VI pour Ludovic Sforza il Moro, puis, sur les instances de saint Charles Borromée, par Grégoire XIII et le roi Philippe II d'Espagne, enfin, en 1675, par le cardinal Littra archevêque de Milan. Philippe von Heisberg successeur de Rainald leur fait faire, au commencement du XIIIe siècle, une châsse magnifique déposée d'abord dans le vieux Petersdom, puis dans le Dôme actuel commencé en 1248 et où Othon IV, Guillaume de Hollande, Édouard III roi d'Angleterre, Ruprecht roi du Palatinat et Louis XI vinrent, tour à tour, vénérer leurs reliques. Mises à l'abri en Hesse, en 1794, elles reprennent leur place à Cologne en 1803.

GÉNÉALOGIE SYNOPTIQUE

DES COMTES DE PROVENCE
DES SEIGNEURS DES BAUX
DES COMTES DE TOULOUSE

Maison de Provence

BOZON ✝ 887 Roi de la Bourgogne Cisjurane, beau-frère de Charles le Chauve.

LOUIS l'Aveugle ✝ 911.

HUGUES ✝ 926 — BOZON Ier ✝ 948 (935 Comte bénéficiaire et Roi d'Arles).

BOZON II ✝ 968 (Folcoare).

GUILLAUME Ier ✝ 992 (Alix d'Anjou).

GUILLAUME II ✝ 1018 (Gerberge de Bourgogne).

GEOFFROY I ✝ 1063 (Stephanie).

GERBERGE (GILBERT Cte de Gévaudan ✝ 1110 assassiné).

ROTBOLD ✝ 1008 (Ermen

EMMA ✝ 1024, épouse e
Guillaume Taillefer Cte de Toul

PONS Cte de Toulouse ✝ 106

GUILLAUME ✝ 1088. — RAYMOND DE St-GILLES au Mt Pélerin en Pale

ALPHONSE JOURDAIN ✝
(Faytide d'Uzès).

Maison de Barcelone

DOULCE ✝ 1129
(1111 RAYMOND BERENGER III Cte de Barcelone Rd Br I Cte de Provence ✝ 1131).

STEPHANETTE ✝ 1163
(1120 Raymond de Baux ✝ 1150).

Ramon Berenger IV le vieux ✝ 1162 (Petronille d'Aragon). — BERENGER RAYMOND assassiné ✝ 1144 (Béatrix de Melgueil).

HUGUES DE BAUX ✝ 1172 (Anne de Marseille). — BERTRAND DE BAUX ✝ 1181 (Tiburge d'Orange).

RAYMOND V ✝ 119
(Sancha d'Aragon

RAYMOND BERENGER III ✝ 1181. — RAYMOND BERENGER II le jeune ✝ 1166 (1162 Richilde de Pologne).

HUGUES IV ✝ 1240 (Barrale). — BERTRAND ✝ 1201 (Etiennette de Baux). — GUILLAUME I ✝ 1218 (Ermengarde de Sabran).

br. d'Avellino. — br. d'Andrie. — br. d'Orange.

RAYMOND VI ✝ 122
(Constance fille du F
Louis VI).

DOULCE II ✝ 1168.

RAYMOND VII ✝ 1

Maison d'Aragon

ALPHONSE ✝ 1209
son neveu
(Garsende de Forcalquier).

RAYMOND BERENGER IV ✝ 1245.
(Béatrix de Savoie).

JEANNE
épouse en 1237
Alphonse de Poitiers frère de

Maison d'Anjou

MARGUERITE (Saint Louis). — BEATRIX (CHARLES D'ANJOU frère de saint Louis).

COMTES DE PROVENCE | LES BAUX | COMTES DE TOULOU

CHAPITRE II

LA MAISON DE BARCELONE EN PROVENCE

Guerres de la succession. — Alphonse Jourdain de Toulouse (1113-1125)
Raymond des Baux et Stéphanette (1136-1150)

L'histoire des Balz, à cette époque, est si étroitement liée à celle des comtes barcelonais de Provence et des comtes de Toulouse que, pour comprendre les longues guerres qui vont ensanglanter la vallée du Rhône, je crois nécessaire, tout d'abord, de résumer la généalogie synoptique des trois maisons :

Le tableau qui précède donne l'origine de la maison de Provence, avec *Bozon*, beau-frère de Charles le Chauve et ses deux successeurs, *Louis l'Aveugle et Hugues. Bozon I*er, frère de ce dernier, lui succéda en 926 et devint, en 933, comte bénéficiaire et roi d'Arles. Il eut pour fils *Bozon II* († 968) dont les deux fils, Guillaume et Rotbold, exercèrent à peu près indivisément le pouvoir souverain.

Guillaume, l'aîné († 992), est le grand-père de *Geoffroy I*, dernier des Bozon, dont la fille unique *Gerberge* apporte en dot le comté de Provence à Gilbert comte de Gévaudan, Rodez et Carlad. (C'est donc bien à tort que plusieurs historiens appellent Gilbert le dernier des Bozon et admettent que Gerberge était comtesse de Gévaudan, c'est inverser la situation vraie.) Gilbert († 1110) et Gerberge eurent deux filles, *Doulce* et *Stéphanette*; la première épousa Raymond Berenger I comte de Barcelone, et lui apporta en dot le comté de Provence ; la seconde, Raymond des Baux, et c'est sur cette union que se basa ce dernier pour disputer la possession du comté au prince étranger, son beau-frère.

Sur cette question, longtemps fort controversée, des deux sœurs, je me borne ici à une affirmation ; j'en ai fait l'objet de la note 2 de l'Appendice (Doulce, Stéphanette, Faytide).

Rotbold († 1008), second fils de Bozon II, prend le titre de marquis de Provence ; il ne laisse qu'une fille, *Emma*, mariée en 991 à Guillaume Taillefer, comte de Toulouse [1]. Leur petit-fils fut Raymond de Saint-Gilles qui, je le rappelle, mourut en 1105 au Mont Pélerin, en Palestine, en présence de Raymond de Baux. Leur arrière-petit-fils fut Alphonse Jourdain († 1148), qui s'appuya sur cette descendance pour disputer à Raymond Berenger I, comte de Barcelone, la possession de la Provence et finalement la partager avec lui en 1125.

Cet exposé rapide était nécessaire, pour permettre de suivre l'histoire de la maison des Baux à cette époque si troublée.

Gilbert de Gévaudan, devenu par son mariage comte de Provence, meurt assassiné en 1110. Un an après, sa veuve Gerberge donne en mariage leur fille aînée, Doulce, au comte de Barcelone, Ramon Berenger III (Raymond Berenger I en Provence). Elle aggrava cette faute politique en lui donnant en dot (voir Appendice, note 3), par un premier acte du 1er février 1111 [2], non seulement les comtés de Gévaudan, de Rodez et de Carlad qu'elle déclare tenir de la largesse de son mari, mais aussi le comté de Provence qu'elle tenait de son père. Le 3 février 1111, par un deuxième acte [3],

1. Par elle, Guillaume Taillefer, continue la maison de Toulouse dont le dernier représentant mâle, Raymond VII († 1242), marie sa fille unique Jeanne, en 1237, à Alphonse de Poitiers frère de saint Louis ; à peu près en même temps, Raymond Berenger IV dernier comte barcelonais de Provence († 1245), mariait ses deux filles, l'une, Béatrix, à Charles d'Anjou autre frère de saint Louis et l'autre, Marguerite, à saint Louis lui-même.

2. Kalendes de février de la 4e année du règne du roi Louis (*sic*) : il s'agit ici du roi de France Louis VI le Gros.

3. Le 4 des nones de février de la même année.

dans lequel elle prend le titre de comtesse d'Arles, elle donne sa fille Doulce, en mariage au comte Raymond Berenger « avec toutes mes possessions et avec celles qui appartenaient au comte Gilbert, son père », c'est-à-dire la Provence, le Gévaudan, Rodez et Carlad, pour en jouir eux et leur postérité. Enfin, par un troisième acte du 13 janvier 1112 [1], Doulce, comtesse de Barcelone et de Provence, donne au comte Raymond, son mari, tout ce qui lui appartient par héritages paternel et maternel, en Provence et dans le comté de Rodez. Cet acte est signé par la comtesse Doulce et trois témoins dont l'un est *Raymond de Baux.*

C'était toute la basse Provence ; et comme la haute Provence (comté de Forcalquier) appartenait déjà à la maison d'Urgel, la Provence entière se trouvait appartenir à des princes espagnols !

RAYMOND DE BALZ (ainsi dénommé dans une charte de 1116 By 30) l'un des trois témoins de cet acte de donation, n'était pas encore marié avec Stéphanette, sœur de Doulce. Il ne songe pas, comme il le fera après l'avoir épousée, à se révolter contre Raymond Berenger I ; au contraire, en 1115, il équipe sept galères pour l'aider à se défendre contre les Sarrazins qui s'étaient emparés des Baléares et leur reprend Mayorque. En reconnaissance de ce service, Raymond Berenger I et Doulce, en 1116, lui font donation de la seigneurie de Berre et de toutes les possessions ayant appartenu aux assassins du comte Gilbert, sauf la ville de Saint-Maximin (By 29). Raymond 1105-1150.

Malgré son amitié pour le comte de Toulouse, Raymond ne semble pas prendre parti dans la querelle qui, après le mariage de Doulce, éclata en 1113, et devait durer douze ans, entre Raymond Berenger et Alphonse Jourdain, lequel prétendait tenir des droits sur la Provence, comme je l'ai dit plus haut, du chef d'Emma, fille de Rotbold comte de Provence, et femme de Guillaume Taillefer, son bisaïeul [2]. Cette longue querelle se ter-

1. Aux ides de janvier de l'année 1112 de l'Incarnation.
2. Voir tableau page 7.

mina par le traité de paix du 16 octobre 1125. Aux termes de ce traité, Raymond comte de Barcelone et de Provence, Doulce sa femme, leurs fils et leurs filles abandonnent à Ildefonse de Saint-Gilles comte de Toulouse et à sa femme Faytide le château de Beaucaire, la terre d'Argence sur la rive droite du Rhône, et toute la terre de Provence depuis la Durance jusqu'à l'Isère, avec le château de Valabrègue, en se réservant la moitié des villes d'Avignon, Sorgues, le Pontet, et des châteaux de Thor et de Caumont qui demeurent indivis entre eux; Ildefonse et Faytide abandonnent à Raymond, comte de Barcelone et marquis (*sic*) de Provence, à Doulce et à leurs enfants, la région comprise entre la Durance depuis sa source au mont Genèvre, le Rhône par l'île de la Loubières, Fourques et Saint-Gilles, la mer et les Alpes depuis la Turbie jusqu'au mont Genèvre. Alphonse dégage les soldats et les habitants de ces régions de la fidélité qu'ils lui ont jurée; il s'interdit de disposer des territoires qui lui sont réservés, sauf en faveur des enfants légitimes qu'il pourrait avoir de Faytide (il en eut plus tard Raymond V), ajoutant que s'il n'en avait pas (si obiero sine infante de propriâ uxore), le tout reviendrait à Raymond Berenger..... (totum quod superiùs dictum est, sine omne dilatione dimittimus, laxamus, concedimus).

Raymond de Baux épouse Stéphanette, sœur de Doulce, au plus tard en 1120, car, en mai 1121, nous les voyons figurer tous deux, ainsi que leur fils Hugues, comme témoins dans une charte de donation du prieuré de Saint-Gilles à l'hôpital de Saint-Jean de Jérusalem (By 31). J'ajoute qu'en 1130, ils avaient déjà trois fils : Hugues, Guillaume et Bertrand, qui figurent dans une charte accordant un droit de passage sur leurs domaines aux moines de Boscodon, dans le diocèse d'Embrun (By 33).

Doulce meurt en 1128; Raymond Berenger I, son mari, se retire en 1130 au monastère de Ripoll (Catalogne), où il fait profession de religieux templier et y meurt l'année suivante [1]. Il laissait deux fils; il donne la Catalogne à l'aîné, *Ramon Berenger (IV de Barcelone)*, qui plus tard (1137) régent d'Aragon par ses fiançailles avec Petronille d'Aragon, fille de Ramirez le Moine, devait en l'épousant (1151) devenir roi d'Aragon, ou plus exactement prince consort ; au second, *Berenger Raymond*, il donne la Provence, que Raymond de Baux s'apprête à lui disputer.

Pour Raymond de Baux, Stéphanette avait autant de droits à la Provence que Doulce sa sœur, qui, on ne sait pourquoi, avait reçu de Gerberge, leur mère commune, toutes les terres constituant les héritages paternel et maternel. Il se contint tant que vécut son beau-frère Raymond Berenger; mais à sa mort (1131), autant par patriotisme que par ambition personnelle, il leva l'étendard de la révolte en opposant aux droits d'un étranger, son neveu Berenger Raymond second fils de Raymond Berenger I, ceux qu'il revendiquait pour ses propres fils, du chef de leur mère Stéphanette.

Ce fut une guerre terrible qui, pendant quatorze ans, de 1136 à 1150, désola la Provence et en divisa les seigneurs : soixante-quatre d'entre eux, dont Nostradamus donne les noms, se prononçant pour Raymond de Baux soutenu par Alphonse Jourdain, comte de Toulouse, soixante-trois autres pour Berenger Raymond. Celui-ci soutient la guerre avec beaucoup de courage. A ses troupes de Provence et de Catalogne, il joint l'aide des Génois; mais ceux-ci le trahissent quand il va soutenir Guillaume IV, comte de Montpellier, et il est assassiné par eux, dans le port de Melgueil (Mauguio), en 1144. Il est enterré dans l'église de la Commanderie de Saint-Thomas, à Trinquetaille.

Raymond de Baux cherche alors à donner à ses prétentions une couleur de légitimité en s'adressant à l'héritier des rois de Bourgogne, toujours jaloux d'affirmer sa suzeraineté sur le royaume d'Arles et de Vienne (voir

1. Doulce était la troisième femme de Raymond Berenger ; la première avait été Marie, fille de Rodrigue (le Cid) et de Chimène. (Voir Appendice, note 2 et note 7 : *Comtes de Barcelone et rois d'Aragon*.)

Appendice, note 1). Il se rend, en 1145, à Wurzbourg, auprès de l'empereur Conrad III, à côté duquel il comptait un ami dévoué, l'abbé Wibald de Stavelot, son secrétaire, et lui demande l'investiture du comté de Provence. Flatté de la démarche, Conrad craignait peut-être de s'engager, en l'accueillant, dans une lutte périlleuse contre le comte de Barcelone, Ramon Berenger le Vieux, régent du royaume d'Aragon. Il s'en tira par un demi-moyen : par une bulle d'or signée le 4 août 1145, à Wurzbourg [1], il accorde à Raymond le droit de battre monnaie à Trinquetaille et lui donne en fief toute la terre que possédait son père, Guillaume fils d'Hugues de Baux, et *toutes celles que possédèrent* le comte Gilbert et sa femme Gerberge, père et mère de Stéphanette (By 40). Il ne désignait pas *explicitement* la Provence et laissait planer sur cette concession une incertitude sans doute calculée [2]. Cette sorte d'investiture n'avance d'ailleurs en rien les affaires de Raymond de Baux.

En mourant, en 1144, à Mauguio, Berenger Raymond laissait, de sa femme Béatrix, fille du comte de Melgueil, un fils, *Raymond Berenger II* (*le Jeune*), âgé de 7 ans, que son oncle, Ramon Berenger le Vieux, fait élever à Barcelone auprès de lui et dont il prend les intérêts en Provence. Il y vient de sa personne et, par ses succès militaires, autant que par d'habiles négociations, il détache de la cause de Raymond de Baux de

1. Conradus Romanorum Rex III concedimus et firmâ potestate tradimus tibi, vir nobilis Raymundus et, pro te, ingenuæ conjugi tuæ Stephaniæ comitissæ ac legitimis heredibus vestris, habendi percussuram monetæ, cudendi propriâ figurâ denarios... in castro tuo Trincatalis... Præterea dedimus tibi in feodum omnem terram quam pater tuus Guillelmus Ugonis tenuit tam in dominio quam in hominio... et, insuper, omnem terram quam tenuit, *quando in optimo statu fuit*, Gerbertus comes et conjux ejus Franciscâ Gerberta pater et mater prænominatæ uxoris tuæ Stephaniæ tam in dominio quam in hominio....... Et ut hæc donatio sive confirmatio rata et inconvulsa permaneat, presentem paginam aureâ bullâ nostrâ insigniri jussimus..... Anno Dom. incarnationis MCXLV, indictione VIII, IIII di Aug., regnante Domino Conrado III Roman. rege, anno regni ejus VIII. Dat. Wercerburg. In Christo felicitas. Amen. Sig. Domini Conradi Roman. regis invictissimi.

2. Certains historiens, Papon en particulier (t. II, p. 557), émettent quelques doutes au sujet de cette bulle. C'est à tort, car elle est visée dans une deuxième bulle de 1162, de Frédéric Barberousse, dont je parlerai plus loin. « Hugo de Baucio duo privilegia, aureis bullis signata, attulit, unam videlicet dignæ memoriæ Conradi regis....... »

nbreux seigneurs, dont il reçoit l'hommage à Tarascon en 1146[1]. De s, le comte de Toulouse, Alphonse Jourdain, part pour la croisade (1148); si, bien que Ramon Berenger le Vieux soit rappelé en Espagne, Raynd de Baux est forcé de renoncer à la lutte. Il se rend à Barcelone ır y demander la paix et y meurt en 1150.

Après sa mort, Stéphanette envoie à Barcelone leurs deux fils aînés, gues et Guillaume, pour y rendre hommage au comte Ramon Beren- IV et à son neveu et pupille, Raymond Berenger le Jeune, alors âgé treize ans, et le prier de se rendre en Provence pour conclure la paix. s'y rend en effet, et, après de brillantes fêtes, un traité, soi-disant définitif, signé à Arles en septembre 1150.

Ce traité (reproduit dans l'Appendice, note 5) débute par un *exposé des tifs* rappelant qu'une longue guerre (rixa et discordia) a existé entre renger Raymond comte de Provence et Raymond de Baux dont la mme, Stéphanie, réclamait en héritage une part du comté de Provence; renger Raymond prétendait, au contraire, ne rien lui devoir parce qu'elle ait été dotée, lors de son mariage, par ses père et mère, le comte Gilbert la comtesse Gerberge. Après la mort, pendant cette guerre, dudit erenger Raymond (*tué à Melgueil en 1144*), le comté de Provence échut sicut ei contingebat » à son frère (*aîné*) Ramon Berenger IV, comte de arcelone, contre lequel, pendant six ans, Raymond de Baux, Stéphanie leurs fils continuèrent la guerre, jusqu'à ce qu'enfin Raymond de Baux rendit spontanément à Barcelone pour se remettre entre les mains du omte, exécuter ses ordres et lui remettre le château de Trinquetaille qui, récédemment, « retroactis temporibus », avait déjà été remis au père à la mère dudit comte (*c'est-à-dire à Raymond Berenger I (III de Bar-*

1. « Anno Domini 1146, mense februarii, apud Tarasconem, barones Provinciæ fecerunt homaniticum pud Raymundum comitem Barchion. et Arragonens. principem et manibus propriis, juraverunt ei fidelitem » (Bouche, *Hist. de Provence*, t. II, p. 124, cité par Paul Fournier).

celone) et Doulce. Raymond de Baux étant venu à mourir sur ces entrefaites, ledit comte (*Ramon Berenger IV de Barcelone*) vint en Provence et s'y rencontra avec Stéphanie et ses fils, Hugues, Guillaume, Bertrand et Gerbert, qui se mirent entre ses mains pour exécuter ses ordres.

Après cet exposé, Stéphanie et ses fils déclarent abandonner toutes leurs prétentions sur le comté de Provence, s'imposer un perpétuel silence et s'engager à ne plus inquiéter à ce sujet, ni Ramon Berenger (*IV le Vieux*), comte de Barcelone, ni son neveu, Raymond Berenger (*le Jeune*, † *1166*), fils de son frère Berenger Raymond († *1144*[1]). Ils abandonnent à eux et à leurs héritiers les châteaux de Trinquetaille, de Tranz, de Mayranges, Cordolor, Ledianna et Aix, ainsi que toutes leurs possessions de Berre, et s'engagent, pour eux et pour leurs successeurs, à leur rester fidèles pour tout le comté de Provence tel que Raymond Berenger I (*mari de Doulce*) et Alphonse comte de Toulouse, se le sont partagé (*en 1125*). En cas de violation de ces promesses, et notamment de la remise du château de Trinquetaille, Hugues de Baux (*fils aîné de Stéphanette*) s'engage à se mettre en leur pouvoir et à y rester jusqu'à complète exécution. Le traité porte les seings de Stéphanie et de ses fils, Hugues, Bertrand, Guillaume et Gerbert, et de nombreux témoins.

De ces quatre fils de Raymond de Baux, Gerbert n'a pas d'histoire, Guillaume se fit moine, Bertrand devait devenir prince d'Orange par son mariage avec Tiburge, fille de Rambaud III.

Hugues II 1150-1172. HUGUES, fils aîné de Raymond, lui succède et bientôt refuse d'exécuter un traité pour lequel il prétend qu'on a abusé de sa jeunesse. Remarquons, en passant, que nous l'avons vu plus haut figurer avec Raymond et Stéphanette, ses père et mère, dans une charte de mai 1121 (By 31); en 1150, il avait donc trente ans au moins.

Hugues et ses frères songent, dès l'abord, à réclamer l'appui de l'empereur Frédéric Barberousse qui, en 1152, avait succédé à son oncle

1. Voir tableau page 7.

rad III; ils le font par le moyen de leur ami dévoué, l'abbé Wibald tavelot, son secrétaire, que nous avons vu plus haut servir d'intermé-re, en 1145, entre Raymond leur père et Conrad III; ils lui écrivent 1153 : « ..... obnixè precamur ut, quatenùs per præsentium latorem, re dignemini quanta mala comes Barcinoniensis nobis contulit et con- moliatur, quia fideles huic Regi èsse volumus. Preces nostras ante eratorem admittite et nos, vestris, ante ipsum munite et quod de ejus entù sperare debemus, certiorate [1]. »

lugues entreprend la lutte contre le comte de Provence, lutte malheu-se que termine, en 1156, un traité rappelant celui de 1150 et signé s l'église de Saint-Trophime (By 58). Stéphanette et ses fils font nmage à Ramon Berenger (le Vieux), comte de Barcelone, et à son eu Raymond Berenger II (le Jeune), comte de Provence, pour les teaux et territoires de Trinquetaille, Castillon et Vitrolles, qu'ils s'en-gent à leur livrer à première réquisition. Guillaume et Rostaing de ran, Pierre Lauret, Bermond d'Uzès et ses fils se font leur caution y 54, 55, 56) et s'engagent à se mettre à la disposition du comte de ovence par amende et par leurs personnes, dans le cas où Stéphanette ses fils refuseraient de se conformer à sa réquisition.

Quatre ans après, Hugues le refuse en effet (1160), dès que l'empereur édéric Barberousse eut confirmé à Stéphanette et à ses fils les deux vilèges accordés, en 1145, par son oncle Conrad III à Raymond de ux (By 57). D'accord avec Hugues, Raymond V, comte de Tou-use et marquis de Provence, assiège et prend Vaison (1161); Raymond renger II accourt avec de grandes forces, occupe Arles et met le siège vant Trinquetaille. Il n'en vient à bout qu'en l'attaquant par le Rhône, moyen d'un fort en bois monté sur des bateaux et du haut duquel il it pleuvoir des projectiles sur les assiégés. C'est un événement célèbre ns l'histoire locale, au point (dit Canonge) qu'une ancienne charte est

1. Voir Paul Fournier. Jaffé, *Monumenta Corbeiensia* (*Bibliotheca rerum Germanicarum*, t. I, p. 428).

datée de l'année où le comte de Provence assiégeait Trinquetai teresse fut démantelée, ainsi que quatre-vingts autres places senques.

Mais Hugues n'était pas au bout de ses chagrins, et l'étonnan politique et religieuse que fit, à cette époque, Frédéric Barb l'amitié duquel il croyait pouvoir compter, lui ménageait de plus cuisants déboires.

Après avoir comblé de faveurs et de privilèges les archevêqu Vienne, Moutiers, Valence, Avignon et Arles, qu'il avait réu çon en 1157, un an après son mariage, pompeusement célét burg, avec Beatrix, fille de Renaud comte de Bourgogne, d'amour-propre amène un revirement complet de sa politiqu même, le cardinal Rolland, l'un des légats du pape, s'étant a lui demander : « De qui donc l'Empereur tient-il sa couronne s Pape ? », Frédéric renvoie les légats et publie un manifeste décla tient l'Empire que de Dieu. Peu après (1159), le cardinal Rol pape sous le nom d'Alexandre III. Frédéric refuse de le reco clame antipape un de ses protégés, Victor IV, et ouvre une gieuse qui va troubler toute la chrétienté (Paul Fournier).

En 1160, il confirme à Hugues de Baux l'investiture et l que Conrad III avait, quinze ans auparavant, donnés à Ra père (By 57); mais, contre Hugues, le comte de Provenc Berenger II poursuit le cours de ses succès et met le le château des Baux (1162); puis, faisant à son tour une év tique, il abandonne la cause d'Alexandre III et se rend à Tur rousse, après la destruction de Milan, se reposait des fatigue pagne victorieuse en Lombardie, pour lui rendre hommage

1. Nous verrons de même, dans un instant, Frédéric Barberousse dater « ... après la des sa charte de 1162.

Cl. Boulanger

CLOITRE DU MONASTÈRE DE MONTMAJOUR

vence. Frédéric l'y accueille avec empressement, fait même des vers c les troubadours que Raymond Berenger avait amenés avec lui et, liant complètement ses anciennes amitiés, il révoque, par un acte du août 1162 (Appendice, note 5), les deux diplômes d'inféodation dont se valait Hugues de Baux : celui de 1145, sous le prétexte que Conrad, yant jamais vu Raymond, n'avait pu lui donner l'investiture *tangible*, ui de 1160, le sien propre, pour la raison qu'en investissant Hugues des res du comte Gilbert et de la comtesse Gerberge, ses grand-père et nd'mère, il *ignorait* que ces terres fussent le comté de Provence y 62). Il donne en fief à Ramon Berenger le Vieux comte de Barone et à son neveu Raymond Berenger II (le Jeune) le comté de Proнce compris entre la Durance, le Rhône, la mer et les Alpes, tel qu'il a été fini par le partage de 1125 entre le comte de Provence et Alphonse de oulouse (Amfuso), ainsi que la ville d'Arles à l'exception de ce qu'y possédait depuis cent ans l'évêque d'Arles, enfin Forcalquier, dont le comte devait, us peine de déchéance, faire hommage de fidélité au comte de Provnce. A ce dernier, il impose de reconnaître et recevoir Victor IV comme pe catholique et universel, et de défendre l'entrée de ses domaines Rolland (*sic*, Alexandre III) et à ses cardinaux.

Il ajoute : « S'il plaît aux comtes de Barcelone et de Provence de pourivre Hugues de Baux pour parjure, et si celui-ci refuse de se défendre a se reconnaît coupable, l'Empereur fera justice en sa cour; s'ils l'acusent de trahison, et si Hugues refuse de se défendre par un duel contre n de ses pairs, ou s'il y est vaincu ou s'avoue coupable, dans le cours ou ors du combat, Hugues perdra la terre des Baux que l'Empereur donera en fief au comte de Provence ; s'il se défend au contraire, les comtes e Barcelone et de Provence le traduiront devant la cour de l'Empereur n remettant Balcium entre les mains de ses délégués... » Frédéric enfin onne en mariage à Raymond Berenger II le Jeune sa nièce Richilde, fille e Vladislas II roi de Pologne (Pierre de Marca, Appendice, p. 1.332).

Peu après, le 7 août 1162, en revenant de Turin, Ramon Berenger le Vieux meurt à Borgo san Dalmazzo. Stéphanette, sa constante ennemie, le suit de près et meurt en 1163.

Raymond Berenger II (le Jeune) comte de Provence fut tué, en 1166, au siége de Nice, où il était allé combattre une révolte de ses sujets. Avec lui s'éteignait en Provence la dynastie de Barcelone, car il ne laissait qu'une fille, Doulce II. Le fils aîné de Raymond V comte de Toulouse, qui lui était fiancé, estime qu'en la délaissant pour épouser Richilde, sa mère, il sera en meilleure position pour ajouter à son marquisat le comté de Provence; mais Alphonse, roi d'Aragon, fils de Ramon Berenger le Vieux et cousin germain de Raymond Berenger II, intervient en faveur de Doulce avec d'autant plus d'empressement qu'il ne pouvait admettre que a maison de Toulouse possédât la totalité de la Provence. Il y vient de sa personne en 1167, force le comte de Toulouse à se retirer et, Doulce II, par une heureuse coïncidence, venant à mourir sans être mariée, il s'attribue le comté de Provence [1]. On raconte qu'au cours de cette guerre, et pendant qu'il assiégeait le château d'Albaron en Camargue, le roi Alphonse, forcé de fuir, ne dut son salut qu'à Bertrand de Baux, quatrième fils de Raymond et de Stéphanette, qui le prit en croupe, lui fit, en cet état, traverser un bras du Rhône et le mit en sûreté à Arles. De la part d'un ami traditionnel de la maison de Toulouse, c'était un acte assurément bien chevaleresque. Il assura la réconciliation des Balz avec les princes de la maison d'Aragon et pourtant ne fut pas de nature à aliéner à Bertrand la sympathie de l'empereur Barberousse qui, plus tard, à Orange, en 1178, lui donna des preuves manifestes de son amitié (voir chapitre V, Orange).

1. C'est l'avènement de la maison d'Aragon en Provence ; le roi Alphonse en confie le gouvernement d'abord à son frère Raymond Berenger III, tué en 1181 à Montpellier, puis, après lui, à son propre fils, Alphonse, qui épouse Garsende, fille de Guillaume IV comte de Forcalquier, et réunit ainsi (entre des mains espagnoles) les deux comtés séparés depuis 1054. Il meurt en 1209. Raymond Berenger IV, leur fils († 1245), marie deux de ses filles : Marguerite d'Aragon au roi saint Louis, Beatrix à Charles d'Anjou, son frère. Ces unions apportent la Provence à la maison de France (voir tableau p. 7).

Quoi qu'il en soit, Hugues de Baux, son frère aîné, abreuvé de chagrins et ne pouvant se décider à se reconnaître vassal du roi d'Aragon, préfère s'exiler en Sardaigne où il fonde la dynastie des juges (ou princes) d'Arborée (voir Appendice, note 6). Il y meurt en 1179, instituant pour son héritier, si son fils Raymond n'avait pas d'enfants, ce qui fut le cas, son frère Bertrand.

Bertrand 1170-1181.

BERTRAND, qui s'installe au château des Baux, se trouve ainsi, à cette époque, l'unique représentant de la famille ; il en relève l'éclat par son mariage avec Tiburge, sœur de Rambaud III prince d'Orange, mariage contracté bien avant 1170, car nous voyons Bertrand figurer avec ses trois fils, Hugues, Bertrand et Guillaume, dans une charte de 1173, par laquelle son beau-frère, Rambaud prince d'Orange, lui abandonne tout ce qu'il possède sur les territoires d'Orange et de Courthezon (By 68).

En 1177, Frédéric Barberousse, par le traité de Venise, fait la paix avec le pape Alexandre III. En 1178, il vient à Arles et s'y fait couronner à Saint-Trophime comme roi de Bourgogne. Il approuve le testament d'Hugues de Baux en faveur de Bertrand, ainsi que la cession de Rambaud, confirme le droit de battre monnaie concédé à Raymond de Baux par Conrad III, en 1145, et donne à Bertrand de Baux le droit de se qualifier Prince d'Orange, de porter la couronne et de marcher, ses enseignes déployées, des Alpes au Rhône et de l'Isère à la Méditerranée (By 71, 72).

Bertrand meurt en 1181. Il est enseveli, en habits monastiques, dans l'abbaye de Sylvacane fondée, en 1147, par son bisaïeul, Raymond de Baux, qu'il avait achevée, et, comme celles de Saint-Victor, Frigolet et Montmajour, richement dotée (By 75, 76).

De Tiburge, sa femme, Bertrand laisse trois fils qui se partagent ses États :

Hugues IV, l'aîné, devient chef de la maison des Baux ; son fils Barral accompagne Charles d'Anjou en Italie et y devient la souche de l'illustre lignée des *comtes d'Avellino*.

Bertrand devient le chef de la branche de Berre (Meyrargues, Marignane et Puy Ricard), qui se prolonge en Italie par la lignée des ducs d'Andrie.

Guillaume devient le chef de la maison d'Orange dont nous retrouverons plusieurs descendants en Italie, mêlés intimement, avec leurs cousins, aux affaires du royaume de Naples.

A chacune de ces branches je consacre un des chapitres qui vont suivre.

A partir de ce moment, l'histoire des Balz devient plus délicate à établir exactement, en raison de la multiplication des membres de la famille, et surtout des homonymies si nombreuses que l'on rencontre dans les trois branches : les Hugues, les Bertrand, les Guillaume, les Raymond y sont si communs que, même en les distinguant, dans chacune d'elles, par des numéros d'ordre et, quand on le peut, par la date de leur mort ou le nom de leur femme, les confusions sont à craindre.

Pour la branche d'Avellino, tous les auteurs sont à peu près d'accord. Pour les deux autres il n'en est pas de même : *de la Pise* (Histoire de la principauté d'Orange, 1640) très exact pour ce qui regarde la branche d'Orange, est plus que suspect dans le peu qu'il dit des autres; *Chazot de Nantigny* (Généalogies historiques des maisons qui ont possédé les différentes parties des royaumes de Bourgogne et d'Arles, t. IV. Paris, 1738) donne bien, pour les trois branches, dans ses tableaux 111 à 114, des indications précises; mais il s'inspire ordinairement du livre de *Ferrante della Marra duc della Guardia* (Discorsi delle famiglie estinte imparentade colla casa della Marra. Napoli, 1641); or, ce dernier, bien placé, ce semble, pour être renseigné, car sa famille s'est alliée à plusieurs reprises à celle des Balz [1], est exact pour l'époque voisine de celle où il écrit, mais il l'est moins pour les époques antérieures et procède souvent par des conjec-

1. En 1315, Jacopa della Marra épouse Hugues del Balzo ; leur fils est Raymond comte de Soleto.
En 1474, Barnabo della Marra épouse Maria del Balzo d'Alessano ; Ferrante della Marra est leur arrière-petit-fils (voir chap. V, § 7).

tures (Beraud *dut avoir* deux fils, Ramondello et Amiel... Amiel était *probablement* le frère de Jean Théodin... Vanella Zurla *doit avoir* changé son nom pour s'appeler Margherita... E una probabilissima conjettura che..., etc.).

Une de leurs attributions, en particulier, est assurément erronée : l'un des plus célèbres parmi les Balz d'Italie est Raymond comte de Soleto († 1375) dont on admire le tombeau dans l'église de Santa Chiara à Naples, vis-à-vis du monument identique de sa femme Isabelle d'Apia ; il est, tout le monde le dit, fils d'Hugues, mort en 1315, et marié à Jacopa della Marra ; mais qui est cet Hugues ? Les deux auteurs précités (Pierre d'Hozier lui-même ! Bibliothèque nationale, dossiers bleus, n° 66) le font figurer dans la branche de Berre-Andrie, alors qu'il est sûrement de la branche d'Orange (Courthezon), comme l'indique de la Pise et comme le prouvent les armes de la maison d'Orange, écartelées de deux étoiles à seize rayons et de deux cornets, qui se voient sur son tombeau.

Barthélemy au contraire (Inventaire chronologique et analytique des chartes de la maison de Baux, 1882) a établi de toutes pièces les généalogies des trois branches, d'après les indications des 2.012 chartes qu'il a eu la patience de recueillir à Naples et en Provence. Ce travail de bénédictin lui a donné le droit de qualifier de *fantaisistes* les généalogies données par *Piton Court* (Histoire d'Aix, 1619) et dont beaucoup d'auteurs se sont inspirés. Je le considère comme aussi rapproché que possible de la vérité ; c'est lui que j'ai déjà souvent cité et que j'invoquerai fréquemment encore dans la suite de cette étude.

BRANCHE DE MARSEILLE-AVELLINO

BERTRAND † 1181 (Tiburge II sœur de Rambaud III Prince d'Orange).

HUGUES IV † 1240 (Barrale fille de Barral Vte de Marseille et d'Alasacie Porcelet)

ALASACIE (Guillaume de Pertuis † 1284).

BARRAL I † 1268 Sénéchal en Venaissin de Raymond VII Cte de Toulouse, (Sibylle d'Anduze, nièce de Raymond VII). Passe en Italie avec Charles d'Anjou, 1265.

GILBERT † 1243 (Sibylle, fille de Geoffr[oi] de Trets).

BERTRAND de Pertuis † 1276 Sr de Trogessana (Dragonette de Montauban), va en Italie avec Charles d'Anjou.

BERTRAND † 1305 Sr de Pertuis, Bon d'Aubagne, 1er Cte d'Avellino (1º Philippine de Poitiers fille d'Aymar III Cte de Valentinois, 2º Agathe de Baux dame de Caromb, Brantes et Plaisians).

MARQUISE (Henri Cte de Rodez).

CÉCILE dite Pass[erose] (1º Guigues VII dauphi[n] 2º 1244 Amédée IV Cte ...

HUGUES † 1317 (Cécile de Sabran) Sr de Loriol, Vicaire Gal du roi en Lombardie. Assassiné à Milan.

RAYMOND Ier † 1321, 2e Cte d'Avellino, Sénéchal de Provence, Capne gal à Naples (Stéphanette de Baux Puy Ricard).

BEATRIX † 1324 dite Pontessona (Guy Dauphin viennois).

BARRAL II † 1331 Sr de Loreto de Caromb et Brantes (Altegrinia di Luca).

CÉCILE † 1340 dite Rascasse dame de Caromb (Sr de Budos).

AGOUT † 1345 Sénéchal de Beaucaire et de Nîmes, Sr de Caromb, Brantes et Plaisians (Catherine Artaud de Châtillon).

SIBYLLE † 1362 (Jacques de Savoie Prce d'Achaïe).

HUGUES II † 1351, 3e Cte d'Avellino Sénéchal de Provence, grand amiral de Naples (Jeanne d'Apchier) assassiné à Gaete par le roi Louis de Tarente.

PHILIPPINE † 1371 (Garcin d'Apchier).

DRAGONNET prêtre.

RAYMOND de Malaucene héritier de Catherine de Courthezon.

BERTRAND † 1355 dit de Courthezon Sr de Brantes, Caromb, Sénéchal de Saintonge. (Catherine de Courthezon).

ANTOINE † 1374 Prévôt de la Major de Marseille.

ROBERT † 1354 (Marie d'Anjou-Sicile) tué par son ordre à Naples.

RAYMOND II † 1372 4e Cte d'Avellino (1358 Jeanne Rogier de Beaufort fille de Guillaume Vte de Turenne).

FRANÇOIS † 1390 Sr d'Aubagne (Philippine de Vintimille).

PHANETTE

JEAN

ALIX † 1426 dame d'Aubagne, dernière Cesse d'Avellino (1º 1380 Odon de Vilars, 2º 1409 Conrad Cte de Fribourg).

Héritière { d'Antoine Prévôt de la Major † 1374
d'Amiel . . . . † 1375
de François Sr d'Aubagne . † 1390 }

... la Roche duc d'Andric † 1444

CHAPITRE III

LA BRANCHE DE MARSEILLE

RAMEAUX : 1° D'AVELLINO, 2° DE BRANTES, CAROMB ET PLAISIANS

HUGUES, fils aîné de Bertrand († 1181) et de Tiburge d'Orange, reçoit les Baux, Trinquetaille, etc. Batailleur comme ses devanciers, besogneux, généreux pourtant, il se signale d'abord avec Tiburge, sa mère, par de nombreuses donations aux moines de Saint-Paul du Mausolée (1180) et de Saint-Trophime d'Arles (1184) (By 74, 82). En 1192, il rend hommage à l'archevêque d'Arles pour son château de Trinquetaille [1] et se fait recevoir confrère de l'Ordre de Saint-Jean de Jérusalem (By 90, 92). En 1195, il épouse Barrale, fille du vicomte de Marseille et d'Alasacie Porcelet qui, à cette occasion, l'institue héritière universelle de ses biens (By 101). Hugues IV 1181-1240.

Ses relations d'abord sont bonnes avec tous ses voisins :

Avec la maison de Toulouse, c'était de tradition ; nous le voyons, le 1er décembre 1202, témoin, avec son frère Guillaume (d'Orange), d'un acte par lequel Raymond VI, comte de Toulouse et marquis de Provence, fait donation à l'archevêque de Saint-Paul-Trois-Châteaux, de son église, de la ville et de son territoire (By 104).

De même avec la maison royale d'Aragon, car le 15 juin 1204, nous retrouvons les deux frères témoins, à Montpellier, du mariage de Pierre II

1. Il renouvelle cet hommage entre les mains de ses successeurs, Michel de Mouriès en juillet 1203 et Baussan en août 1234, ce qui ne l'empêche pas de se chamailler toute sa vie avec les archevêques pour des questions de délimitation de propriétés (Pasteur Destandau, Notes manuscrites).

roi d'Aragon, avec Marie, fille de Guillaume comte de Montpellier, puis, le 4 octobre suivant, du testament par lequel Pierre II et son frère, Alfonso comte de Catalogne, se font réciproquement donation de tous leurs biens pour le cas où ils mourraient sans fils légitimes; enfin, le 12 novembre 1204, nous voyons Hugues débarquer à Ostie avec Pierre II, qui se rendait à Rome pour y recevoir la couronne royale des mains d'Innocent III (By 112, 114, 116).

Enfin, et par un hasard qui ne devait pas durer longtemps, il en était de même avec le comte de Provence, Alphonse d'Aragon qui, le 8 octobre 1206, lui donne en fief les châteaux de Maussane et de Mouriès avec confirmation de tout ce qu'il possède dans le comté de Marseille du chef de sa femme Barrale; ils concluent même un traité d'alliance par lequel ils se promettent de se défendre mutuellement soit en guerre, soit en justice (By 119). Malgré cette promesse, c'est au Pape que Hugues en appelle, sans doute en raison de la qualité de la partie en cause, quand, à la mort de son beau-père Barral (1208), Roncelin, frère de ce dernier, est enlevé de son monastère de Saint-Victor par les Marseillais qui le proclament seigneur de la ville, contrairement aux droits de Barrale femme d'Hugues. Innocent III excommunie Roncelin et menace les Marseillais de la même peine s'ils ne rendent pas à Barrale son héritage (By 130).

A cette époque, éclate la guerre des Albigeois qui divise profondément la Provence, même les familles, et devait, en 1218, coûter la vie à Guillaume de Baux d'Orange. Quel rôle y joue exactement Hugues, son frère? il est assez difficile de le savoir. Les Marseillais, frondeurs, imbus d'idées nouvelles, Albigeois au fond, comme les Avignonnais et excommuniés en 1222 par l'archevêque d'Arles qui les met au ban de l'Empire, étaient tout dévoués au comte de Toulouse et toujours en difficultés avec les comtes de Provence; Hugues ne l'était pas moins, de même que ses neveux, Raymond II des Baux (de Berre) et Bertrand, son fils. Sous l'ins-

Cl. de Hérain

ÉGLISE DE ST VINCENT AUX BAUX

piration de l'empereur Frédéric II, la paix se fait entre eux, grâce à l'arbitrage de Guillaume comte de Genève, le 23 décembre 1228, après le traité de Meaux qui met un terme à la guerre des Albigeois. Les Balz abandonnent au comte de Provence leurs droits sur la ville et l'étang de Saint-Geniès et sur la seigneurie de Roquevaire et s'engagent à s'abstenir de toute coalition avec une ville quelconque qui pourrait nuire aux intérêts du comte (By 227).

Comme tant d'autres, cet accord ne fut pas de longue durée. Deux ans après, le 7 novembre 1230, les Syndics de la ville de Marseille, assemblés en Parlement dans le cimetière des Accoules, donnent à viager à Raymond VII, comte de Toulouse, « en raison des nombreux services qu'il leur avait rendus », la ville vicomtale et tous les droits de la commune sur les terres de la vicomté. De son côté, le 2 décembre, Hugues de Baux, témoin à cet acte, reconnaît aux membres du chapitre de la Major de Marseille les châteaux d'Aubagne, Cuges, Gemenos, Jullans et Roquefort avec la faculté d'y faire flotter à leur volonté l'étendard de la Vierge Marie (By 239-241). Puis, d'accord avec son neveu Raymond de Baux (de Berre), il part en guerre contre Raymond Berenger IV comte de Provence, qui le bat, le fait prisonnier, l'interne à Aix et confisque ses terres et châteaux (1231).

Mais la continuation de ces hostilités gênait les desseins de l'empereur Frédéric II qui en désirait la fin pour permettre au comte de Provence de mettre ses troupes à la disposition du Saint-Siège. Pour y parvenir, le 19 septembre 1232, de Melfi, il charge Caille de Gurzan, son mandataire en Provence, de se rendre auprès des belligérants et d'obtenir d'eux au moins une trêve, sous peine d'être assignés devant sa cour et mis au ban de l'Empire (By 244). Gurzan, pour y arriver, considère que le meilleur intermédiaire serait Hugues lui-même et il négocie sa mise en liberté. Le 18 octobre 1233, il obtient une trêve d'un an : le comte de Provence accepte de libérer son prisonnier, sous caution, jusqu'aux fêtes de Pâques 1234, date à laquelle les chefs des deux partis, le comte de Provence, Hugues et ses neveux, se rendront auprès de l'Empereur pour se conformer à ses prescriptions (By II, Supplément). Telle était la confiance qu'inspirait l'habileté de Hugues que c'est la ville d'Arles elle-même qui, bien qu'alliée du comte de Provence, fournit la caution de 1.000 marcs d'argent[1] à laquelle Hugues ajoute, comme garantie, ses châteaux de Castellet, des Baux et d'Éguilles (By 245 à 250). A peine libre, il entame les négociations avec Raymond VII de Toulouse, les mène rapidement à bonne fin et, en récompense, reçoit du comte de Provence Raymond Berenger IV, avec la liberté définitive, la restitution des terres et châteaux qui lui avaient été confisqués (1233). Le 27 janvier 1240, il lui prête serment d'hommage entre les mains de sa femme, la comtesse Beatrix, fille de Thomas, comte de Savoie.

Raymond VII de Toulouse profite de cette accalmie pour demander au Pape (1234) la restitution du Comtat-Venaissin. Il est soutenu, dans cette revendication, par saint Louis qui venait (mai 1234) d'épouser Marguerite, fille de Raymond Berenger V comte de Provence, et aussi par Frédéric II qui, par une brusque évolution de sa politique, s'était tourné contre le Saint-Siège. Sur une réponse dilatoire du Pape, le comte de Toulouse se fait justice à lui-même : il franchit le Rhône, malgré l'excommunication qui le frappe (4 août 1234), assiège et prend Tarascon et se rend en Italie auprès de Frédéric II qui, le mois suivant, par diplôme délivré à Montefiascone, lui donne en fief les terres d'Empire ayant appartenu à la Maison de Saint-Gilles et depuis huit ans détenues par l'Église. Fort de

1. « Nos Promittimus Procuratori Domini Raymundi Berengarii daturos et soluturos mille marchas argenti pro manulevatione Domini Hugonis de Baucio... Si dictus Dominus non potuerit facere treugam inter-comitem Tolosanum ex unâ parte et comitem Provinciæ ex alterâ, usque ad festum proximum Sancti Œgidii, vel si, interea, dictus comes Tolosanus, cum armatis vel ejus exercitù, transiret Rhodanum et intraret Provinciam contra dictum comitem Provinciæ et dictus Dominus Hugo de Baucio nollet tùm redire vel reverti in captionem quâ erat vel detinebatur, apud Aquis, in posse dicti comitis Provinciæ, à prædicto festo Sancti Œgidii in antea, nos, nomine dicti, communis Arelatensis, tenemur dare et solvere prædicta mille marcharum argenti dicto Comiti Provinciæ. Actum fuit hòc in palatium communis Arelat. (Papon). »

cette investiture, Raymond revient en Provence et ses troupes commandées par son sénéchal en Venaissin, Barral des Baux (fils d'Hugues), avec lui excommunié à cette occasion, en prennent possession. La guerre se termine en 1237, par un traité aux termes duquel Raymond VII s'engage, vis-à-vis du Pape, à donner sa fille unique, Jeanne, à Alphonse de Poitiers, frère de saint Louis, qui devient ainsi l'héritier du comté de Toulouse.

Toutes ces agitations avaient gravement compromis les intérêts d'Hugues des Baux. Ses ressources s'étaient épuisées; dès 1217, il vend à l'abbé de Pierredon 1/6 de ses droits sur Mouriès, en se réservant le droit de cavalcade (service militaire); en 1226, il est obligé de vendre au podestat de Marseille tous les droits seigneuriaux que lui avait apportés sa femme, Barrale, sur la ville et son district; la même année, il vend à la commune d'Arles l'étang de Valcarès pour dégager ses châteaux de Trinquetaille et de Montpaon qu'il avait dû donner en gage à ses créanciers. En 1234, il vend à Hugues de Montlaur, maître de l'Ordre du Temple en Provence, la ville de Lansac avec ses dépendances vers le Rhône, la Viscle de Saint-Gabriel et Montmajour, puis donne, en gage de ses emprunts, tous les droits qu'il possède sur l'île de Camargue et spécialement les châteaux de Trinquetaille et de Villeneuve Mejanes (By 217, 219, 255, 256).

Hugues meurt en 1240, laissant deux fils : *Barral* qui continue sa lignée et *Gilbert* qui meurt sans enfants en 1243, et une fille, *Alasacie*, mariée à Guillaume de Pertuis († 1284).

BARRAL (Barraudus del Bauz, ainsi désigné dans un acte de 1244 (By 314) était, on vient de le voir, dès 1236, sénéchal du Comtat-Venaissin pour Raymond VII comte de Toulouse, dont il épouse la nièce Sibylle d'Anduze. A cette occasion, il reçoit de lui, le 21 août 1240, les châteaux de Bedoin, Caromb, Entraigues, Loriol, Monteux et Sarrians (By 39, Supplément). Grand homme de guerre, astucieux, ne reculant devant Barral 1240-1267.

rien pour satisfaire son ambition, il s'empresse, en 1240, de rendre hommage à l'archevêque d'Arles, Baussan, pour ses châteaux de Trinquetaille, Fourques, Saint-Gilles et Barbegal, moyennant une redevance annuelle de dix lapins en poil! (By 276); mais peu après, il donne son concours au comte de Toulouse qui, revenu en Camargue, s'empare d'Arles (1240). Bien que traqué par les habitants révoltés, Baussan confisque ses domaines qui ne lui sont rendus que par le traité de paix du 21 décembre 1245 (By 314) [1].

A ce moment, Charles d'Anjou, devenu comte de Provence à la mort de son beau-père, Raymond Berenger IV († 1245), manifestait, comme lui, des intentions hostiles contre les trois villes d'Arles, Avignon et Marseille dont les idées républicaines l'offusquaient. Inquiètes, les trois communes s'allient avec Barral et par un acte de mai 1247 (By 328) s'engagent pour 50 ans... « à faire cause commune de toute manière contre toute personne, publique ou privée, baron ou prince, ville ou communauté, qui prétendrait attenter à leurs droits et franchises, à ne demander ni paix ni trêve sans l'avis et le consentement des autres villes, à demander raison, dès ce jour, de toute offense à l'une d'elles qui remonterait à moins d'un an et à déclarer la guerre à qui refuserait satisfaction [2] ». Dirigé contre le comte de Provence, ce traité excluait formellement toute opération contre Raymond VII de Toulouse et la Cour de Rome.

Après le départ du comte Charles d'Anjou pour la Palestine (1248), Barral veut profiter de son absence pour lui enlever la Provence. Les

1. Le 1er mai 1243, Gilbert, frère de Barral, fait donation à Raymond Berenger IV, comte de Provence, de tous les droits qu'il possède sur les châteaux d'Aubagne, Saint-Marcel, le Castellet, la Cadière, Cereste et Cuges, avec défense de les donner à quelqu'un de sa race; puis le 25 juin, par testament, il nomme son frère Barral héritier de tous ses droits sur ses châteaux et domaines. Le 25 juillet 1243, Sibylle de Trets, femme de Gilbert, laisse à Barral tous les droits qu'elle peut posséder sur les terres Baussenques. Après la mort de Raymond Berenger IV, sa veuve Beatrix, le 5 février 1246, « sachant que la terre d'autrui ne peut être mise sous la domination du comte », restitue à Barral tous ces châteaux et domaines sous la réserve de 1.000 marcs d'argent qui furent donnés en garantie à son père à propos de ces châteaux (By 302, 303, 306, 318).

2. G. Philippon, La Provence sous Charles Ier (*Revue de Marseille et de Provence*, 1886).

Arlésiens se révoltent à nouveau contre leur archevêque Baussan, tout dévoué à Charles, et confient le gouvernement de leur ville à Barral, déjà et pour la troisième fois podestat d'Avignon. Baussan le met en demeure d'abandonner cette charge [1], sous peine de perdre le fief de Trinquetaille qu'il tient de l'Église. Il refuse et expulse du palais communal d'Arles les délégués porteurs du message de l'archevêque qui, obligé de s'enfuir, excommunie les Arlésiens et Barral dont il frappe d'interdit tous les domaines (By 352, 3, 4). Mais bientôt, effrayé par les excès démagogiques, découragé par la mort de son oncle Raymond VII de Toulouse qui termine, en 1249, sa carrière si aventureuse, il recule et écrit secrètement, le 1er mars 1249, à la reine Blanche de Castille (By 345) pour lui offrir de ramener Arles à Charles d'Anjou, Avignon à Alphonse de Poitiers : « Barraut de Baux s'offri moult et promist à traire à vostre volonté et obéissance et de votre frère la cité d'Avignon et Arles et en fist seureté de serement et de lettres. » (Lettre à Alphonse de Poitiers, publiée par Paul Fournier, d'après Boutaric, *Saint Louis et Alphonse de Poitiers.*)

Il était trop tard. En 1250, Charles d'Anjou et Alphonse de Poitiers reviennent de leur captivité à Tunis. Charles reprend Arles le 30 avril 1251 et pardonne à ses habitants, à l'exception de Barral qui conclut avec lui une trêve d'un mois (By 356-7); Avignon se rend le 6 mai et, au mois d'octobre suivant, Barral promet de se soumettre, de payer 2.000 marcs d'argent et de donner pour caution son fils Bertrand, ses trois neveux Bertrand Ier de Meyrargues, Guillaume Ier de Berre et Bertrand de Pertuis, et les châteaux d'Aubagne, Pertuis et Marseille. Il promet même de pousser les Marseillais, ses anciens alliés, à se soumettre au comte Charles de Provence et de les combattre s'ils s'y

1. Barral, comme son père Hugues, devait avoir de continuelles disputes avec les archevêques d'Arles pour des questions de propriétés, en particulier pour la délimitation de Mouriès. Ces questions donnent lieu en 1260, 1262, 1265 à des arbitrages successivement méconnus (Destandau, notes manuscrites).

refusent. Le 22 novembre, il reconnaît solennellement tenir en fief dudit comte toutes ses terres de Provence, spécialement les Baux, et renonce à tout privilège impérial que ses ancêtres auraient pu obtenir (By 359 à 362). Marseille se soumet à son tour et c'est Barral qui, le 26 juillet 1252, est délégué par Charles et Béatrix pour recevoir leur serment de fidélité (By 365).

Pour prix de cette soumission, Alphonse de Poitiers comte de Toulouse qui, par son mariage avec Jeanne, fille de Raymond VII, était devenu le cousin de Barral, lui rend, en janvier 1253, tous ses fiefs du Comtat-Venaissin, à la condition qu'il ira, dans le délai d'un an, que le comte se réserve la faculté de proroger, guerroyer deux ans en Terre Sainte avec dix chevaliers et dix arbalétriers (By 368-9). Barral, d'ailleurs, reconnaît, en janvier 1254, tenir en fief du comte Alphonse de Poitiers, et sous sa suzeraineté, les châteaux de Bédarrides, Bedoin, Brantes, Caromb, Loriol et Monteux (By 379-380).

La soumission des Marseillais n'était pas définitive : en 1257, ils se révoltent, tuent les officiers du comte Charles d'Anjou qui réduit la ville par la famine et fait trancher la tête aux chefs de la rébellion (Papon). Quant à Barral, définitivement rallié à Charles d'Anjou, comme ses neveux de Berre et de Meyrargues, nous le voyons figurer, comme témoin, le 23 août 1257, de l'acte par lequel Raymond Ier des Baux prince d'Orange cède à Charles le titre de roi d'Arles et de Vienne, que Frédéric II avait, en 1215, conféré à son père Guillaume d'Orange et que, d'ailleurs, celui-ci n'avait jamais porté (By 419).

Cette cession n'était qu'une simple démonstration, mais qui, avec le mariage des deux frères de saint Louis, Charles d'Anjou et Alphonse de Poitiers, avec les héritières respectives des deux comtés de Provence et de Toulouse, consacrait définitivement, dans les deux pays, la suprématie de la Maison de France contre les prétentions qu'affichaient encore les empereurs d'Allemagne sur le royaume de Bourgogne (voir Appendice, note 1).

De graves événements se préparaient alors dans l'Italie du Sud. A sa mort, en 1250, l'empereur Frédéric II laissait, outre son fils Conrad, un fils naturel, Manfred, qu'il avait nommé régent de ses états en Italie. Conrad meurt peu après (1254) en Basilicate, laissant un fils de deux ans, Conradin, au nom duquel Manfred exerce le pouvoir dans des conditions qui soulèvent contre lui la colère du Saint-Siège, s'entourant à Nocera, d'une garde de Sarrazins qui se permettent tous les excès, même celui de battre, à Foggia, les troupes papales (1254). Urbain IV, pour le détrôner, fait appel à saint Louis et à son frère Charles d'Anjou auquel, en 1264, il offre la couronne des Deux-Siciles. Charles accepte avec empressement et part pour l'Italie, emmenant avec lui un grand nombre de seigneurs provençaux.

Barral, qui se préparait enfin à partir pour la Palestine, en exécution de son engagement de 1253, est, à la demande spéciale du Pape, relevé de sa promesse par Alphonse de Poitiers comte de Toulouse et part pour l'Italie accompagné de son fils Bertrand, de son neveu Bertrand de Pertuis, et de quatre de ses cousins de la branche de Berre : Bertrand II, avec ses deux fils Hugues de Montfort et Bertrand III, et enfin Bertrand II de Marignane.

Charles d'Anjou le charge à Milan, avec le titre de Podestat, de ce que notre langage militaire d'aujourd'hui appellerait la Direction des Services de l'arrière ; puis il se rend à Rome dont il avait été nommé sénateur pour trois ans, y prend le titre de « Rex Senator urbis » et, le 6 janvier 1266, y reçoit la couronne des mains d'Urbain IV. Le 26 février suivant, Manfred est battu et tué à la bataille de Bénévent dans laquelle Bertrand fils de Barral, qui commandait l'avant-garde de l'Armée française, se distingue d'une manière toute particulière. Le jeune Conradin se réfugie d'abord à la Cour d'Othon de Bavière, chez son oncle maternel ; puis, sourd aux supplications de sa mère Élisabeth, il la quitte, à peine âgé de seize ans, pour essayer de reconquérir son héritage. Il est battu et pris à Tagliacozzo et, par une mesure qui pèse sur la mémoire de Charles d'Anjou, décapité à Naples le 23 août 1268.

Barral appelé à Naples et nommé grand justicier du royaume y assiste en cette qualité, comme témoin, en 1266, au testament de la reine Béatrix, femme de Charles d'Anjou (By 514), puis, en 1267, au traité d'alliance conclu à Viterbe entre Charles et Baudoin II, dernier des empereurs latins de Constantinople, chassé de ses états par Michel Paléologue (By 523)[1].

Barral meurt en juillet 1268 et demande à être enterré au monastère de Sylvacane fondé par ses aïeux. De sa femme Sibylle d'Anduze, il avait eu deux fils, *Hugues* mort jeune et *Bertrand* qui continue sa lignée, et deux filles : l'aînée, *Marquise*, épousa le comte Henri de Rodez, la seconde, *Cécile*, que sa grâce avait fait surnommer Passerose, épousa en 1240 Guigues VII Dauphin viennois puis, en 1244, Amédée IV comte de Savoie.

Bertrand 1er comte d'Avellino 1267-1305.

BERTRAND avait appelé sur lui l'attention de Charles d'Anjou par sa belle conduite à la bataille de Bénévent (1266). Il s'attira sa bienveillance, qui ne se démentit jamais, par un trait d'élégante flatterie quand, après la bataille, il s'agit de partager le trésor de Manfred découvert à Castel Capuano. Le Roi demandait des balances pour le faire. « Qu'est-il besoin de balances? » dit Bertrand, et formant du pied trois tas plus ou moins égaux : « Voici le vôtre, Sire, dit-il en lui montrant le plus gros, le second est pour Madame la Reine et celui-ci pour vos chevaliers. » Malgré sa part de prise, Bertrand, pour payer ses dettes, était obligé, en 1268, d'hypothéquer son château de Monteux en Provence et, en 1272, de vendre sa terre de Baucet à l'évêque de Carpentras (By 544).

En 1277, le roi Charles le fait comte d'Avellino et lui donne, en fief noble, de nombreux domaines dans la Terre de Labour (By 597). A cette générosité s'ajouta, en 1284, l'héritage de son oncle Guillaume de Per-

1. Voir Appendice, note 10 (L'Empire latin de Constantinople).

tuis [1], qui, après la mort sans enfants, de son fils Bertrand, compagnon d'armes de Barral en Italie, lui laisse la baronnie de Pertuis.

C'était, d'ailleurs, un maître exigeant et, de 1269 à 1275, nous voyons Charles d'Anjou obligé d'intervenir à plusieurs reprises pour calmer les réclamations de ses vassaux (By 584) [2].

En 1287, Bertrand est envoyé en Sicile par le comte d'Artois, régent du royaume pendant la captivité de Charles II le Boiteux, pour essayer de la reconquérir. Il met à la voile à Brindisi avec quarante galères et prend d'abord Agouste; mais il y est assiégé par Jaime d'Aragon et fait prisonnier; il est racheté par le comte d'Artois qui, pour sa rançon, cède l'île d'Ischia, mais ses deux fils restent en otage jusqu'en 1290, époque à laquelle, envoyé par Charles II comme ambassadeur, il peut conclure la paix.

Ses embarras d'argent, malgré tout, ne diminuaient pas. Retenu en Italie, il confie, en 1281, le gouvernement de toutes ses possessions dans

1. Alasacie (Alix) sœur de Barral épousa en 1234 Guillaume de Pertuis, fils de Guillaume de Sabran comte de Forcalquier. Leur fils Bertrand de Pertuis, souvent appelé Bertrand de Baux, accompagne son oncle Barral en Italie. Capitaine des troupes en Campanie (1269), il reçoit de Charles d'Anjou qui l'appelle toujours « son fidèle chevalier », la baronnie de Trogessana et de nombreuses terres et châteaux dans les Abruzzes puis, en 1271, 240 livres tournois pour prix de quinze chevaux morts à son service (By 547, 549, 556, 560). Marié à Dragonnette de Montauban qui ne lui donna pas d'enfants, il meurt à Naples en 1276. Son père, Guillaume de Pertuis lui survit et par acte, de 1284, il laisse la baronnie de Pertuis et tous ses biens de Provence à son neveu Bertrand, premier comte d'Avellino (By 578-646).

2. Après que les Vêpres siciliennes (23 mars 1282), eurent enlevé la Sicile à Charles d'Anjou, le roi Pierre d'Aragon lui proposa de mettre fin à leurs différends par un combat singulier fixé au 1er juin 1283 à Bordeaux sur les terres du roi d'Angleterre. Charles l'accepta avec un empressement chevaleresque et s'y rendit avec cent de ses meilleurs chevaliers, mais il eut le déboire de n'y pas rencontrer son adversaire qui, venu avec pareille escorte jusque dans les environs de Bordeaux, refusa au dernier moment la rencontre sous des prétextes plus ou moins sérieux. Était-ce, de la part de Pierre, un piège, un calcul, pour distraire pendant longtemps l'attention de Charles et ajourner ses tentatives en vue de reprendre la Sicile? On ne le sait et les historiens français et espagnols qui longuement racontent ce singulier incident, le présentent chacun à leur façon. Nous le conterions aussi s'il était vrai, comme le disent plusieurs auteurs français, que Bertrand de Baux et son fils fussent au premier rang des chevaliers choisis par Charles d'Anjou. Mais après avoir lu dans Pierre de Marca (marca hispanica) le récit minutieux des faits et l'énumération complète de ceux, Français ou Espagnols, qui assistaient les deux rois, nous sommes obligés de constater que c'est une erreur et que les noms de Bertrand et de son fils n'y figurent pas. Nous le regrettons assurément car c'eût été pour nous, l'occasion d'introduire dans notre récit une très pittoresque digression.

le Comtat à son oncle, Raymond d'Orange (By 623), et délègue, en 1286, l'administration de la ville de Pertuis à l'un de ses habitants; il en partage les revenus avec l'abbé de Montmajour qu'il reconnaît comme suzerain (1289) et autorise à arborer sa cuculle sur la tour du château (By 669, 690, 698, 705). Nous le voyons d'ailleurs, en 1268, 1278 et 1291, prêter hommage pour Trinquetaille et les ports de Fourques et Saint-Gilles à l'archevêque d'Arles[1], puis au prévôt de la Major à Marseille pour Aubagne, et Rochefort (By 539, 540, 607, 611). Il cède à Charles II, en 1294, tout ce qu'il a encore de droits sur Pertuis et, en 1300, ses terres de Villeneuve en Camargue et ses salins de la Mergue Baussenque (By 808-809); la même année, il vend à Rostan archevêque d'Arles, les château et ville de Trinquetaille avec tous ses péages du bourg d'Arles (By 816, 824). En même temps, moyennant argent, il termine ses longs litiges avec la communauté d'Aubagne en octroyant de larges franchises aux bourgeois (By 819). Il cède enfin, en 1302, son domaine de Calvi en Italie (By 852).

Bertrand meurt en 1305.

De son premier mariage, en 1263, avec Philippine de Poitiers, fille d'Aymar III comte de Valentinois, il avait eu deux fils et deux filles : *Raymond Ier* héritier du titre de comte d'Avellino, *Hugues* seigneur de Loriol, sénéchal du roi en Piémont et son vicaire général en Lombardie, assassiné, en 1303, à Milan et mort sans enfants de son mariage avec Cécile de Sabran; *Sibylle* († 1360) épouse sans enfants d'Aymar V comte de Valentinois et *Beatrix*, dite Pontessone, mariée à Guy dauphin viennois et morte en 1324, également sans postérité.

De son second mariage avec Agathe de Baux dame de Caromb,

1. Les difficultés de Bertrand avec l'archevêché d'Arles, surtout pour la délimitation de Mouriès, furent les mêmes que celles de son père Barral et de son grand-père. En vain Charles d'Anjou intervient de Foggia en 1269; un nouvel arbitrage en 1292 ne met pas fin aux difficultés. Elles renaissent en 1345 pour la même délimitation avec Hugues II, fils de Raymond Ier et l'archevêque porte le débat devant le Pape lui-même (Destandau, notes manuscrites).

Brantes et Plaisians, il laissait deux fils et une fille : *Raymond Ier* lui succède; *Barral II*, par sa mère, seigneur de Brantes, etc., seigneur de Loreto, en Abruzze, percepteur de l'ordre de Saint-Jean de Jérusalem pour la commanderie de Gap (By 989), épouse Altegrinia di Luco et meurt sans enfants, en 1331 ; *Cécile, dite Rascasse* (ce qui semble annoncer un caractère un peu..... hérissé), mariée au seigneur de Budos, hérite de son frère Barral les seigneuries de Brantes, etc., qu'elle laisse, après elle, à son frère Agout. Ce dernier continue la branche de Brantes, Caromb et Plaisians dont je m'occuperai brièvement à la fin de ce chapitre.

RAYMOND, deuxième comte d'Avellino et, dès avant la mort de son père, grand ami du roi Charles II, reçoit de lui (1294), en raison de ses hauts mérites, un revenu annuel de 200 onces d'or en échange du château de Pettorano qu'il lui avait donné (By 732). Obligé de s'absenter de Naples, Charles II, le 12 février 1295, confie la régence à son fils Charles Martel, assisté d'un conseil dans lequel figure Raymond Balz (By 19 supplément) auquel, le 20 juin suivant, il confie la garde du château de Capoue pendant la minorité de son possesseur le prince Charobert de Hongrie [1], son petit-fils (By 759). Nous retrouvons Raymond en Sicile, en 1299, combattant contre les Aragonais (By 799). Émancipé par son père en 1300 (By 805), il reçoit, en 1304, en récompense de ses services, du roi Charles II qui le nomme son conseiller, les châteaux de Castiglione et Calitri dans la Principauté ultérieure (By 868-869).

Raymond Ier 1305-1321.

Dès la mort de son père, il prête hommage (1306) pour toutes ses terres de Provence, à Charles II qui, en 1309, confie à « son fidèle conseiller » la garde du château de Pettorano (By 889-932). Cela ne l'empêche pas de visiter ses propriétés en Provence où Charles II, après l'avoir, en 1310, autorisé à prolonger son séjour, lui envoie, pour le ramener à Naples, un navire nolisé à ses frais (By 958). Enfin, il le nomme son

1. Voir Appendice, note 8 (La Maison d'Anjou à Naples et en Hongrie).

sénéchal en Provence (By 995-997). Raymond y achète une partie des châteaux d'Aubagne (By 991), puis, le 9 juillet 1320, à son frère Agout, sa part du château des Baux dont il devient ainsi seul possesseur et où il établit sa résidence (By 1027) ; mais ce ne fut pas pour longtemps, car bientôt rappelé dans la Calabre envahie par les Aragonais, il y est tué à la bataille de Grusana (1321).

Raymond avait épousé d'abord, en 1274, Étiennette Bricardi dont il n'eut pas d'enfants, puis sa cousine Stéphanette des Baux de Puy Ricard (Berre) qui lui en donna trois : *Philippine* († 1371), mariée en 1327 à Garcin, seigneur d'Apchier, *Sibylle* († 1362) dont le mari, Jacques de Savoie, revendiqua, en 1334, la Principauté d'Achaïe (voir Appendice, note 10) et un fils, *Hugues II*, pour quelque temps encore sous la tutelle de sa mère (By 1030-40-43-1055).

Hugues II 1321-1351. HUGUES, 3e comte d'Avellino, appelé souvent Ugonetto, qui devait avoir à Gaete une fin si tragique [1], passa sa jeunesse en Provence. Quand il la quitte pour aller en Italie, en 1324, il y laisse pour procureur, par un acte passé au château des Baux, son cousin Guillaume de Baux, seigneur de Puy Ricard et Éguilles († 1334) (By 1051), et le duc de Calabre charge son maître rational de veiller sur lui à cause de sa jeunesse (By 1045). Quelques années après, en 1332, le « magnifique, éminent et jeune seigneur » Hugues comte d'Avellino fait hommage au roi Robert pour les Baux et tout ce qu'il possède en Provence, à l'exception des châteaux d'Aubagne, Roquefort et Cuges qu'il tient en fief de l'église de Marseille (By 1100). En 1334, le Roi le nomme sénéchal de Provence et de Forcalquier; c'est en cette qualité qu'en 1343 la reine Jeanne, après lui avoir ordonné de lui prêter hommage et de reconnaître son

1. Je reporte à l'Appendice note 8 (La Maison d'Anjou à Naples et en Hongrie), un résumé de l'histoire du royaume de Naples à laquelle plusieurs des Balz des trois branches furent intimement mêlés dans cette période si troublée ; je me borne ici à indiquer succinctement le rôle que chacun d'eux y a joué.

mari André de Hongrie comme roi de Sicile (By 1218), le délègue pour recevoir le serment de fidélité de ses vassaux de Provence, où il prend Foulques d'Agout comme lieutenant (By 1232, 1247-8-9, 1268).

En 1347, elle le fait grand amiral du royaume et lui donne pouvoir de vendre et d'aliéner tous droits royaux dans le royaume de Sicile et dans les comtés de Provence et de Forcalquier. Abusa-t-il de ses pouvoirs? ou bien Jeanne voulut-elle le punir de la séquestration respectueuse qu'il lui avait fait temporairement subir dans le château d'Aix quand, en 1348, s'enfuyant de Naples en Provence avec Louis de Tarente, après le meurtre de son premier mari André de Hongrie, elle fut soupçonnée de vouloir aliéner le comté de Provence à un étranger[1]? On ne sait. Ce qu'il y a de sûr, c'est que la Reine lui enleva ses pouvoirs par acte du 17 avril 1350 passé en présence de ses deux cousins : François de Baux, comte de Monte Scaglioso et d'Andrie et Raymond de Baux de Courthezon, comte de Soleto, sénéchal et grand justicier du royaume (By 1310).

Hugues se résigne; mais bientôt, par suite, soit d'un mouvement de rancune, soit de l'ambition traditionnelle de sa maison, lorsque le roi Louis de Hongrie revient pour la deuxième fois à Naples, en 1350, Hugues juge que les circonstances peuvent lui permettre de mettre la main sur la Provence. Il emprunte 10.000 florins d'or au pape Clément VI (By 1309) et ne projette rien moins que de marier son fils Robert à la princesse Marie de Sicile, sœur de la reine Jeanne et veuve de Charles II de Durazzo que Louis de Hongrie, lors de sa première expédition, avait fait décapiter à Aversa comme meurtrier d'André son frère. Il arrive de Marseille à la tête de dix galères, avec ses fils Robert et Raymond et, sous le prétexte de protéger la Reine et Louis de Tarente son mari contre le roi de Hongrie, il les persuade d'abandonner Naples et les conduit à Gaete dans une de ses galères. Puis il revient à Naples, pénètre dans le château de l'Œuf où la princesse Marie vivait retirée, la force à

1. Voir Appendice, note 8 (La Maison d'Anjou).

épouser en sa présence son fils Robert, les enlève tous deux et fait voile pour la Provence. Il a la fâcheuse idée de toucher à Gaete; Louis de Tarente l'apprend et l'invite à descendre à terre; sur son refus, il va le trouver à son bord, le poignarde, s'assure de ses deux fils et ramène la princesse Marie auprès de la Reine, sa sœur (1351).

Robert 1351-1354. ROBERT, son fils, est jeté dans un cachot. Trois ans plus tard, Marie va l'y trouver, lui reproche sa perfidie et, pour se venger de l'outrage qu'il lui avait fait subir, l'y fait tuer sous ses yeux (1354). « Maria oltraggiata dal forzato matrimonio, non essendo ne vedova ne maritata, chiamando il marito traditor del sangue Reale, in sua presenza il fece uccidere e buttare a mare (Filiberto Campanile). »

Ce récit que l'on retrouve dans Papon (*Histoire des comtes de Provence*) peut-il se concilier avec l'âge de Robert ? Hugues son père épouse Jeanne d'Apchier en 1332 (By 1103). Robert est donc né sans doute en 1333 et avait ainsi dix-neuf ans lors de la tragédie qui lui enleva son père [1], cela suffit.

Hugues avait trois autres fils : *Antoine* prêtre auquel, en 1348, Jeanne avait donné l'église de Saint-Nicolas de Baro en Sicile et qui, en 1350, fut nommé prévôt de la Major de Marseille; *Raymond* que le double meurtre de son père et de son frère faisait, à son tour, comte d'Avellino et *François*, baron d'Aubagne, dont je parlerai un peu plus loin.

Raymond II 1354-1372. RAYMOND II, héritier universel de son cousin Raymond III des Baux seigneur de Meyrargues et Puy Ricard († 1349) charge, en 1353, de ses intérêts en Provence Raimond Bonnard déjà choisi par son père comme vicaire général (By 1341). Il est délivré en 1355 de la captivité dans laquelle il était retenu depuis 1351.

1. Raymond II, son frère, dans une charte du 26 novembre 1355 (By 1353) se donne comme ayant alors « plus de quatorze ans et moins de vingt-cinq », soit dix-neuf ans environ : il serait donc né en 1335.

C'était l'époque (voir note 8) où Robert de Duras révolté contre la reine Jeanne envahit et saccage la Provence; il s'empare du château des Baux et jette en prison le prévôt Antoine, ce pourquoi il est excommunié par Innocent VI (By p. XXVIII). Oubliant ou feignant d'oublier la conduite d'Hugues II, la reine Jeanne, le 9 mai 1355, ordonne à Foulques d'Agout, sénéchal de son comté de Provence, d'aider par tous les moyens Raymond II à reprendre son château et à délivrer Antoine son frère (By 1348). Contre une grosse somme d'argent donnée par Innocent VI, Robert de Duras abandonne le château et son prisonnier.

La reconnaissance des deux frères ne suffit pas longtemps à effacer les souvenirs du passé. Deux ans après, ils se révoltent contre la Reine avec l'aide de leur cousin Amiel (Amelius), fils d'Agout, seigneur de Brantes, Caromb et Plaisians. Le 24 juillet 1357, ils s'emparent du château de Saint-Canat appartenant à l'évêque de Marseille (By 1357) et ravagent la Provence de concert avec des bandes gasconnes commandées par Arnaud de Servole dit l'Archiprêtre poussé, dit-on, par les Durazzo, peut-être aussi par Philippe de Valois dont les visées sur la Provence ne pouvaient qu'être favorisées par les embarras de Jeanne dans ce pays. En vain la Reine confisque les terres de Raymond et les met sous la garde de Jean d'Armagnac (By 1365); les révoltés s'emparent de La Manon, Mallemort, Pelissane, Roquefort, Saint-Maximin, Brignoles et Draguignan, pillent la Cadière et le Castellet, brûlent Aix et menacent Toulon et Marseille (By 1360, 63, 67, 68, 69, 76). Jeanne, sur la demande des Marseillais, ordonne la démolition du château d'Aubagne saisi sur Raymond et leur attribue son château de Saint-Marcel (By 1372-1389).

Mais souvent femme varie, Jeanne plus qu'une autre, et cinq ans après (1363), sur la demande des trois États de Provence, elle consent à considérer comme « des égarements de jeunesse les crimes, vols, incendies, invasions et homicides » de Raymond; elle les lui pardonne et lui rend, avec son titre de comte, tout ce qu'il possédait en Sicile et en Provence

(By 1409-1410). Les Marseillais, de leur côté, qui, au début de la guerre, avaient fait enlever ses armes de l'église des frères mineurs, lui rendent le château de Saint-Marcel (By 1412).

Il en avait d'autant plus besoin qu'il était chargé des dettes de son père vis-à-vis de l'archevêque d'Arles[1] et que, pour rendre au pape Urbain V les 10.000 florins que Clément VI avait prêtés en 1350 à Hugues son père, il est obligé, en 1365, de vendre à l'abbaye de Saint-Victor tout ce qu'il possède à Auriol, la Cadière, Cereste et la Ciotat (By 1422).

En mai 1370, une convention intervient entre Raymond II et ses frères, Antoine le prévôt et François, aux termes de laquelle sont attribués à ces deux derniers les châteaux et territoires de la vallée d'Aubagne à la condition de prêter hommage à la reine Jeanne dans la personne de Guillaume de Baux de Marignane son vice-sénéchal en Provence (By p. XXIX).

Raymond II meurt en 1372 ne laissant, de sa femme Jeanne Rogier de Beaufort, qu'une fille unique Alix.

Des deux frères de Raymond II, l'aîné *Antoine* prévôt de la Major, meurt à Montpaon en 1374 laissant tous ses biens à sa nièce Alix qui, l'année suivante, recueille aussi l'héritage de son cousin Amiel, dernier seigneur de Brantes et Plaisians.

Le cadet, *François* baron d'Aubagne, époux de Philippine de Vintimille, se rallie franchement à la cause de la reine Jeanne et de son fils adoptif Louis Ier d'Anjou, car nous le voyons, en 1385, recevoir de la reine Marie de Blois, tutrice de son fils Louis II comte de Provence (Appendice note 8), le château de Solliès confisqué sur un partisan de Charles III de Duras (By 1592). Le 8 juillet de cette année, à Avignon, il prête hommage à Louis II pour les Baux, le Castellet, Éguilles, Puy-Ricard, Saint-Marcel et tout ce qu'il tient de la cour dans les comtés de Provence et de Forcalquier (By 1593). Le 17 mars 1388, il assiste comme témoin à l'acte

1. Les différends avec l'archevêché, toujours relatifs aux limites de la terre de Mouriès, n'avaient pas pris fin et motivaient en 1366 une nouvelle sentence arbitrale (Destandau, notes manuscrites).

Cl. de Gaudemaris

ROCHER DE LA TOUR SARRAZINE — LES BANNES

Cl. L. Genouillat

CHEMIN DE RONDE MENANT A LA TOUR SARRAZINE

par lequel Toulon se soumet à la reine Marie de Blois (By 1611). Cette même année, révoquant un premier testament de 1381, par lequel, à défaut de Balz, il prenait pour héritier Gaston de Foix, il déclare laisser Aubagne et toutes ses possessions à sa nièce Alix qui recueille ainsi tous les biens de la famille (By 1567 et 1611).

Alix 1372-1428.

Alix, qui porta la dernière le titre de comtesse d'Avellino, fut placée par la reine Jeanne, d'abord sous la tutelle de sa mère, puis, celle-ci s'étant remariée en 1375 avec Guy de Chauvigny, sous celle de son grand-père maternel Guillaume Roger III comte de Beaufort et vicomte de Turenne, neveu du pape Clément VI et frère de Grégoire XI. Sa grande fortune était bien faite pour exciter les convoitises de son tuteur contre lequel François d'Aubagne oncle d'Alix, avait dû, dès 1375, la défendre (By 1529). Elle n'excita pas moins, après lui, celles de son fils Raymond vicomte de Turenne, issu de son mariage avec Eléonore de Cominges.

En 1378, Grégoire XI meurt; il est remplacé à Rome par Urbain VI l'ennemi acharné de la reine Jeanne qui, de son côté, fait élire à Avignon Clément VII. Urbain fomente contre elle, dans le royaume de Naples, la révolte (dont nous parlerons au chapitre suivant) de François I de Baux duc d'Andrie soutenu par Charles III de Duras.

Raymond de Turenne s'installe en maître au château des Baux; il y marie, en 1380, Alix, sa nièce et pupille, à Odon de Villars; puis, trouvant sans doute que ce qui est bon à prendre est bon à garder, il prend texte de certaines sommes provenant de l'héritage de son oncle Grégoire XI et retenues à tort par Clément VII et aussi des dépenses considérables qu'il a dû faire pendant la tutelle de sa nièce, tant en Provence qu'en Italie, pour mettre la main sur les successions de ses grands oncles Amiel et Bertrand de Baux; il prétend garder le château des Baux; Odon de Villars veut le reconquérir, s'empare des châteaux de Corre et de Brantes et déchaîne une guerre qui ne devait finir qu'en 1400.

Sur ces entrefaites, la reine Jeanne est assassinée (1382) par Charles III de Durazzo qui lui succède sur le trône de Naples et meurt lui-même assassiné en 1386 en Hongrie. Les possessions de Jeanne en Italie et en Provence sont alors disputées par deux jeunes princes rivaux : Ladislas fils de Charles III occupe le royaume de Naples (1386-1392) sous la tutelle de sa mère Marguerite de Durazzo, Louis II d'Anjou, adopté en 1380 par Jeanne, occupe le comté de Provence sous la tutelle de sa mère Marie de Blois et avec la protection de Clément VII (Appendice note 8).

Raymond de Turenne irrité déjà contre Clément VII devient le plus farouche ennemi de la Maison d'Anjou ; dès 1383, il entame les hostilités contre elle, soutenu et encouragé par sa femme qui combat avec lui, par sa sœur et sa tante, toutes deux comtesses de Valentinois, et surtout par sa mère Eléonore de Cominges qui, retranchée avec lui dans le château des Baux, y entretient une troupe de vrais bandits commandés par le gouverneur Ferragus.

En 1389, Clément VII donne à Louis d'Anjou l'investiture du royaume de Naples ; le 21 mai 1390, il nomme Odon de Villars recteur du Comtat (By 1630) et lève une armée dont il lui confie le commandement.

Les atrocités, pillages, incendies, se succèdent. Préludant aux cruautés du baron des Adrets, Raymond de Turenne massacre ses prisonniers en les précipitant du haut des escarpements du château des Baux. Une trêve conclue en 1392 est aussitôt violée par lui. En 1393, la reine Marie de Blois assemble à Aix les trois États de Provence et obtient d'eux des troupes avec lesquelles elle met le siège devant les Baux. Clément VII défend à tous les fidèles de prêter aide à Raymond et l'excommunie. Mais ce n'était pas fait pour l'arrêter et il ne répond que par des lazzis à la sentence d'excommunication.

Clément VII meurt en 1394 ; il est remplacé à Avignon par Benoît XIII (Pierre de Lune) malgré tous les efforts du roi de France Charles VI qui aurait désiré voir la fin du Schisme. Pour pacifier la Provence, il y envoie des troupes commandées par le maréchal de Boucicaut, qui se trouvait le gendre de Raymond de Turenne par son mariage (1393) avec la belle Antoinette sa fille unique. Rien n'y fait et Boucicaut fait de vains efforts auprès de son beau-père pour le déterminer à la paix. En mars 1395, Marie de Blois déclare Raymond de Turenne coupable du crime de lèse-majesté et met sa tête à prix. Il se rit de ses menaces et pille Tarascon et Arles. Mais, à la demande de Marie, les troupes du roi de France interviennent et s'emparent de Pertuis et de Meyrargues où Eléonore de Cominges s'était enfermée avec tous ses trésors.

Raymond de Turenne appelle du Rouergue (1398) une troupe de 3.000 hommes de ses amis, mais, par ordre du roi, le sénéchal de Beaucaire les empêche de franchir le Rhône. Découragé, Raymond consent (1399) une paix qu'il viole bientôt, mais poursuivi et battu à Tarascon par Charles du Maine frère de Louis d'Anjou, il se noie dans le Rhône en le traversant en barque. Charles rend la liberté à Eléonore de Cominges que la prise de Meyrargues avait mise entre ses mains et donne ce château à Boucicaut qui conduit les bandes de pillards de Raymond en Italie au secours de Louis II d'Anjou.

Plus libre alors de ses mouvements, Charles VI s'empare d'Avignon et tente d'obtenir la démission de Benoît XIII; mais celui-ci refuse, s'évade et se réfugie à Château-Renard. Ce ne fut qu'après dix ans de négociations que le Concile de Pise (1409) mit fin au schisme en déposant les deux papes rivaux, Grégoire XII à Rome et Benoît XIII à Avignon, et les remplaçant par Alexandre V.

Après la mort de Raymond de Turenne, Alix comtesse d'Avellino était rentrée en possession de ses châteaux des Baux, Montpaon, Mouriès, Castillon, Sederon et Éguilles et, avec Odon de Villars, le 8 octobre 1399, elle en prête l'hommage au roi Louis II comte de Provence (By 1674). Elle peut enfin jouir de ses biens pendant vingt-six longues années de paix. En 1400, on admire sa grâce quand elle accompagne chez l'archevêque d'Arles Marie de Blois qui y recevait en grande pompe Yolande fille de Jean Ier d'Aragon, pour la marier à son fils Louis II (Appendice note 8).

En 1409, devenue veuve, elle se remarie avec Conrad comte de Fribourg et de Neuchâtel. En 1417, elle prétend succéder au comté de Beaufort et à la vicomté de Turenne dont elle prend les titres dans tous ses actes. En 1424, elle obtient de l'empereur Sigismond roi des Romains le droit de battre monnaie qu'avaient possédé ses ancêtres (By 1773). Enfin, en 1426, veuve pour la seconde fois, elle arrête ses dernières dispositions.

Le 26 septembre 1419, comme comtesse d'Avellino, Beaufort, Fribourg et Neuchâtel, par un premier testament passé au château des Baux, elle avait laissé tout ce que possédait son père Raymond II dans le Comtat et le Dauphiné à Guillaume de Châlons fils aîné de Louis prince d'Orange, à la condition de porter à perpétuité le nom et les armes des Baux, et, à son défaut, à son oncle Jean de Châlons ou à son frère Hugues (By 1760). Elle révoque cette donation le 1er septembre 1420 (By 1766). Enfin, le 7 octobre 1426, comme dame des Baux, comtesse d'Avellino, de Neuchâtel et Beaufort, vicomtesse de Turenne, par acte passé au château des Baux, elle demande à être enterrée chez les frères mineurs d'Avignon, et lègue à son petit-neveu Jean de Châlons 10.000 florins et tout ce dont elle a hérité en Touraine de son premier mari Odon de Villars; à son neveu, Louis de Châlons prince d'Orange, elle laisse tout ce qui lui est dû de son douaire par les héritiers de son deuxième mari Conrad de Fribourg et, de plus, l'héritage de sa cousine Germaine-Antoinette de Turenne maréchale de France (femme de Boucicaut). Après divers legs, Malaucène, Villefranche, le Buis, à sa sœur naturelle Borguette, Barbentane à son cousin Charles d'Urgel évêque de Tortosa, elle charge Siffroy de Gigondas, son capitaine du château des Baux, de ne le remettre qu'à son héritier universel Guillaume des Baux de Berre duc d'Andrie (fils de François Ier duc d'Andrie et époux de Marie des Ursins-Baux), et, à son défaut, à Jean-Antoine des Ursins-Baux prince de Tarente, ou à Gabriel des Ursins duc de Venosa son frère, tous deux petits-neveux du sage Raymond de Baux comte de Soleto (voir chap. V et Appce note 11) ; en cas de non-acceptation, elle leur substitue son neveu Louis de Châlons prince d'Orange, à la condition de porter les armes des Baux (By 1780).

Alix meurt au château des Baux. Elle avait, paraît-il, encouru certaines censures ecclésiastiques car, le 25 mars, le pape Martin V charge, de Rome, l'archevêque de Narbonne son camerlingue et gouverneur du Comtat de s'informer si elle est morte sous le coup d'excommunication pour désobéissance à trois sentences judiciaires. Il ordonne de lui accorder la sépulture ecclésiastique si elle a donné des signes de repentir avant sa mort (By 58 supp.).

Avec Alix finit la branche des Baux d'Avellino (1426).

Louis III d'Anjou, roi de Naples et comte de Provence, considère comme nul le testament d'Alix parce qu'il était fait en faveur d'étrangers, Guillaume d'Andrie et J.-A. des Ursins, et réclame ses biens par droit d'aubaine. Par ses ordres et après quatre mois de siège, le château des Baux est remis, le 21 février 1427, par Siffroy de Gigondas à Jean d'Arlatan auquel, le 28 juin suivant, le roi donne le château des Pennes pour le récompenser de s'être saisi aussi promptement en faveur de la Cour, avec l'aide de quelques fidèles sujets, des domaines d'Alix (By 1788). Mais, le 7 septembre 1428, il renonce, en faveur de Guillaume de Baux duc d'Andrie, désigné par Alix, à toutes ses prétentions sur ses biens de Provence, à l'exception du château des Baux (By 1795).

Ainsi l'état de Baux demeure, en fait, annexé au comté de Provence qui, lui-même devait, en 1481, être légué à Louis XI par Charles III d'Anjou comte du Maine, neveu et héritier du bon roi René et réuni en 1468 à la France sous Charles VIII.

Seigneurs de Brantes, Caromb et Plaisians.

Pour terminer ce qui se rapporte à la branche aînée de la famille des Baux, il nous reste à dire quelques mots du rameau de Brantes.

Bertrand de Baux, premier comte d'Avellino († 1305), lègue ce titre, nous l'avons vu, à *Raymond I* son fils aîné; son second fils *Barral II* est percepteur de l'hôpital de Saint-Jean-de-Jérusalem pour la commanderie de Gap (By 989).

Agout † 1345. AGOUT (Agotus, Aguotus de Baucio) son troisième fils, tenait de sa mère, Agathe de Caromb, les terres de Brantes et de Plaisians dans le diocèse de Die. Il réside d'abord dans ses domaines où nous le voyons en 1317 exécuteur testamentaire de son beau-frère le dauphin Guy (By 1010); puis il accepte d'administrer pendant deux ans les propriétés de son neveu le dauphin Humbert II époux de Marie de Baux, fille de Bertrand de Berre premier comte d'Andrie († 1350) (By 1152).

Il demeure étranger aux affaires d'Italie, mais, guerrier comme tous ceux de sa race, nous le trouvons en 1339 avec le dauphin, aidant le roi Philippe VI de Valois dans sa guerre contre les Anglais et les Flamands (By 1167). Le 7 janvier 1340, il reçoit du roi une pension viagère de 400 livres tournois; il se reconnaît son vassal et fait hommage lige à Philippe VI, à son fils Jean duc de Normandie et à leurs successeurs les rois de France; il jure de le servir fidèlement dans les guerres qu'il pourra avoir contre l'Angleterre ou autres, à l'exception de celles qu'il pourrait avoir contre l'Église ou contre le dauphin viennois dont il était le vassal avant ladite pension (By 1178). Le 30 octobre 1340, le prince Jean le fait sénéchal de Beaucaire et de Nîmes (By 1186).

En 1342, nous le trouvons à Agen, sénéchal de Toulouse et d'Albi et capitaine général du Roi en Languedoc (By 1202). Il y guerroie pour le roi de France et le 23 septembre 1344, de Cahors, le prince Jean duc de Normandie, comte de Poitiers, d'Anjou et du Maine lui alloue 500 livres de Tours pour l'indemniser de ses services militaires à Carcassonne, Agen et Cahors (Manuscrits de la Bibliothèque nationale; d'Hozier 231).

Il meurt en 1345. De sa femme, Catherine Artaud de Chatillon, il laissait quatre fils : *Dragonnet*, *Raymond*, *Bertrand* et *Amiel*.

Les deux premiers embrassent l'état ecclésiastique et, à la mort de leur père, le pape Clément VI, à Villeneuve-lès-Avignon, leur accorde à tous deux une dispense d'âge pour posséder des bénéfices; ils avaient respectivement 17 et 16 ans (By 52, 53 Supplément).

Bertrand dit de Courthezon † 1355.

BERTRAND, le troisième, reste comme son père au service de la France. Il est, en 1346, sénéchal de Saintonge et, aux termes de cinq chartes que j'ai trouvées à la Bibliothèque nationale (Manuscrits, d'Hozier reg. 231) et que, par extraordinaire, Barthélemy n'a pas reproduites, il reçoit, pour ses services militaires, de 1346 à 1350, en Guyenne, Poitou et Saintonge, 1051 livres tournois et 29 sous.

Il avait épousé, en 1336, sa cousine Catherine de Courthezon; c'est ce qui lui permet, dans les cinq chartes que je viens de citer, d'être désigné sous les titres de seigneur de Brantes, Plaisians *et Courthezon* (Brantol, Plasien et Cortoyson) bien qu'il n'appartienne pas au rameau de Courthezon-Orange. Catherine, avec laquelle il lui fut impossible de vivre en harmonie, lui avait apporté en dot le château de Gaudissart; elle est connue surtout par ses longs démêlés avec son cousin Raymond V prince d'Orange que nous exposerons au chapitre V.

Bertrand meurt sans enfants en 1355.

Amiel † 1375.

AMIEL (Amedeus de Baucio) son frère, quatrième fils d'Agout reste, comme son frère, au service du roi de France. On le trouve en 1367, sénéchal de Nîmes et de Beaucaire (By 1473). Dans dix chartes que j'ai trouvées à la section des manuscrits de la Bibliothèque nationale (d'Hozier, Pièces originales reg. 231) et qui ont également échappé à Barthélemy, il guerroie dans l'Agenais de 1369 à 1371 avec des troupes qu'il y lève et que Louis duc d'Anjou, comte du Maine, frère du roi de France et son lieutenant général en Languedoc, ordonne au trésorier des guerres de payer à « son cher et bien aimé Amiel de Baux » à raison de 15 francs d'or par mois pour un homme d'armes et 7 francs et demi pour un archer.

En 1370, il conclut à Avignon, au nom du roi, une trêve d'un an avec Raymond d'Agout sénéchal en Provence de la reine Jeanne de Naples comtesse de Provence (By 1496-97).

Amiel meurt en 1375 et, avec lui, s'éteint le rameau de Brantes et Plaisians. De son mariage avec Isabelle de Linières, il n'avait pas d'enfants et tous ses biens, ainsi que ceux de Bertrand son frère, passent à leur cousine Alix dernière comtesse d'Avellino qui, elle-même, les laisse en 1426, comme on l'a vu plus haut, à son cousin Guillaume de Baux de Berre duc d'Andrie.

Cl. G. St-René-Taillandier

LE DONJON DES BAUX VU DE L'EXTÉRIEUR (EST)

Cl. Emyon

LE DONJON VU DE L'INTÉRIEUR — TOUR PARAVELLE
COLUMBARIUM — MAISON DE QUIQUERAN

BR

BERTRAND † 1181

HUGUES

ADALMODIS (Rostaing de Sabran).

TIBURGE (Lambert d'Adhemar Sr de Monteil).

GUILLAUME HUGUES † 1184 Chanoine d'Arles.

Sr de Meyrargues, Puy Ricard,

Sr de Meyrargues, Puy Rica

RAYMOND

BERTRAND I † 1266 Sr de Meyrargues, Puy Ricard et Eguilles (1° Eudiarde † 1259 fille de Giraud Adhemar Vte de Marseille, 2° Alix).

GILBERT lo doux † 1277 Sr de Marignane et de St-Victoret (Sibylle de Toulon).

HUGUES † 1304 Sr de Meyrargues (1° Garsende; 2° Berengère).

ALASACIE (Bertrand de Mevouillon).

RAYMOND I † 1320 Sr de Puy Ricard et Eguilles (1272 Eustachie Etendard † 1312).

BEATRIX (Henri de la Tour du Pin).

SANCIE (Pierre de Cadaval).

BERTRAND II † 1305 (Berengère) va en Italie avec Charles d'Anjou.

RAYMOND † 1306 Sr de Marignane.

ELISE (Elzéar de Sabran).

ETIENNETTE (Raymond 2e Cte d'Avellino † 1320).

GUILLAUME Monet † 1334 Sr de Puy Ricard et Eguilles (1329 Beatrix d'Anduze).

RAYMOND II Prévôt de Glandève.

LÉONIE (Raymond d'Agout).

ELÉONORE (Guillaume II de Berre).

GUILLAUME † 1381 Sr de Marignane, Vce Sénéchal du Cte de Provence (Bellinde Hugolin).

TASSETTE (Giraud Adhemar).

RAYMOND III † 1349 Sr de Puy Ricard et Eguilles (Bronde de Grignan) laisse pour héritier Raymond II 6e comte d'Avellino, père d'Alix.

MARTHE BEATRICE FLORETTE religieuses.

FRANÇOIS † 1437 (Urbaine d'Agout) 1422 vend ses terres au Roi Louis II d'Anjou.

GUILLAUME † 1432 Viguier de Marseille (1° Huguette Ricard, 2° N. Raymond du Thor).

ALIX † 1453 (Jacques de Passis).

MARGUERITE abbesse de Ste-Claire à Marseille.

GUILLAUME DE L'ISLE (1462 Hélène de Sade) vend ses terres au Roi René le Bon.

MARGUERITE 1471 (Louis Saure).

JEAN DE BAUX (1467 Agnès de Tegrin).

[D'après des documents publiés en 1903 par le baron du Roure (Inventaire des archives du château de Barbegal). *Jean de Baux* et Agnès de Tegrin ont eu trois fils : *Pierre*, *Jean II* et *Guillaume*, et une fille, *Jeanne*, mariée à Bernardin de Jarente. On ne connaît d'eux, d'ailleurs, qu'un long procès qu'ils soutinrent contre l'ex-Roi René, au sujet des domaines que lui avait cédés leur grand-père, *Guillaume de l'Isle*, à des conditions que, suivant eux, René n'aurait pas remplies.]

F
(

Meyrargues et Puy Ricard.

Marignane.

BRANCHE DE BERRE-ANDRIE

· 1181 (TIBURGE II sœur de Rambaud III Prince d'Orange).

BERTRAND † 1201
Ricard, Eguilles, Marignane, St-Victoret, Berre, Istres, Miramas, Vitrolles.

RAYMOND II † 1236
Ricard, etc. (Alasacie fille de Hugues Geoffroy III, Vte de Marseille).

GUILLAUME I † 1266
Sr de Berre, Istres, Lançon et Châteauneuf (Eucharis de Tournel).

BARRALE
(Bon de Pontevès
1273).

GUILLAUME
Ev. de Troja.

BERTRAND II † 1309 (Berengère)
Sr de Berre et Istres; Bon de Trogessana, 1274 Justicier des Abruzzes,
va en Italie avec Charles d'Anjou 1265
avec ses fils Hugues et Bertrand.

GUILLAUME II † 1344
(Eléonore de Baux
de Marignane).

HUGUES † 1344
Cte de Montfort
et de Tiano
(Reine de Budos)
va en Italie avec Charles d'Anjou.

BERTRAND III † 1351
Capne gal en Toscane, grand justicier du Royme de Naples,
Sr de Berre, Vte de Mison, Cte d'Andrie, de Mte Scaglioso, etc.
(1° 1308 Beatrix d'Anjou † 1320, fille du Roi Charles II,
2° 1324 Marguerite d'Aulnay).

IZOARDE † 1347
(Pons de Beauvoisin de la Penne)
brûlée vive à Romans
pour assassinat de son mari.

PHANETTE
(de Pontevès).

MARIE † 1347
(Humbert II
Dauphin Viennois).

ISABELLE † 1379
(Cte de S. Severino).

FRANÇOIS I † 1422
1er Duc d'Andrie, Cte de Mte Scaglioso, etc.
(1° 1350 Louise de San Severino,
2° 1352 Marguerite d'Anjou Tarente, Impce titul. de
Constantinople, veuve d'Edouard Roi d'Ecosse † 1380.
3° 1381 Suève des Ursins fille de Nicolas Orsino Cte de Nola).

CATHERINE
(Cte de Fondi).

BLANCHE
(Jean d'Enghien
Sr de Lecce).

JACQUES † 1383
Pce de Tarente et d'Achaïe
Empr titre de Constantinople
(Agnès d'Anjou Durazzo).

ANTONIA † 1370
(Frédéric III
d'Aragon
Roi de Sicile).

GUILLAUME † 1444
2e Duc d'Andrie, héritier
d'Alix, Cesse d'Avellino
(Antonia Brunforta).

MARGUERITE
(1405 Pierre de
Luxembourg
Cte de St-Pol).

BIANCHINO
(pour sa descendance
*voir le tableau
du § 5*).

Marie d'Enghien (Raymond
de Baux des Ursins † 1405)
fils de Suève B. sœur de
Raymond Cte de Soleto.

FRANÇOIS II † 1482
3e Duc d'Andrie, Cte de Bisceglia,
1464 gd Connétable de Naples, Président du Conseil royal
(Sanzia di Chiaramonte, Cesse de Copertino, sœur d'Isabelle de Chiaramonte femme du Roi de Naples Ferrante I).

PIRRO † 1487
4e Duc d'Andrie, Cte de Mte Scaglioso et de Bisceglia, Prince d'Altamura
(Maria Donata Orsina, fille de Gabriel de Baux des Ursins Duc de Venosa).

AGHILBERTO † 1487
Cte de Castro et Ugento, Duc de Nardo
(Antonia San Severino fille de Jean Antoine de Baux des Ursins).

ISABELLE † 1537
Reine de Naples
(Frédéric I).

FERDINAND III † 1520
(Germaine de Foix)

FRÉDÉRIC † 1487
Cte d'Acerra
(Constance d'Avalos).

ISOTTA † 1530
(Pierre de Guevara
Mis del Vasto).

Françoise de G.
(JEAN PAUL de Balzo).

ANTONIA
(François Gonzaga
de Mantoue).

Dorothée Gonzaga
(Acquaviva Mis de
Bitonto).

Isabelle Acquaviva
(Bernardino II Cte d'Alessano)
(*voir Orange*).

JEAN PAUL † 1487
(Françoise de
Guevara).

ISABELLE † 1499
(1487 Georges Brancovič
despote de Servie).

MARGHERITELLA
(Jean-François
Cte d'Alessano).

BERNARDINO II
del Balzo Cte d'Alessano
(Isabelle Acquaviva).

ANTONICA
(Duc de Termoli
Pce de Molfetta).

RAYMOND
Cte de Castro Ugento
(Antonia Colonna).

FRANCESCO † 1530
(Brisa Carafa).

ANTONIA
(Mis de Licodia
Pce de Butera).

Berre et Andrie.

Castro et Ugento.

CHAPITRE IV

BRANCHE DE BERRE

RAMEAUX : 1° DE MEYRARGUES ET PUY RICARD ; 2° DE MARIGNANE ; 3° DE BERRE ET ANDRIE ; 4° DE CASTRO ET UGENTO ; 5° DE PRESENZANO ET CAPRIGLIANO.

BERTRAND de Berre, second fils issu du mariage de Bertrand de Baux (✝ 1181) avec Tiburge princesse d'Orange, est le chef de la seconde branche des Balz. Seigneur de Berre, Marignane, Meyrargues, Puy Ricard, Istres, Miramas et Vitrolles, il ne se signale guère que par ses nombreuses donations à des couvents. Nous le voyons seulement figurer comme témoin, en 1189, au traité de paix conclu à Grasse entre le roi Alphonse d'Aragon et Boniface de Castellane qui prête serment de fidélité au roi et à son fils Alphonse comte de Provence, puis, en 1190, avec son frère Hugues, au traité de paix, négocié par Barral vicomte de Marseille, entre Alphonse d'Aragon et Raymond V comte de Toulouse (By 6, 7, supplément). Il meurt en 1201 ; de son mariage avec sa cousine Étiennette des Baux, il n'eut qu'un fils, Raymond, héritier de tous ses domaines. Bertrand 1181-1201.

RAYMOND II, jusqu'en 1225, n'est guère connu que par ses donations au monastère de Silvacane, aux habitants de Berre et de Fos auxquels, en 1203, il concède le droit de pêche dans les étangs de Berre et de Caronte (By 109, 126, 166), et par l'hommage qu'il rend au Pape pour le château de Lançon et à l'archevêque d'Arles pour Trinquetaille, Barbegal et Saint-Gilles (By 110, 143). Son mariage avec Alacasie (Alix), fille de Hugues Geoffroy III vicomte de Marseille, lui avait acquis une part de la vicomté qu'il partageait avec son frère Hugues. D'accord avec sa femme et leurs Raymond II 1201-1236.

fils Bertrand, Gilbert et Guillaume, en 1225, il cède au podestat de Marseille ses droits seigneuriaux sur la ville et son district, contre une rente perpétuelle de 3.000 sous coronats et une maison d'une valeur de 10.000 sous près l'église des Accoules (By 217, 226). Deux ans après, il vend à la ville de Marseille tous ses droits de juridiction sur Roquevaire et s'engage à faire ratifier l'acte par Eudiarde, sa belle-fille et par son fils Bertrand actuellement en prison (By 226).

Il avait besoin d'argent pour soutenir la lutte qu'il avait entreprise contre Raymond Berenger IV comte de Provence, lutte que nous avons vue, au chapitre précédent, se terminer, le 23 décembre 1228, par l'arbitrage de Guillaume comte de Genève. Aux termes de cette sentence, Raymond II et Bertrand, son fils, renoncent à leurs prétentions sur l'île de Saint-Geniès et sur Roquevaire et donnent, comme caution de leur promesse, leurs châteaux d'Éguille et de Gardanne; par contre, Raymond Berenger IV s'engage à ne pas faire la paix avec les Marseillais sans avoir obtenu d'eux la confirmation de la pension annuelle de 3.000 sous coronats qu'ils lui ont promise en 1225 (By 227). Ce traité, pas plus que la paix de Meaux qui termine, en 1229, la guerre des Albigeois, n'empêche pas Raymond II de s'unir bientôt après, comme son oncle Hugues I de Baux, à leur ami Raymond VII comte de Toulouse et aux villes d'Arles, Marseille et Tarascon, contre Raymond Berenger IV. Cette nouvelle guerre se termine, nous l'avons vu, en 1233, par l'intervention de l'empereur Frédéric II (By 250).

Raymond II meurt en 1236 et ses domaines se partagent entre ses trois fils : *Bertrand* eut Meyrargues, Puy Ricard et Éguilles; *Gilbert* Marignane et Saint-Victoret; *Guillaume* eut Berre, Istres, Lançon et Châteauneuf.

La seconde branche des Balz se divise ainsi en trois rameaux; nous passerons assez rapidement sur les deux premiers, pour insister sur le troisième qui jeta sur la famille, en Italie où sa descendance existe encore, un éclat tout particulier.

§ 1. — RAMEAU DE MEYRARGUES ET PUY RICARD

BERTRAND I seigneur de Meyrargues, est tout dévoué à Charles d'Anjou devenu, à cette époque, comte de Provence. En 1251, avec Guillaume son frère, il se porte caution de la promesse faite par leur cousin Barral de Marseille, pour recouvrer les bonnes grâces du nouveau comte, de reconnaître sa suzeraineté pour toutes ses terres de Provence et notamment pour le château des Baux (By 359); mais il n'avait pas rallié à cette cause, Hugues son propre fils, qui, en 1262, s'allie aux Marseillais contre Charles et fortifie le château de Roquevaire. Bertrand obtient de Garsende, sa belle-fille, et des habitants de la ville que le château, garni de ses munitions, soit remis au comte. Charles d'Anjou en prend possession et, pour récompenser Bertrand de sa fidélité, il lui donne les domaines de sa première femme, Eudiarde mère d'Hugues et lui promet de rendre, la guerre finie, le château de Roquevaire à ses enfants nés d'Alix sa deuxième épouse (By 464). Assistent à cet acte, comme témoins, Guillaume de Berre, frère de Bertrand, et Barral, leur oncle. Bertrand I 1236-1266.

Bertrand meurt en 1266; par son testament fait au château de Puy Ricard, il déshérite complètement son fils Hugues qui, malgré sa volonté et contre sa défense, a fait la guerre à Charles d'Anjou comte de Provence, et fortifié contre lui le château de Roquevaire. Si, cependant, Hugues se réconcilie avec le comte [1], il lui laissera le tiers de ses biens, à l'exception de Puy Ricard dont il a déjà disposé en faveur de son autre fils Raymond (By 515).

Bertrand s'était, on vient de le voir, marié deux fois, la première, avec Eudiarde († 1259), fille de Giraud Adhémar vicomte de Marseille et de Mabile, dont il eut *Hugues* seigneur de Meyrargues et de Trébillane et une fille *Mabile*; la seconde, avec Alix dont il eut *Raymond I* seigneur de Puy Ricard et Eguilles et trois filles, *Alasacie*, *Béatrix* et *Sancie*.

1. C'est en effet ce qui arriva. Mandé devant Charles Ier pour expliquer sa conduite, Hugues le remercie et jure d'obéir à ses ordres (By 548).

Hugues de Meyrargues, son fils aîné, esprit inquiet et désordonné, avait été exilé par Charles d'Anjou, après une longue période de pillages et d'exactions qui le font, en 1286, condamner par les juges d'Aix, pour avoir, avec sa bande, volé du bétail dans la bastide de Raymond son frère (By 664). Il semble venir à résipiscence et, le 9 mars 1286, pour payer ses dettes, il donne à son cousin germain Bertrand de Baux de Berre († 1309), sous la réserve d'une somme de 60.000 sous qu'il se réserve la faculté de léguer à sa femme Garsende, les châteaux de Gardanne, Gemenos, Roquevaire, le plan d'Aups, et les droits qu'il peut avoir en Sardaigne; le même jour, il lui donne à fief et à viager le château de Meyrargues, qu'il lui vend définitivement un peu plus tard (By 656, 657). Le 20 décembre 1291, il reconnaît, un peu tard, qu'il ne pouvait faire cette dernière aliénation sans l'assentiment de l'église d'Aix de qui il tenait à fief le château et qui, elle-même, le possédait sous la suzeraineté de Charles II roi de Sicile. Par reconnaissance pour les bontés de Charles Ier qui l'avait rappelé de son exil, et avec l'assentiment de l'archevêque et du chapitre d'Aix, il cède alors Meyrargues au roi Charles II qui promet de désintéresser ses créanciers jusqu'à concurrence de 50.000 sous de provençaux coronats (By 715).

Hugues meurt en 1304, sans enfants des deux femmes, Garsende, puis Berengere, qu'il avait successivement épousées (By 464, 883).

Raymond I 1266-1320.

RAYMOND I qui succède à Bertrand, son père, à Puy Ricard et Éguilles, paraît avoir été, comme lui, criblé de dettes. Le 1er mars 1287, l'archevêque d'Aix, son créancier de plus de 5.000 livres, alors qu'il ne possède plus aucun bien, meuble ni immeuble, sur les terres de l'Archevêché, fait vendre à l'encan, au prix de 2.500 livres de provençaux coronats, la juridiction et la haute et moyenne seigneurie de Puy Ricard (By 670). Le 31 mai 1288, il y installe un bailli que Raymond fait expulser (By 681). Contre cette violence, il recourt au roi de Naples en rappelant les nombreux délits commis et condamnations encourues par Raymond en 1285-86-87 (By 692). Plus tard, le 23 décembre 1295, le sénéchal de Provence doit intervenir auprès des juges d'Aix pour obtenir un sursis à Raymond en raison de dettes à divers juifs et marchands qu'il ne peut payer (By 766).

En juin 1298, puis en 1309, Raymond fait hommage au roi de Naples comte de Provence, pour Éguilles et tout ce qu'il possède dans le comté, sauf pour le château de Puy Ricard qu'il tient de l'église d'Aix (By 790).

Il meurt en 1320. De sa femme Eustachie Étendard († 1312) il avait eu six filles dont l'une, Stéphanette, épousa son cousin Raymond, deuxième comte d'Avellino, tué à Grusana (1320), et trois fils :

GUILLAUME dit Monet est le moins inconnu d'entre eux. Choisi par son cousin Hugues, troisième comte d'Avellino retenu en Italie, comme son procureur en Provence, il épouse Béatrix d'Anduze et meurt en 1334. Guillaume 1320-1334.

RAYMOND III son fils, comme lui seigneur de Puy Ricard et Éguilles, meurt sans enfants en 1349; avec lui s'éteint le rameau de Meyrargues. Il laisse tous ses biens à Raymond de Baux, cinquième comte d'Avellino et père d'Alix (By 1353). Le 11 janvier 1352, sa veuve Bronde de Grignan prête hommage et serment de fidélité à la reine Jeanne et à Louis de Tarente pour le château d'Éguilles (By 27 supplément). Raymond III 1334-1349.

§ 2. — RAMEAU DE MARIGNANE

A la mort de Raymond II (1236) son second fils GILBERT dit le Doux devient seigneur de Marignane et de Saint-Victoret. Sa vie fut longue, car il mourut en 1277 et heureuse, sans doute, car elle n'a pas d'histoire. De sa femme Sibylle dame de Toulon (By 780), il eut deux fils : *Bertrand* et *Raymond*. Gilbert 1236-1277.

BERTRAND II son fils aîné avait, avec quatre de ses cousins, accompagné Charles d'Anjou en Italie; il y mourut en 1305, et, par son testament du 23 mars, institua pour héritier universel de ses biens Charles II d'Anjou roi de Sicile (By 875). Bertrand II † 1305.

Raymond † 1330.

RAYMOND, le Cadet, fut aussi ignoré et aussi gêné que son père. Tout ce que l'on trouve sur lui est une lettre du 3 novembre 1295, du roi Charles II comte de Provence, ordonnant aux juges d'Aix de lui accorder du temps pour le paiement de ses dettes, pour lesquelles ses terres et ses biens étaient fortement engagés (By 763). Il marie sa fille *Éléonore* à son cousin Guillaume II de Berre († 1344).

Guillaume † 1381.

GUILLAUME, fils de Raymond, est, en 1370, trésorier des trois états, vice-sénéchal du comté de Provence pour la reine Jeanne et lieutenant du sénéchal Raymond d'Agout. De son mariage avec Bellinde Hugolin, il laisse deux fils : *François* et *Guillaume*.

François † 1437.

FRANÇOIS, l'aîné, épouse Urbaine d'Agout. En 1385, à Marseille, il prête hommage à la reine Marie de Blois, tutrice de son fils Louis II d'Anjou comte de Provence, pour Marignane et tout ce qu'il possède dans les comtés de Provence et de Forcalquier (By 1595). En 1422 il vend ses terres à la reine Yolande d'Aragon et de Sicile, femme de Louis II, à la condition d'être entretenu à sa cour sa vie durant (By 1770). Il meurt en 1437, laissant deux filles : *Marguerite* religieuse, et *Alix* mariée à Jacques de Passis marchand à Marseille.

Guillaume, son frère cadet, co-seigneur de Lambesc qui meurt avant lui en 1432, est nommé par la reine Yolande, en 1419, viguier de Marseille (By 1762); il fut marié deux fois : 1° à Huguette Ricard ; 2° à la fille de Raymond du Thor.

Guillaume † 1480.

GUILLAUME DE L'ISLE, son fils, seigneur de Marignane, échange en 1453, avec René d'Anjou comte de Provence, chassé de Naples en 1442 par Alphonse roi d'Aragon, ses châteaux de Lambesc, la Roque, la Barbon, Janson, Villelaure, Suze et Tresemines, dont il était menacé d'être dépossédé par ses créanciers, contre une concession de droits de péage sur le bas Rhône (By 1812). Plus tard (1478), pour éviter à une noble famille malheureuse le déshonneur d'une expropriation, il demande l'aide du roi René qui lui accorde, pour lui et ses héritiers, une pension annuelle de 300 florins (By 1819, 22, 23). De sa femme Hélène de Sade, il eut deux enfants : sa fille *Marguerite* avait épousé, en 1471, Louis Saure, marchand de Marseille, et reçu en dot 1.200 florins royaux valant chacun 32 sous (By 1820, 21).

Son fils JEAN des Baux, marié en 1467 à Agnès de Tegrin, est le dernier représentant du rameau de Marignane dont nous trouvions la trace. Jean

Les familles pauvres ont rarement une histoire; de Jean de Marignane on ne connaît pas la descendance; plusieurs auteurs affirment cependant, Barthélemy, en particulier, d'ordinaire si réservé, que Jean « continua sa postérité dans le Comtat ».

Or, voici qu'en franchissant plus de deux cents années, pendant lesquelles tout document fait défaut, on trouve, au berceau de la race, un Paul Balz né à Avignon en 1700; son fils, Georges Martin, mourut à Madrid en 1802; son petit-fils Nicolas sculpteur du roi d'Espagne, en 1829, à Arles; son arrière-petit-fils Georges-Joseph chambellan de Charles IV roi d'Espagne exilé à Rome, y mourut en 1842. Enfin, le fils de ce dernier fut Raymond Balz dont j'ai prononcé le nom dans la préface de cette étude. D'eux tous, la situation fut modeste, mais chez eux se transmet vivace, de père en fils, la tradition qu'ils descendent de ces Balz de Marignane définitivement fixés sur la terre arlésienne. De preuves, ils n'en ont aucune, d'ambition pas davantage et la peinture suffit à leurs besoins. En 1909, Raymond Balz s'éteint à Paris, à 91 ans, avec sa conviction, laissant à sa fille Jeanne le soin d'établir, pour l'amour de l'art, c'est le cas de le dire, puisque le nom s'éteint avec lui, le bien fondé de la tradition familiale.

Comment? Elle n'a rien, que la foi de la voyante. Attend-elle un miracle? il ne s'en fait guère de nos jours. Et cependant, voici l'événement au moins bizarre qui, pour sa piété filiale, en est presque l'équivalent. Peintre comme son père, elle avait, pour elle seule, fait un croquis de lui sur son lit mortuaire. Quelque temps après, un moine franciscain de leurs amis faisait un voyage à Naples. Au courant de leurs traditions de famille, il se rend à l'église de Santa Chiara, dans la chapelle où reposent de nombreux Balz, à côté des princes et des princesses de la maison d'Anjou. Là s'élèvent, face à face, deux monuments identiques et grandioses : l'un est celui d'un des plus illustres parmi les Balz, Raymond comte de Soleto († 1375) couché sur la dalle de pierre, revêtu du froc des frères mineurs; l'autre est celui de sa femme Isabelle d'Apia. Curiosité ou pressentiment, Don Eusebio élève un échafaudage pour se mettre au niveau de la statue et il en photographie la figure qu'il rapporte à Paris à Mlle J. Balz. A cette vue une émotion intense s'empare d'elle : cette photographie et son croquis mortuaire sont d'une ressemblance ou, pour parler plus exactement, d'une identité que tous ses amis constatent comme elle avec une véritable stupéfaction. Elle y voit un trait d'atavisme confirmant les récits qui ont bercé son enfance. De cette singulière constatation, du fait qu'elle établit pour elle, elle n'attend rien, ne prétend rien, ne désire rien ; le nom qu'elle porte, elle sera la dernière à le porter. La vérité est faite, désormais, pour elle. Cela lui suffit.

Ce n'est pas assurément avec de pareils éléments, pour singuliers qu'ils puissent être, que l'on écrit l'histoire. J'ignorais tout ce que je viens de dire quand j'ai entrepris cette étude sur une famille provençale illustre entre toutes, et l'ai commencée par l'indication traditionnelle de cette lointaine filiation. Cet incident, que j'ai appris depuis, ne m'a pas détourné de mon dessein et je le mentionne..... non sans quelque étonnement.

§ 3. — RAMEAU DE BERRE ET D'ANDRIE

Guillaume I 1236-1266.

GUILLAUME Ier, troisième fils de Raymond II († 1236), eut pour héritage, je le rappelle, les seigneuries de Berre, Istres, Lançon et Châteauneuf. Il n'a pas d'histoire, vit en Provence, y meurt en 1266 et laisse de sa femme Eucharis de Tournel, une fille, *Barrale*, mariée au baron de Pontevès, et deux fils : *Guillaume*, évêque de Troja, et *Bertrand*.

BERTRAND II vit d'abord en Provence, où (1266) il fait hommage à l'archevêque d'Arles pour toutes ces seigneuries (By 512) ; puis, à la suite de Charles d'Anjou, il passe en Italie avec deux de ses fils, *Hugues de Montfort* et *Bertrand III* et avec ses cousins des branches d'Avellino et d'Orange. Le roi Charles II (1266) le fait justicier des Abruzzes (By 520) puis, en 1274, lui donne la baronnie de Trogessana dans les Abruzzes, revenue à la Cour par le décès sans enfants de Bertrand de Pertuis, neveu de Barral I de Baux (By 579). En 1286, il reçoit à fief et en viager, de son cousin Hugues de Meyrargues, les châteaux de Meyrargues, Gardanne, Roquevaire, Gemenos et le plan d'Aups (By 656, 657). En 1295, il fait partie de la maison de Blanche comtesse de Flandre, fille du roi Charles Ier (By 762) ; enfin, en 1308, il obtient du roi Charles II le droit de juridiction sur les terres de Mouriès et Angles (By 910). Il meurt en 1309, laissant de sa femme Berengere, quatre enfants : une fille *Izoarde* et trois fils : *Hugues de Montfort*, *Guillaume* et *Bertrand III*, avec lequel la maison de Berre va prendre son essor. Bertrand II 1266-1309.

Izoarde, mariée à Pons de Beauvoisin de la Penne, fait assassiner son mari ; mise à la question par ordre du dauphin, sans égard pour sa parenté avec la dauphine, elle est condamnée à mort et brûlée vive sur la place de Romans, en 1347 (By 1293).

Hugues de Berre comte de Montfort qui avait accompagné son pére en Italie [1] vit à Naples. Il est chambellan du roi Charles II, qui, en récompense de services rendus, tant à son pére qu'à lui-même, lui donne en fief, en 1308, les châteaux de Tiano, dans la terre d'Otrante et de Picciano dans les Abruzzes, avec une rente annuelle de 220 onces d'or

1. Nous le voyons, en 1266, envoyer à ses amis d'Anjou et de Touraine le récit de la bataille de Bénévent (By 508).

(By 906, 914, 915); il y ajoute, en 1309, le château de Volonne dans le bailliage de Sisteron, à la condition que s'il mourait sans postérité (ce qui fut le cas), le château reviendrait à la cour (By 925). Marié à Reine de Budos, il mourut en 1334.

Guillaume II semble être demeuré en Provence. En 1315, lui et son frère Hugues de Montfort prêtent hommage lige et serment de fidélité au procureur du duc de Calabre pour leurs terres de Provence (By 996). En 1316, on le voit se quereller avec l'abbé de Montmajour à propos de la division entre eux d'Istres et de Miramas (By 1006). En 1328 il est pris pour arbitre dans une difficulté qui divise ses cousins Raymond IV prince d'Orange et Raymond III d'Orange seigneur de Courthezon. Voilà le peu qu'on sait de lui. Marié à sa cousine Éléonore Balz de Marignane, il meurt sans postérité en 1344.

Bertrand III 1309-1351.

BERTRAND III de Berre avait, lui aussi, accompagné son père en Italie. Il s'acquiert à Naples toute la faveur des rois de la maison d'Anjou au point d'épouser, en 1308, la princesse Béatrix fille de Charles II et veuve du marquis d'Este et Ferrare, qui lui apporte le comté d'Andrie et la vicomté de Mison. Le 5 janvier de cette année, en récompense de ses services et de ceux de ses ancêtres, Charles II lui donne, en sus des pensions qu'il lui a déjà assurées, la terre de Squillace et le comté de Monte Scaglioso en Basilicate, comprenant Monte Caveoso, Uggiano, etc. Il y ajoute, le 18 janvier, le privilège de haute juridiction, avec le pouvoir du glaive, sur toutes les terres qu'il possède dans le royaume de Sicile, tant en son nom personnel qu'au nom de Béatrix son épouse, et, le 24 janvier, avise les justiciers de la Basilicate, des pouvoirs ainsi donnés à « son cher fils Bertrand de Baux de Berre comte d'Andrie et de Monte Scaglioso » (By 920, 21, 22, 24).

En 1311, Bertrand passe en revue les barons et les troupes de la Basilicate, de la Capitanate et de la terre d'Otrante (By 963). Le 5 août 1316, le roi Robert l'envoie à la rencontre de la duchesse de Calabre, en lui allouant un subside de 120 onces d'or (By 23 supplément).

Sénateur de Rome et représentant du roi en 1323, il est, en 1326, envoyé en Toscane, comme son Capitaine général, pour punir les Pisans d'avoir reçu l'antipape Benoît XII. Il y obtient d'abord de tels succès que, le 2 septembre, Charles duc de Calabre, fils du roi Robert, lui donne, au nom du pape et du roi, le gouvernement et la possession des châteaux de Mallani et de Galitzii et de l'île del Giglio, récemment enlevés par lui et l'armée royale à l'ennemi (By 1062). Mais les Pisans appellent à leur secours l'empereur Louis de Bavière. Bertrand, battu d'abord par eux, revient, en 1329, en Toscane où il prend et détruit les châteaux de Pratiglione et Camporena. Émus par sa fougue et son esprit d'initiative, les conseillers de Florence lui rappellent, le 12 janvier, qu'il doit, autant que possible, se borner à protéger la frontière, le laissant toutefois libre d'agir à sa guise si l'ennemi menaçait Florence ou ses alliés (By 1083).

Envoyé en 1330 par le roi Robert au secours du Pape contre Spinola seigneur de Lucques, il est battu et fait prisonnier à Modene. Échangé et de nouveau Capitaine général des Florentins en 1331, il harcèle tellement les Pisans qu'il force Louis de Bavière à se retirer en Lombardie.

Le 25 novembre 1332, une ordonnance du roi Robert rappelle que son père Charles II, pour récompenser Bertrand comte de Monte Scaglioso et d'Andrie, lui avait accordé, pour lui et ses héritiers, un revenu annuel de 1.000 onces d'or à prendre sur ses biens féodaux de Provence et sur le royaume de Sicile et que Bertrand n'avait touché que les 600 onces de Sicile. Il lui assigne, en conséquence, un revenu de 280 onces d'or à prendre sur les châteaux de San Arcangelo, Gubbio et San Quirico, en Basilicate (By 1112). De plus, le 7 juin 1334, il lui donne le château de Volonne, bailliage de Sisteron, revenu à la cour par la mort sans postérité de Hugues de Berre son frère; il y ajoute, en Italie, la garde des deux châteaux de Gervasio et Lagopessole en Basilicate (By 1119, 1120).

En 1335, le roi Robert le choisit comme un de ses ambassadeurs pour jurer fidélité au nouveau pape Benoît XII (By 24 supplément). En 1341, il complète ces libéralités en lui donnant le château de Tiano dans la terre de Bari (By 1191).

La reine Jeanne, dès son avènement (1343), devait encore faire plus en le nommant grand justicier du royaume. En 1346, par un acte auquel Amiel des Baux assiste comme témoin, elle donne le château de Mison, en Provence, à Bertrand « comte de Monte Scaglioso, grand justicier du royaume, son parent et son fidèle conseiller » (By 1281).

Je raconte ailleurs (Appendice note 8) la tragédie qui suivit de près le mariage de la reine Jeanne avec André de Hongrie, la reine Élisabeth, inquiète pour son fils, venant à Naples pour essayer de le ramener à Visegrad, et Bertrand III de Baux comte de Monte Scaglioso, grand justicier, l'en détournant bien à tort. Après l'assassinat d'André, à Aversa (1345), c'est Bertrand que désigne le pape Clément VI pour rechercher les assassins et faire leur procès. Il fait mettre à la question, puis exécuter un certain nombre des acteurs, de second ordre sans doute, de ce drame. Le roi Louis de Hongrie, venu à Naples pour venger son frère (1348), se charge de punir les premiers rôles : il fait décapiter sous ses yeux, au lieu même où André avait été assassiné, Charles de Durazzo (beau-frère de Jeanne, par son mariage avec sa sœur Marie de Sicile) et emmène prisonniers en Hongrie, où il les garde jusqu'en 1352, Robert et Philippe de Tarente, Louis et Robert de Durazzo, tous les quatre cousins de la reine Jeanne.

Bertrand meurt à Naples en 1351 ; il y est enterré dans l'église de Saint-Dominique entre les deux fils du roi Charles II, Jean de Durazzo et Philippe de Tarente, ses beaux-frères.

De sa première femme, Béatrix, Bertrand avait une fille *Marie*, promise dès 1322 et donnée en 1332 en mariage, avec spéciale dispense du pape Jean XXII, au dauphin Humbert II qui était son oncle (By 1037 et 1106).

A cette occasion, le roi Robert comte de Provence assigne au dauphin devenu son neveu, pour lui et ses héritiers, un revenu annuel de 1.000 onces d'or à prendre sur les terres et fiefs du royaume de Sicile qui sont sous sa seigneurie (By 1106). Le 30 juillet 1344, par acte passé à Avignon, Humbert considérant que personne en Italie n'est mieux à même de gouverner, avec le comté d'Andrie, les biens de sa femme, que son beau-père, lui en donne l'usufruit pour sept ans moyennant la somme de 6.000 florins d'or, avec faculté de pouvoir conserver ou changer tous les officiers (By 1254). Peu de temps après, le pape Clément VI prêche une croisade dont il donne le commandement au dauphin Humbert; Marie de Baux, son épouse, l'y accompagne; à son retour, elle meurt à Rhodes, en 1347. Humbert laisse aux Cordeliers de Marseille une grosse somme d'argent pour faire revenir son corps et l'enterrer dans leur église. Il meurt bientôt après, sans enfants, et laisse tous ses états au roi de France, à la seule condition que le fils aîné des rois prendra désormais le titre de Dauphin.

Après la mort de Béatrix de Sicile († 1320), Bertrand III s'était remarié (1324) avec Marguerite d'Aulnay, veuve de Louis comte de Flandre; il en eut cinq enfants : trois filles mariées en Italie, *Isabelle* au comte de San Severino, *Catherine* au comte de Fondi, *Blanche* (ou Sanzia) à Jean d'Enghien comte de Lecce, et deux fils : *Guillaume*, sans histoire, et *François*, qui continue sa lignée.

François I
1351-1422.

François de Baux comte d'Andrie, de Monte Scaglioso et de Squillace, baron de Berre, de Mison et de Tiano, est surtout connu par ses longues querelles avec la reine Jeanne de Naples qui, en 1352, lui avait donné le titre de duc d'Andrie au moment de son mariage avec Marguerite d'Anjou Tarente, fille de Philippe de Sicile et petite-fille du roi Charles II.

Dès la mort de son père Bertrand, nous le voyons, par acte daté de Naples le 20 mai 1351, accorder aux habitants de Berre de larges dégrèvements d'impôts à la condition qu'ils seront tenus de donner, au moment où il mariera ses enfants, 100 livres tournois à chacune de ses filles et 50 à chacun de ses fils et, de plus, de le racheter lui-même s'il lui arrivait d'être fait prisonnier (By 1322). Disposition prématurée en ce qui touche ses enfants, puisqu'à cette date il n'en avait pas; espèce de prescience en ce qui le touche, mais, d'ailleurs, inutile précaution car, très peu de temps après, la reine Jeanne le faisait enfermer, sans lui laisser la faculté de se racheter, dans une prison où elle le maintint dix-huit ans (1352 à 1370) (*della Marra*).

A quel mobile obéissait-elle? Voulait-elle faire expier au fils la sévérité avec laquelle Bertrand de Monte Scaglioso, son père, avait châtié les assassins d'André de Hongrie? Était-ce simplement (ce serait prêter aux riches que de le croire) par jalousie de femme contre Marguerite d'Anjou sa cousine? Quoi qu'il en soit, sa libération fut aussi étrange que son incarcération. Vers 1370, il obtient que Jeanne vienne le visiter dans sa prison; c'était, disent ses contemporains, un des hommes les plus séduisants du royaume « bellissimo uomo, ardito ed eloquentissimo », toutes qualités auxquelles Jeanne ne pouvait demeurer insensible : « mossa dalla belleza e persuasa dalla faconda di lui, prima se stessa, e poi la libertá li concedesse » (*della Marra*). Il rentre en grâce, mais on ne peut s'étonner que, malgré son élargissement, qui suivit cette entrevue, il ait conservé contre sa libératrice une forte dose de rancune.

Avant ou pendant son emprisonnement, il avait eu deux enfants : *Antonia* et *Jacques*.

En 1370, comme gage de réconciliation entre Naples et la Sicile, il marie sa fille *Antonia* avec Frédéric III d'Aragon roi de Sicile; à cette occasion, toutes les communes de Provence relevant de François, furent invitées à consentir un don gracieux de 30 florins d'or (By 1494). Cette union fut vite brisée : aussitôt après leur mariage, les jeunes époux s'embarquent pour Messine, ils sont poursuivis jusqu'à Reggio par une galère montée par le comte Henri Rossi, et de frayeur, Antonia meurt cinq jours après; elle est inhumée dans la cathédrale de Messine.

Jacques était jeune encore quand, à la suite de la mort successive de tous ses oncles maternels, dont aucun ne laissait d'enfants, il recueillit, en 1373, sous la tutelle de son père, l'héritage de son grand-père Philippe de Tarente, fils du roi Charles II. De ses cinq oncles de Tarente, l'aîné Charles avait été tué jeune, en 1315, à la bataille de Monte Catini; Philippe II, despote de Romanie, était mort en 1337; Louis, second mari de la reine Jeanne, en 1362; Robert et Philippe III, qui avaient été maintenus en Hongrie prisonniers du roi Louis, de 1348 à 1352, disparaissent à leur tour en 1364 et 1373 [1]. Cette série de morts accumule sur la tête du jeune Jacques tous les titres et les biens de son grand-père, Philippe de Sicile († 1347); nous en trouvons l'énumération dans l'acte par lequel il avait cédé à son frère, le roi Robert, ses droits sur la Provence : « prince de Tarente et d'Achaïe, despote de Romanie, seigneur du royaume d'Albanie et empereur de Constantinople ».

C'était bien fait pour tourner la tête du jeune prince, même celle de François duc d'Andrie, son père et tuteur, qui devenait ainsi, selon l'expression de della Marra duc della Guardia « senza paragone alcuno, il primo Signor del Regno ».

Son orgueil le rend bientôt insupportable aux seigneurs napolitains et excite même les soupçons et la défiance de la reine Jeanne. Avisé de ses mauvaises dispositions, et sommé par elle de rendre aux San Severino le château de Mathera, qu'il leur avait enlevé, il quitte Naples et se réfugie dans son château de Tiano. A plusieurs reprises, Jeanne le rappelle à la cour; sur son refus de s'y rendre, elle le fait assiéger dans son château par le comte de San Severino, son mortel ennemi, bien que son beau-frère. Après plusieurs mois de siège, les vivres venant à manquer, François d'Andrie parvient à s'échapper avec quelques fidèles et à se rendre

1. Voir Appendice note 8 : La Maison d'Anjou.

en Provence, pendant que son fils Jacques se réfugie dans ses terres de Grèce (1373) (voir Appendice note 11).

François va trouver à Avignon le pape Grégoire XI, son parent, et avec son aide pécuniaire, il lève en Provence et en Lombardie une armée de 15.000 hommes, à la tête de laquelle il met le siège devant Capoue. Jeanne, effrayée, rassemble des troupes, le 8 avril 1374 le proclame coupable des crimes de rébellion et de lèse-majesté et prononce la confiscation de ses biens dans le royaume de Naples et dans les comtés de Provence et de Forcalquier (By 1510). Heureusement pour elle, le duc d'Andrie va rendre visite, à Aversa, à son cousin le vénérable Raymond de Courthezon comte de Soleto, dont les véhémentes objurgations le décident à cesser les hostilités et à rentrer en Provence (1374). Son armée, qu'il laisse sans chef et sans solde, ravage la Pouille et Jeanne ne s'en débarrasse qu'à prix d'or. Elle fait inventorier par son sénéchal, en Provence, les biens qu'y possède le duc d'Andrie (By 1542), et les fait distribuer à ses fidèles (By 1537 à 1556).

A peine élu pape à Rome (1378), Urbain VI le mortel ennemi de Jeanne, s'occupe de lui trouver des ennemis : il donne le royaume de Naples à Charles de Durazzo, alors en Hongrie, et lui envoie François d'Andrie, chargé de lui remettre la bulle d'investiture. Charles accepte et se rend à Rome, où il est couronné par le pape, sous le nom de Charles III. François entre avec lui à Naples, conduisant par la bride le cheval de la reine Marguerite de Durazzo (*della Marra*). Le nouveau roi ne lui épargne pas les faveurs. Les 7 et 8 octobre 1382, il ordonne à ses officiers de la terre de Bari et de la Basilicate de protéger les biens de François duc d'Andrie son conseiller, absent pour le service du roi, et de lui conserver ses propriétés d'Andrie, telles que les avait possédées son père décédé, le comte de Monte Scaglioso; il fait, de plus, ravitailler la ville d'Andrie soumise à une grande disette (By 1584-85). Enfin il lui fait rendre Berre et ses autres terres de Provence (By 1586).

TOMBEAU DE BERTRAND III, Cte D'ANDRIE (✝ 1351)
à San-Domenico de Naples

TOMBEAU DE JACQUES D'ANDRIE, PRINCE DE TARENTE
Empereur titulaire de Constantinople (✝ 1383);
à San-Cataldo de Tarente.

TOMBEAU DE JEAN-ANTOINE DE BAUX DES URSINS (✝ 1482)
à Tarente.

Si fidèle à Charles III, François ne le fut pas à son fils et successeur, Ladislas, auquel Louis II d'Anjou, alors en Provence sous la tutelle de sa mère la reine Marie de Blois, allait disputer le trône de Naples; car on rapporte qu'au moment où Charles III quitta Naples, en 1385, pour se rendre en Hongrie, où il devait être assassiné l'année suivante, le duc d'Andrie fut délégué à Avignon, par les états de Provence, auprès de Marie de Blois et de son fils et leur prêta hommage en leur nom. A partir de cette époque, on ne connaît plus de lui que la concession de franchises aux habitants de Berre, en 1389 (By 1623).

Il ne mourut que beaucoup plus tard en 1422, à 92 ans. Il avait été marié trois fois : la première, en 1350 à Louise de San Severino dont il n'eut pas d'enfants; la seconde, en 1352, à Marguerite d'Anjou Tarente, petite-fille du roi Charles II et veuve d'Édouard roi d'Écosse; elle lui donna deux enfants, *Antonia* et *Jacques*, comme nous l'avons déjà dit. Il épouse enfin, en 1381, Sueve des Ursins fille de Nicolas Orsino comte de Nola, dont il eut une fille *Marguerite*, femme de Pierre de Luxembourg, et deux fils : *Guillaume* qui lui succéda, et *Bianchino* dont je parlerai spécialement au § 5.

Avant de passer à ce Guillaume, revenons maintenant au fils aîné de François, *Jacques*, qui mourut bien avant son père, en 1383. Jacques † 1383.

La mort successive de ses cinq oncles de Tarente et de sa mère, Marguerite d'Anjou († 1380), l'avaient fait seul héritier de son grand-père maternel Philippe de Sicile fils du roi Charles II et gendre de l'impératrice Catherine de Courtenai († 1346) (voir Tableau de la note 8). Il était ainsi devenu, encore très jeune : prince de Tarente et d'Achaïe, despote de Romanie, seigneur d'Albanie et empereur titulaire de Constantinople.

Nous l'avons vu fuir Naples en même temps que son père François duc d'Andrie, en 1373, et se réfugier d'abord à Corfou, puis dans ses terres d'Achaïe. La reine Jeanne l'y poursuit et, pour faire valoir ses droits sur ce pays, y envoie des troupes commandées par le comte de San Severino. Jacques, d'accord avec son père, lève, pour les combattre, des bandes de mercenaires gascons, la fameuse « Compagnie des Navarres » commandées par Pierre San Superan Landiran dit Bordeaux. Avec elles, il vient assiéger Tarente que la reine Jeanne lui avait confisquée pour la donner à Otton de Brunswick son quatrième mari, en lui en confiant la défense. Il laissait d'ailleurs en Grèce, comme son lieutenant général, Mayotto de Coccarelli qui, avec les Navarrais, prend Corfou (1380), ravage l'Achaïe, s'empare (1381) du château de Postitza, de celui de Zonklon auquel il donne le nom de château de Navarre (Navarin) et prend possession du pays (1386), au nom de Jacques del Balzo empereur de Constantinople (Charles Hopf, *Chroniques gréco-romaines*).

Pendant ce temps, Jacques soulève et pille la Calabre. Le 6 mai 1382, quelques jours avant le meurtre de Jeanne, le roi Charles III de Durazzo donne l'ordre au grand justicier du royaume de citer devant lui Jacques de Baux, qui s'est « soulevé contre lui dès son avènement, a parcouru le royaume à la tête de fortes troupes et s'est emparé de la principauté de Tarente en exigeant des habitants et des soldats le serment d'hommage et de fidélité » (By 1574). Le 18 mai, il lui donne un sauf-conduit pour qu'il vienne à Naples expliquer sa conduite (By 1578). Mais tout s'arrange et Charles lui donne en mariage sa cousine Agnès de Durazzo veuve de Can Signorio della Scala. Le 11 septembre, il l'autorise à retourner, avec sa femme, au château de Tarente (By 1577), et, le 18 septembre, lui donne à perpétuité, comme dot d'Agnès, l'île de Corfou, sous la condition d'être toujours fidèle au Roi (By 1579).

Ces bontés ne semblent pas beaucoup toucher Jacques, à en juger d'après les dispositions singulières de son testament fait au château de Tarente, le 15 juillet 1383 : Jacques de Baux par la grâce de Dieu empereur de Constantinople, despote de Romanie, prince d'Achaïe et de Tarente, désirant disposer, avant sa mort, de l'empire et des principautés qui lui sont advenus comme héritier de sa mère l'impératrice Marguerite de Tarente, se refuse au désir de beaucoup de personnes qui l'engagent à laisser ses possessions à son père François de Baux duc d'Andrie. N'ayant aucun enfant légitime, il lègue son empire, despotat et principautés à Louis d'Anjou duc de Calabre, son cousin au troisième degré par la ligne maternelle et lui recommande d'entretenir et de marier ses filles naturelles[1] Magdeleine et Catherine... (By 1588). Ce n'était pas seulement un parent qu'il entendait favoriser en lui, c'était le prince récemment adopté par la reine Jeanne et qui disputant, en ce moment, la couronne à Charles III de Duras, allait bientôt mourir à Bari, le 21 septembre 1384.

Jacques fut inhumé à Tarente, revêtu des insignes royaux, dans l'église de San Cataldo et dans la même tombe que son oncle Philippe II prince de Tarente[2]. Sa femme Agnès de Durazzo († 1387) l'est à l'église de Santa Chiara de Naples, panthéon des princes angevins.

1. Della Marra duc della Guardia (1641) parle, sans bien préciser, d'un neveu de Jacques ou d'un fils naturel qu'il aurait eu en Grèce, et qui, *devenu despote de Servie* (?), épousa la sœur d'Andronica, femme de Scanderbeg. Il ajoute qu'il en eut une fille, Antonia, que sa tante confia, encore enfant, à la reine de Naples, Isabelle del Balzo, dont je parlerai bientôt.

Il ne s'agit ni d'un fils, ni d'un neveu de Jacques, mais seulement d'un de ses parents, alors prince du Montenegro, qui faisait alors partie du royaume de Servie, et l'erreur doit venir de ce que l'enfant dont il s'agit venait de l'Albanie, alors que Jacques, parmi ses nombreux titres, portait celui de seigneur d'Albanie.

La vérité résulte des tableaux généalogiques si nombreux et si précis dressés par Charles Hopf dans ses chroniques gréco-romaines et dont j'ai fait un résumé synoptique au chapitre VI (les Balša de Servie-Albanie) : *Andronica* Arianiti Comnène femme de Scanderbeg avait bien une sœur, nommée *Comita* ; mais celle-ci, au lieu d'épouser un despote de Servie (non dénommé) épousa *Goyko Balša* († 1480) prince de la Zetta (ou Montenegro), dont elle eut une fille *Maria Antonia*. Après la mort de Scanderbeg, Andronica, fuyant l'invasion des Turcs qui envahissaient l'Albanie, conduisit sa nièce, âgée alors de sept ans, auprès de sa parente la reine Isabelle del Balzo, femme de Frédéric d'Aragon, qui la fit élever et la maria à Alfonso Ferrillo comte de Muro.

2. On y lit encore son épitaphe :

Hoc tuus Andria dux Franciscus, Baucia proles,
Extruxit templum. *Jacobi* tegit ossa Tarenti
Principis. Huic mater, Caroli de stirpe secundi.
Imperii titulis et Bauci sanguine claro
Hic Romaniae et Despotus Acaïus urbes
Subjecit bello ....

uillaume
422-1444.

GUILLAUME deuxième duc d'Andrie, frère de Jacques, est surtout connu parce que sa cousine Alix, dernière comtesse d'Avellino, le choisit pour son héritier universel par son testament du 7 octobre 1426 (By 1780).

Le 5 août 1427 il prend possession de son héritage par l'intermédiaire de son procureur Louis de Castro Mediano (By 1789); il fait même acte de seigneur en confirmant (1428) les franchises accordées par ses prédécesseurs aux habitants du Thor dont les syndics le reconnaissent comme seigneur, sous la réserve de la part de suzeraineté du pape, puis en prenant possession du château de Caumont dans le Comtat (By 1793-94).

Le 25 mars 1428, le pape Martin V charge l'archevêque de Narbonne, gouverneur d'Avignon et du Comtat, de mettre Guillaume en possession de Caromb et des autres châteaux ayant appartenu à Alix dans le Comtat. On se rappelle que Charles d'Anjou frère de Louis III et, pour lui, gouverneur de Provence s'était, après la mort de la comtesse Alix, emparé du château des Baux où étaient ses titres et documents; le pape défend de mettre en cause Guillaume d'Andrie devant un Tribunal quelconque avant deux ans, à moins qu'il n'ait pu recouvrer auparavant les pièces qui lui sont nécessaires pour établir ses droits (By 60-61-62 supplément).

Le 7 septembre de cette année, d'ailleurs, le roi de Naples comte de Provence renonce à toutes ses prétentions sur les biens d'Alix, à l'exception du château des Baux (By 1795), et, le 12 novembre, Guillaume fait reconnaissance et hommage au recteur du Comtat pour les châteaux de Caromb, Brantes, Sarrians qui avaient appartenu à Agout des Baux et pour ceux de Saint-Hippolyte, Caumont, Beaumont et le Thor, provenant d'Alix (By 1797). Le 6 septembre 1429, d'ailleurs, il vend à Louis de Châlons prince d'Orange, à la condition qu'il paie les dettes d'Alix, les biens et châteaux du Comtat lui ayant appartenu, comme héritière tant de ses oncles Antoine et François de Baux que de son père Raymond, héritier lui-même de ses oncles Amiel et Bertrand pour Brantes et Plaisians (By 1798).

D'après della Marra, Guillaume serait mort fou vers 1444. *Scipione Ammirato* (*Delle famiglie nobili Napoletane, Firenze*, 1580) n'en est pas sûr et avoue naïvement son ignorance : « Arrossirebbe il filosofo di non sapere, ma non mi vergogneró già io di accettare non esser mi noto il tempo della morte di Guglielmo ne il numero de suoi figliuoli; essendo ben cosa indubitata Francesco, suo primogenito, esser gli al Ducato succeduto. »

De sa femme Maria Brunforta, il avait eu deux fils : *Guillaume* d'Andrie dont on ne connaît que le nom et que nous trouvons, en 1512, associé avec Bernardin (des Baux)[1] dans une opération de *prise maritime* (By 1826), et *François* qui lui succéda.

Nous ne pouvons que renvoyer à l'Appendice (note 8 : maison d'Anjou) pour faire connaître les événements, auxquels les Balz furent mêlés, qui, à cette époque, ensanglantèrent le royaume de Naples depuis l'avènement de la reine Jeanne : l'assassinat d'André son premier mari, l'invasion de Naples par le roi de Hongrie frère d'André, la mort violente de Jeanne en 1382 par ordre de Charles III de Durazzo; puis, après l'assassinat de ce dernier en Hongrie en 1386, les luttes soutenues à Naples par Ladislas et Jeanne II, ses enfants, contre les rois de la deuxième maison d'Anjou;

1. On ne sait au juste qui est ce Bernardin (des Baux) chevalier de Saint-Jean de Jérusalem, que nous trouvons, dès 1509, capitaine de navires (By 1824). Il ne paraît pas être de la famille. En 1512, le roi Louis XII étant en guerre avec les Génois, il y prend part, comme corsaire, avec un Guillaume d'Andrie ; et le roi intervient pour partager entre eux la prise des marchandises génoises embarquées sur un navire portugais, capturé par eux dans les eaux de Marseille (By 1826, 27). Le 4 mai 1513, le roi affranchit de tout droit les navires de frère Bernardin (de Baux) son conseiller et maître d'hôtel, capitaine de ses galères en son pays de Provence et, pour le récompenser des grands services rendus au royaume, lui donne les château, place, terre et seigneurie des Baux dont il prend possession le 5 juillet (By 1828, 29, 30). Le 21 octobre 1515, François Ier y ajoute deux maisons à Marseille (By 1531).

Il meurt en 1527, instituant le roi pour son héritier, sauf 10.000 écus d'or laissés à la Major de Marseille (By 1534, 35).

En mars 1528, François Ier se saisit, par droit d'aubaine, de ses biens meubles et immeubles, galères, galions, barques, artillerie, munitions et armement, parce que Bernardin « était étranger, Albain, né hors du royaume, illégitime et incestueux, et les donne au Maréchal de France, Anne de Montmorency » (By 1836).

enfin, le renversement du dernier d'entre eux, René le Bon, par Alphonse V le Magnanime, qui, en 1442, installe à Naples la maison d'Aragon.

En continuant notre récit, nous ne pourrons plus nous appuyer sur le précieux recueil des 2.012 chartes publiées par Barthélemy, que nous avons si souvent mis à contribution et pris pour guide ; il s'arrête à peu près à l'époque à laquelle nous sommes arrivés. Mais deux auteurs italiens : *Ferrante delle Marra* duc de la Guardia, et *Benedetto Croce* nous permettent de suivre encore les Balz à Naples depuis l'avènement de la maison d'Aragon jusqu'au moment où elle fit place à la maison de Castille (1503).

François II
1444-1482.

François II, troisième duc d'Andrie, occupe une haute situation à la cour de Naples. On le voit, dès 1443, figurer dans l'assemblée des barons napolitains ; plus tard il est envoyé par le roi Alphonse d'Aragon, comme ambassadeur, en 1451, auprès de l'empereur Frédéric III, puis, en 1458, auprès du pape Pie II pour le féliciter de son élection et solliciter de lui l'investiture du royaume, jusqu'alors refusée par Calixte III.

Alphonse meurt en 1458 et laisse le trône à son fils naturel, Ferdinand Ier (Ferrante). François d'Andrie était devenu son beau-frère par son mariage avec Sanzia de Chiaramonte comtesse de Copertino, sœur de la reine Isabelle de Chiaramonte. Aussi, demeure-t-il fidèle à sa cause, au milieu de l'abandon général des barons napolitains, quand, en 1459, Jean d'Anjou, fils de l'ex-roi René, porte la guerre à Naples, d'accord avec Jean-Antoine de Baux des Ursins (Balz) prince de Tarente (voir Appendice note 9). François, « aussi célèbre, dit della Marra, par sa sainteté que par son courage », subit dans Andrie, en 1463, un siége terrible qui se termine par une capitulation des plus honorables. Après la paix qui suit la défaite de Jean-Antoine à Troia, il reçoit en récompense, du roi Ferrante (1464), la charge de grand connétable président du Conseil royal, et une partie des terres confisquées à Jean des Ursins. En 1477, il accompagne en Espagne Alphonse duc de Calabre, quand il va y chercher Juana d'Aragon qui allait devenir la seconde épouse du roi Ferrante son père.

François II meurt à 72 ans en 1482; il est enterré à Andrie, dans l'église de San Domenico [1]. Il laissait deux fils : *Pirro* et *Aghilberto*.

Pirro 1482-1487.

Pirro, quatrième duc d'Andrie, comte de Monte Scaglioso et Bisceglia et, par sa mère, comte de Copertino, épouse Maria Donata Orsina fille de Gabriel des Baux des Ursins duc de Venosa tué, en 1453, au siège de Constantinople. Cette union à la nièce de Jean-Antoine de Baux des Ursins, n'empêcha pas ce dernier, après la prise d'Andrie dont je viens de parler, d'assiéger Pirro dans Rocca de Minervino dont le roi Ferrante lui avait confié la garde et de l'attaquer durement, allant, dit-on, jusqu'à faire tirer sur la chambre de sa nièce enceinte et malade. Après la paix, le roi Ferrante d'Aragon, oncle de Pirro, lui prodigue ses faveurs; il le nomme, en 1482, grand connétable du royaume et va même jusqu'à fiancer son second fils, François, à la dernière des filles de Pirro, la jeune Isabelle... « Desideró Re Ferrante, per la nobilitá della casa del Balzo, il matrimonio d'Isabella con D. Francesco » (*della Marra*); puis, Francesco étant venu à mourir (1484), il la donne en mariage, en 1486, à son troisième fils Frédéric et, à cette occasion, fait Pirro prince d'Altamura.

Dans ces conditions, on arrive difficilement à comprendre que, peu de temps après, Pirro ait poussé l'ingratitude jusqu'à entrer, avec son frère Aghilberto et trois de ses fils, dans la fameuse « Conspiration des barons ». Ferrante se saisit des deux frères, les fait étrangler dans leur prison, et jeter leurs corps à la mer (15 mai 1487).

1. Son buste nous fait connaître ses traits, son épitaphe, sa filiation et sa descendance exactes : Franciscus ex avito ac præclaro majorum suorum genere de Baucio Andrianensium Dux, Guilielmi de Baucio et Antoniæ Brunfortæ Vigiliarum (Bisceglia) comitis *filius*, Francisci avi sui ejusque conjugis Suevæ Orsinæ *nepos* dignissimus, Pyrrhi autem Altamurensium principis ac Venusinorum ducis, Engelberti etiam Nojæ et Antoniæ San Severinæ comitum *parens* optimus.

Pirro laissait (en dehors de deux enfants naturels Bertrand et Medea), quatre enfants légitimes :

Federigo comte d'Acerra, marié en 1477 à la célèbre Constance d'Avalos, meurt sans enfants;

Isotta, princesse d'Altamura, épouse en 1471 Pierre de Guevara marquis del Vasto, comte d'Ariano et grand sénéchal du royaume. Leur mariage fut célébré avec un luxe vraiment royal dans la cathédrale d'Andrie. En raison de la part indirecte qu'elle prit à la conjuration des barons, ses biens paternels et maternels lui furent confisqués. Elle n'en jouit pas moins d'une grande considération, comme le prouve la visite que lui fit Charles Quint à son passage à Naples. Elle mourut en 1530 laissant trois filles mariées : Éléonore, en 1492, à Louis de Luxembourg, Covella au marquis Carafa de Montesarchio et Francesca à son cousin *Jean-Paul del Balzo* fils d'Aghilberto et exécuté avec lui après la conspiration de 1487.

Antonia épouse François de Gonzaga de Mantoue. Dorothée de Gonzaga, l'une de leurs filles, mariée au marquis Acquaviva de Bitonto, fut la mère d'Isabelle Acquaviva; cette dernière épousa un de ses cousins de la branche d'Orange, *Bernardino II comte d'Alessano*, fils de Margheritella del Balzo et, par elle, petit-fils d'Aghilberto. Ils n'eurent pas de postérité (voir tableaux chap. IV, p. 48, et chap. V, Orange Alessano).

Isabelle, enfin, épouse Federigo, le dernier fils du roi Ferrante, qui la fera reine de Naples.

belle
1533.

L'histoire si mouvementée d'ISABELLE nous est contée avec de minutieux détails dans un poème des plus intéressants « lo Balzino » conservé à la bibliothèque de Pérouse, et dont j'ai pu, non sans peine, obtenir communication. Analysé par Benedetto Croce (*La reine Isabelle del Balzo, Naples, 1897*), il fut écrit en 1499, à la demande de Giulia Paladini baronne de Campi, amie intime de la reine, par Rogeri di Pacienzia di Nerito qui papillonnait « bazzicava » à sa cour et la suivit dans la plupart de ses

Cl. Moscioni (Rome)

pérégrinations, et dédié à Antonia del Balzo sa sœur « pudicissima consorte del quondam Ill[e] s[r] Joan Francesco Gonzaga ».

Le poème en huit chants est écrit en strophes de huit vers libres, dont je crois intéressant de donner une idée par quelques citations. Il commence par rappeler la conquête du royaume de Naples par Charles d'Anjou :

Ne milli ducento sexanta septe
Che Papa Clemente quarto haveal papato
Manfredo Re de Puglia gran dispette
Faceal Papa per lo levar da Stato
Et molte terre ad Ecclesia subgette.
In poco tempo gli hebbe debellato
Fando se beffe del nome apostolico
Tanto era iniquo fiero et diabolico.

Per resistere il Papa all'arroganza
De Re Manfredo tanto fiero inico
Mando p. ayuto ad Re Loys in Franza
Pregandol obviasse a tal nemico
Promittendo a chi mandasse con lienza
In Roma con exercito in favor dico
Poner li del Regno la corona
Et sel acquista gliel concede et doña

Puis la bataille de Bénévent, la découverte du trésor de Manfred et son partage par Bertrand de Baux, que j'ai contés plus haut (chapitre III).

Smontato el Re al Castello Capuano
Li fo appresentato un gran thesoro
De Re Manfredo : et quel signor soprano
Chiamó Beltran di Balzo in mezzo al coro
Et dixeli : e bilanze piglia in mano
Et pesa et sparti tutto questo tal oro.
Beltran rispose : Che faro de bilanze
Ad spartir tanta moneta et tanti zanze.

Dicto questo salio sopra poi
Et con li piedi in tre parte el destina,
La una, dixe, sia del nostro Roy
Et l'altra de nostra damme la Reyna
Et l'altra se devida fra gente voi......
....

Après un peu d'histoire, il entre en matière et prend Isabelle dès sa naissance, marquée de mauvais présages. Elle naquit trijumelle « mirando inaudito ». Bien conformée, elle avait la bouche si petite qu'il fut extrêmement difficile de lui trouver une nourrice :

Nascette questa nobile fantina
Che tutti membri ben formati haveva
Ma la boccuzza sua si piccolina
Che popigno de ziza nullo ne capea
Donna nissuna fusse lla vicina
Lactar per alcun modo la possea
Et spremer bisognava intro la boccha
Lo lacte da le zize a gotta a gotta.

Mais cette nourrice était constamment ivre. Trois semaines après la naissance de l'enfant, la foudre met le feu au château de Minervino ; chacun s'enfuit ; de toute l'aile qu'elle occupait, sa chambre seule fut épargnée ; on accourt enfin, la nourrice et l'enfant dormaient toujours !

Le poète entre enfin en matière, non sans avoir rappelé tout d'abord l'origine fabuleuse de la maison des Balz :

Madamma acciò sappiate : la famosa
Inclyta, excelsa casa de lo Balzo
Discese da progenie gloriosa
D'un de Tre Maggi........
E per linea directa, sio non erro
Viene et procede da Re Baltassaro.

Chacun de ses huit chants, d'ailleurs, commence par une triple invocation : à Dieu, à la Sainte Vierge, aux trois rois Mages. En voici une, ce sera ma dernière citation :

E voi Sacrati Re, mia navicella
Drizzate a bon porto se destina
Che como ad voi fu guida la stella
Ad far ve trovar la maestà divina
In Betlem in quella Capanella
Cum Joseph et Maria matre vicina
Cosi guidate lo mio rozo ingegno
A dir l'affami se hebbero nel regno.

Viennent les fiançailles de la jeune fille avec Francesco, second fils du roi Ferrante ; l'anneau de fiançailles se perd, le fiancé meurt ; enfin, le 28 novembre 1486, elle épouse, à Andrie, Federigo le troisième fils du roi. Elle en a successivement trois enfants : un fils, *Ferrando* d'Aragon qui finira sa vie en Espagne, dépouillé de son royaume par le roi de Castille son parent et deux filles, *Isabelle* et *Giulia.*

Le bonheur d'Isabelle dure peu ; Charles VIII envahit l'Italie : « Ciascun pronosticava un gran bisbiglio ». Pendant que son mari guerroie, avec le roi Ferrante son père, contre les troupes françaises (1491), Isabelle, par son ordre et pour les éviter, se transporte successivement, en compagnie de Bertrand et de Medea, ses frère et sœur naturels, à Andria, Bari, Brindisi, Otrante ; enfin à Lecce, où elle séjourne un an, avec ses deux cousins d'Alessano (Orange), *Francesco* époux de Margheritella del Balzo fille d'Aghilberto et *Berardino* avec sa femme Altobella di Gesualdo (voir tableau chapitre V, Orange). Pendant son séjour à Otrante (1495), elle reçoit la visite du prince Frédéric, son mari, qui y passe deux jours avec elle ; leurs deux seuls jours de réunion, de 1492 à 1498 !

Le roi Ferrante meurt le 25 janvier 1494. De ses deux mariages, avec Isabelle de Chiaramonte († 1465) puis avec Juana de Castille fille de

Jean II roi d'Aragon (voir Appendice note 7), il avait eu trois fils : Alphonse II qui lui succède, François mort en 1484 fiancé d'Isabelle, et Frédéric devenu son mari. Alphonse abdique en 1495 en faveur de son fils Ferdinand II (Ferrantino) qui ne peut défendre Capoue ni Naples contre Charles VIII; il se retire à Ischia, où il meurt en 1496.

Les barons napolitains proclament alors Frédéric roi de Naples. Le 11 mai 1497, il appelle Isabelle à Barletta; après un voyage triomphal dont la description forme tout le cinquième livre de « lo Balzino » [1], elle y séjourne quatre mois de fêtes continuelles (livre VI). Elle y reçoit sa cousine germaine Isabelle, fille d'Aghilberto, et femme de Georges Brankovič « despote de Servie ». Le 10 août, Frédéric est couronné à Capoue, mais il en part le 2 octobre pour châtier le comte de Salerne auquel, le 19 décembre, il prend le château de Diano. Isabelle, de son côté, se rend à Naples avec son fils Ferdinand proclamé duc de Calabre et y fait une entrée triomphale le 15 octobre 1497; elle va d'abord saluer, au château de l'Œuf, les deux reines Jeanne, veuves des rois Ferrante et Ferrantino, puis est rejointe par sa sœur Antonia venue de Mantoue avec ses deux enfants, Frédéric et Dorothée Gonzaga, par son cousin Guillaume comte de Noha, fils d'Aghilberto et compromis dans sa conspiration, venu de Hongrie avec un sauf-conduit, par Constance d'Avalos sa belle-sœur, et par sa cousine Margheritella fille d'Aghilberto. Elle visite, à Santa Chiara, les tombeaux des princes d'Anjou, et de son glorieux parent Raymond de

1. Le bon Rogeri de Pacientia nous a conservé le texte d'une pétition naïve qu'elle reçut dans ce voyage, à Giovenazzo, de quelques soldats français qui y étaient prisonniers : « A uns très noble Reyna molt plus divina qu'humen, humblement se splen et dis le poure mendis et miser Galli. Au sol ardent son sins boyre et tous moyre de gran deblesse. Son tant sage que puo tenter se hauran de manger et pieu son ventre. Damme, pour piete je te supple, done me a zuppe. Plese avoir de nos compasion, pour la remission de ton marit, el roy Frederic qu'a tous trasperce. Ha fait tregua et paice en nostro Roy. Ne sem plus que doi Galli poure et de bon cuor et gran sperance requirem da vus perdonance. »

La reine leur fit grâce en effet, ajoute Rogeri :

Lo riso, la gran festa e gran piacere
Che se hebbe de la supplicacione
Io non la poria scrivere ne redire.
Cosi la Regina como omne Barone

Videndo el stilo vario del dire
Ne francese, taliano o bergognone
Ma si fo facta per Galli deridere
Et dar causa a ciascun ad posser ridere.

Soleto. Le 13 février 1498, elle est enfin rejointe par le roi son époux que, depuis six ans, elle n'avait vu que deux jours, à Otrante, en 1495.

Ici s'arrête le poème « Lo Balzino » :

Ch' in pace Re Fedrico si benegno
Viva e sua moglie Diva Ysabella
E quanto lor desia de questo Regno
Tenga lo sceptro et la corona bella
Et Ferrando Duca Calabrese
Et dopo lui tutte sue descese.

Ces souhaits, qui ne furent pas exaucés, nous donnent la date (1499) de la composition du poème. Pour ceux qui en sont l'objet, en effet, les malheurs allaient commencer : ils perdent successivement leurs deux derniers fils, Alfonso et Cesare; la lutte éclate entre les maisons de Castille et d'Aragon; le roi Frédéric est obligé de quitter Naples, il se retire en France, où il meurt, à Plessis-les-Tours, le 9 novembre 1504. Isabelle s'était réfugiée en 1503 à Ischia où se trouvaient déjà les deux Jeanne, veuves des rois Ferrante et Ferrantino; l'année suivante, devait les y rejoindre, complétant ce qu'on a si justement appelé « la Corte delle triste Regine », Béatrix d'Aragon fille du roi Ferrante, l'ambitieuse veuve de Mathias Corvin roi de Hongrie, quand, après huit ans de procès, son pseudo-mariage avec Ulazlo, successeur de Mathias, fut enfin déclaré nul par le Pape (1504) (Appendice note 9). Isabelle se retire ensuite à Sabioneta chez sa sœur Antonia, puis à Ferrare auprès d'Alphonse d'Este; elle y termine, en 1533, sa douloureuse existence.

Quant à FERDINAND III, son fils, duc de Calabre et roi d'un jour, détrôné par son parent, Ferdinand de Castille, auquel le Pape venait de donner (1503) l'investiture du royaume des deux Siciles, il est emmené en Espagne, avec ses deux sœurs, Isabelle et Giulia, dont on voit les portraits au musée de Valence, avec les noms, pour l'une de « Doña Ysabel de

Aragon y Baucio »; pour l'autre « de Doña Julia de Aragon y Baucio hija de Don Federico Rey de Napoles, hermana del fundador, y de la fundadora del Real Convento de San Sebastian ». Ce fondateur non dénommé était le pseudo-roi Ferdinand III; la fondatrice était sa femme Germaine de Foix, sœur de Gaston de Foix et veuve, en 1516, de Ferdinand de Castille, lequel l'avait épousée après la mort d'Isabelle la Catholique, sa première femme, † 1504.

Ferdinand III meurt à Valence, vers 1520, oublié de tous. Avec lui s'éteint la descendance de Pirro duc d'Andrie.

Examinons maintenant celle de son frère Aghilberto.

§ 4. — RAMEAU DE CASTRO ET UGENTO

Aghilberto 482 † 1487.

AGHILBERTO, second fils de François II duc d'Andrie, avait épousé Antonia San Severina qui lui apporta les comtés de Castro et d'Ugento. Le roi Ferrante le fait duc de Nardo. Quelque temps après, Aghilberto lui demande la principauté de Tarente dont Jean-Antoine de Baux des Ursins était devenu titulaire par voie d'achat et que le roi Ferrante lui avait confisquée, en 1465, pour le punir de sa rébellion (voir Appendice note 11). Le roi la lui refuse; Aghilberto irrité entre dans la « Conspiration des Barons » et y entraîne son fils Jean-Paul et aussi son frère Pirro. Tous les trois, par ordre du roi, sont arrêtés, étranglés dans leur prison, et leurs corps jetés à la mer (1487)[1]. Il eut (*della Marra*) six filles et quatre fils :

1° *Elena*, mariée à Richisenz comte d'Avellino (?) et dotée par le roi Ferrante I;

2° *Caterina*, mariée à Giordano Colonna duc de Marsi, et mère de Prosper Colonna le Grand;

1. C'était un lettré. Voir Omont : La bibliothèque d'Aghilberto del Balzo (*Bibliothèque de l'École de chartes*, mai-juin 1901).

3° et 4° *Antonia* et *Sanzia*, mortes en bas âge;

5° *Isabelle* accompagne, en 1473, Béatrix d'Aragon, fille du roi Ferrante I, quand elle se rend en Hongrie pour y épouser le roi Mathias Corvin. Elle s'y marie elle-même, en 1487, avec Georges II Brankovič, qui fut l'avant-dernier des despotes de Servie, quand, vaincu définitivement, après tant de luttes contre les Turcs, cet héroïque pays tomba définitivement sous leur domination. Elle y meurt en 1498; de chagrin, son mari abandonne le pouvoir, se fait moine, et un an après, la suit dans la tombe (voir Appendice note 9);

6° *Margheritella* épouse son cousin Jean-François del Balzo comte d'Alessano, de la branche d'Orange (voir tableau, chapitre V). Ils ont trois enfants : *Ramondo* del Balzo, qui ne se maria pas; *Bernardino*, marié à Isabelle Acquaviva, et mort sans enfants; *Antonica* qui épousa le duc de Termoli, prince de Molfetta. Leurs enfants ajoutèrent le nom de Balzo à leur nom patronymique;

7° *Antoine* mort prêtre, à Bude;

8° *Jean-Paul* comte d'Ugento, exécuté en 1487;

9° *Guillaume* comte de Noha, impliqué dans la même conspiration, parvient à s'enfuir en Hongrie; nous l'avons vu plus haut revenir à Naples, en 1497, avec un sauf-conduit, pour y accompagner sa cousine germaine Antonia de Gonzague Mantoue auprès de la reine Isabelle sa sœur. Il ne fut pas marié;

10° *Raymond* enfin, l'aîné, avait vu, à la suite de cette conspiration, confisquer toutes les terres de la famille, et sa mère ne put que lui sauver la vie, sans lui éviter l'exil. Ferdinand le Catholique lui rend, en 1507, les comtés de Castro et d'Ugento, mais le duché de Nardo resta confisqué. Il épouse Antonia Colonna fille du duc de Marsi.

Leur fils *Francesco*, comte de Castro et d'Ugento, se maria à Brisa Carafa, fille du marquis de Monte Sarchio et de Covella de Guevara, nièce de la reine Isabelle. Dans l'espoir de recouvrer le duché de Nardo, il embrasse la cause des Français à la venue de Lautrec (1528), mais Charles Quint confisque ses biens, et il est obligé de se réfugier à Raguse d'où, deux ans après, il revient, très pauvre et très vieux, mourir à Rome, entretenu par le cardinal de Trivulce.

Il laissait une fille *Antonia*, que sa parente, Isabelle de Capoue princesse de Molfetta conduit à Mantoue, chez son mari Ferrante Gonzaga, et que, plus tard, Don Ferrante V roi de Sicile marie au marquis de Licodia, depuis prince de Butera.

« Ultime reliquie della grandissima casa del Balzo..., all' ultima vecchiezza, mori infelicissimo e diede fine a una casa per tutta Europa celeberrima » (*Campanile*).

§ 5. — BRANCHES DE PRESENZANO ET DE CAPRIGLIANO

Le passage de Campanile que je viens de citer est trop absolu. Avec le vieux Francesco finit bien la branche de Castro et Ugento, mais non la maison des del Balzo dont il me reste à faire connaître les derniers descendants en Italie.

François Ier duc d'Andrie († 1422), en outre de ses deux fils Jacques († 1383) et Guillaume († 1444) dont j'ai donné l'histoire au § 3, en avait un troisième dont je n'ai indiqué que le nom, *Bianchino*, duquel descendent les del Balzo, ducs de Presenzano et ducs de Caprigliano vivant encore à Naples. Cette descendance est régulière et incontestable. Mais, c'est sur Bianchino lui-même qu'on a discuté, c'est de lui qu'il importe de bien examiner l'existence et la filiation.

Son existence d'abord. — Si Jacques, le dernier empereur titulaire de Constantinople est bien connu de tous les historiens, il s'en faut qu'il en soit de même de Guillaume son frère et de Bianchino.

Parmi les écrivains d'Italie, *Scipione Ammirato* (1580), *Campanile* (1618) qui semble l'avoir copié, et *della Marra* (1641) mentionnent bien Guillaume, mais ils ne donnent guère que son nom et sa filiation. Ce n'est que grâce aux nombreux documents découverts en France et donnés par Barthélemy que j'ai pu établir son histoire dont le trait principal, en somme, est qu'il fut l'héritier universel d'Alix, dernière comtesse d'Avellino, morte au château des Baux en 1426 (chapitre III).

De Bianchino, il n'est pas beaucoup plus parlé. Ni *Campanile*, ni *della Marra* n'en prononcent le nom; cela peut se comprendre s'il est vrai que, jeune encore, il quitte sa famille, par suite de démêlés avec son père pour courir les aventures avec Francesco Sforza, d'abord condottiere dans le royaume de Naples avant de devenir duc de Milan. *Sansovino* (*Della, origine*, etc. 1582) et *Hemminges* (*Theatrum genealogicum*, tome III, *Appendice*, Magdebourg, 1598) le mentionnent sous le nom de Guglielmo Bianchino. Quant à *Contarino* (*L'antiquità di Napoli*, Naples, 1569), il l'appelle Berardino detto Guglielmo. Par contre, l'abbé *Serafino Tanzi* (*Historia cronologica monasterii S. Micaelis arcangeli montis Caveosi ex ejusdem monasterii tabulario deprompta*, Naples, 1646) fait mention de Guillaume duc d'Andrie *et de Bianchino son Frère*. Cette dernière affirmation se retrouve dans un auteur moderne, *Ricardo d'Urso* (*Storia della cita d'Andria*, Naples, 1842).

L'existence, en Lombardie, d'un Bianchino del Balzo, au service d'abord de François Ier Sforza devenu duc de Milan, puis de son fils Galeazzo Maria qui le fit maréchal de l'armée ducale, est bien certaine. *Sansovino* le donne pour un « uomo di notabile valore », père de Teseo del Balzo; il indique même sa descendance jusqu'à l'époque où il écrivait, en 1582; elle n'est d'ailleurs pas en question.

Mais quid de sa *filiation*? Est-il bien le troisième fils de François de Baux, 1er duc d'Andrie? C'est le seul point qui nous importe.

Barthélemy (*Inventaire chronologique*, etc. Marseille, 1882) nous le donne comme tel et il en trouve la preuve dans le testament de François I duc d'Andrie, du 25 avril 1422 « extrait, dit-il, des archives privées de M. Raymond del Balzo duc de Presenzano, à Naples ». Aux termes de ce testament, déjà connu d'ailleurs et publié dès 1842 par d'*Orso* (*Storia della Citta d'Andria*, chapitre IX), il nomme pour son héritier universel son fils aîné Guillaume de Baux né de sa femme Suève des Ursins et déshérite son fils cadet Bianchino de Baux né de la même Suève parce qu'il est homme de mauvaise vie, joueur et coupable de beaucoup de méfaits (By 1768).

Je dois dire que l'authenticité de ce document a été mise en question en 1891 par *G. Ceci* (*Istituzioni de beneficenza della città di Andria*, Trani, 1891, p. 6); l'année suivante, dans un article de la Revue *Napoli nobilissima* d'avril 1892, *M. Lodovico de la Ville sur Yllon* forçait cette note : « Lo Stile di esso, la mancanza delle forme solite in uso a quell' epoca e tutto il contesto mostrano chiaramente che fu foggiato per provare la esistenza di quel Bianchino, del quale non parlano ne il *Campanile*, ne il *Duca della Guardia* antichi genealogisti dei del Balzo ». C'est bientôt dit, mais l'auteur de cette négation, toujours facile, a-t-il bien toute l'autorité voulue pour la formuler ? Peut-elle, d'ailleurs, prévaloir contre le fait, sur lequel je vais revenir, qu'en 1423 Bianchino s'adressa à la reine Jeanne II pour obtenir d'elle sa part sur les biens *burgensatici* (non féodaux) de son père et que la reine donna des ordres en conséquence à son justicier de la province de Bari (Registri Angioini, 1423. Archivi dello Stato di Napoli) ?

Il y a plus : en 1615, *Girolamo* et *Scipione* del Balzo, cousins germains, l'un et l'autre descendants légitimes et incontestés de Bianchino et se réclamant de François duc d'Andrie son père, demandèrent au régent Pierre de Castellet, du Conseil collatéral du royaume, délégué pour les procès du Royal monastère de Santa Chiara à Naples, à reprendre possession de celle des chapelles de cette église où avaient été enterrés leurs ancêtres d'Andrie et où sont aussi les deux tombeaux monumentaux de Raymond comte de Soleto (d'Orange) et de sa femme Isabelle d'Apia. Après avoir examiné les documents produits par eux et parmi lesquels figurait la requête précitée de 1423, et entendu le procureur du monastère, par décret du 25 décembre 1615, le régent reconnut leur droit de patronage sur la chapelle qui leur fut alors remise.

Étant admis, sur ces bases, que Bianchino était le troisième fils de François 1er duc d'Andrie, je donne ici un tableau généalogique de sa descendance en y ajoutant quelques détails sur les membres d'une branche qui, depuis cette époque, tout en tenant un rang très distingué dans la noblesse du royaume, notamment à Capoue, ne joua plus dans l'État de Naples le très grand rôle qu'y jouèrent ses ancêtres.

La descendance de Bianchino se divise en quatre rameaux : les deux premiers, de Santa Croce, Mirabello et Casa Selvatica, et de Schiavi, sont depuis longtemps éteints; ceux de Presenzano et de Caprigliano sont encore très largement représentés à Naples.

Teseo, fils de Bianchino, est, comme lui, chef de l'armée ducale milanaise et gouverneur de Pavie. Santa Croce, Mirabello et Casa Selvatica.

Battista I, son fils, seigneur de Cillavenia près Pavie, revient à Naples et y met ses talents de « valorisissimo condottiere di genti di armi » (Campanile) au service du roi Ferrante I d'Aragon qui, en récompense, lui donne les châteaux de Santa Croce, Mirabello et Casa Selvatica dans le comté de Molise. Il meurt en Toscane, en 1481, dans un combat contre les Florentins. Il avait épousé Cecca di Monforte di Campobasso, issue des ducs de Brettagna et en avait eu deux fils : *Vincenzo* et *Francesco*. Par lettre du 4 août 1481, le roi Alfonso d'Aragon charge le comte de San Severino d'administrer à Milan les grands biens de Cecca et de ses enfants.

Vincenzo, fils aîné de Battista I, fut, en 1496, écuyer du roi. Il encourut sa disgrâce et fixa sa résidence à Capoue en 1514. Sa descendance s'éteignit, vers 1650, avec *Antonio del Balzo*, sixième baron de Santa Croce, Mirabello et Casa Selvatica.

hiavi. *Francesco I*, second fils de Battista I, s'établit aussi à Capoue où, d'après Campanile, les deux frères furent accueillis avec des honneurs particuliers dans le Patriciat de la ville. Ils avaient épousé les deux sœurs; Verita d'Argenzio, femme de Francesco, lui apporta la baronnie degli Schiavi près Capoue.

Tommaso, leur fils, syndic de la noblesse, épouse Luisa d'Abenavolo di Montebello et en a deux fils : *Vincenzo I* qui continue le rameau de Schiavi et *Francesco II* de qui descendra celui de Presenzano.

Vincenzo I, l'aîné († 1589), troisième baron de Schiavi et capitaine de Calvi, épouse sa cousine *Isabelle* del Balzo, fille de Battista II troisième baron de Santa Croce, etc. Ils ont pour fils *Vespasiano I* († 1603) marié à Laura della Ratta di Caserta.

Scipione, leur fils, cinquième baron de Schiavi, épouse sa cousine *Cornelia* del Balzo de la branche de Presenzano. Nous l'avons indiqué précédemment, comme revendiquant en 1615, la chapelle mortuaire des ducs d'Andrie ses ancêtres, dans l'église de Santa Chiara à Naples.

En 1681, la baronnie de Schiavi est érigée en duché en faveur de son fils *Vespasiano II* tué en 1703 en guerroyant contre les Milanais. Le titre ducal est encore porté par ses deux fils *Ramondo* et *Giovanni* († 1722) et s'éteint avec *Eleonora* fille de ce dernier.

resenzano. *Francesco II*, second fils de Tommaso, est le fondateur, à Capoue, du célèbre monastère de San Giovanni. Il a trois fils : *Gio-Battista I* (qui ne laisse qu'une fille, *Cornelia*, mariée à Scipione cinquième baron de Schiavi), *Decio*, enfin *Girolamo* par lequel je terminerai.

Decio reçoit le titre de baron de Presenzano en Terre de labour. Il meurt en 1615, laissant deux fils : *Giuseppe I* qui prend le titre et *Gio-Battista II* de qui descendra la seconde lignée de Caprigliano.

En 1715 la baronnie de Presenzano est érigée en duché en faveur de *Giacinto del Balzo* le dernier des petits-fils de Giuseppe I[1].

Le huitième duc de Presenzano est aujourd'hui *Nicolas del Balzo* marié en 1910 avec Marie Consuelo Alvarez di Toledo. Le titre n'est pas près de s'éteindre car, en dehors de ce que réserve l'avenir, le duc actuel a deux oncles, Gennaro né en 1859 et Francesco né en 1863 et douze cousins germains.

Gio-Battista II, second fils de Decio, épousa en 1636 sa cousine *Laura* del Balzo nièce de Scipione cinquième baron de Schiavi. Caprigliano.

Le titre de duc de Caprigliano avait été conféré en premier lieu à *Vincenzo del Balzo* († 1696) arrière-petit-fils de Vespasiano I quatrième baron de Schiavi († 1603). Il passa, après lui, à son frère *Domenico* et s'éteint avec lui en 1745. Quatre ans après, une ordonnance du roi Charles III de Bourbon le relève et le confère à l'un de ses cousins, arrière-petit-fils de Gio-Battista II, *Antonio Lorenzo* qui fut ainsi le troisième duc de Caprigliano. Il mourut laissant deux fils : *Gio-Battista IV*, chef de la branche aînée et *Antonio* chef de la branche cadette.

Gio-Battista IV, quatrième duc, épousa sa cousine *Marianna* del Balzo, fille de Giacinto, premier duc de Presenzano et mourut en 1787.

Raffaele leur fils, cinquième duc, fut en 1808 écuyer du roi Murat. De son mariage avec Marianna Carignani, des ducs de Novoli, il eut deux fils : *Francesco* († 1871) marié en 1849 à la marquise de la Sonora comtesse Galvez et *Giuseppe IV* mort sans enfants en 1874.

Après sa mort, le titre passa à son neveu *Ernesto*, duc del Balzo, 7e duc de Caprigliano et, par sa mère, marquis de la Sonora et comte Galvez, marié en 1868 à lady Dorothée Walpole fille du comte d'Oxford.

1. *Francesco del Balzo* (1803-1882), fils cadet de Nicolá 3e duc de Presenzano et colonel des Deux Siciles, épousa, le 13 janvier 1839, Isabelle de Bourbon, fille de Charles IV roi d'Espagne († 1819) détrôné en 1808 par Napoléon, et veuve de François Ier roi de Naples († 1830). Ils n'eurent pas d'enfants. En 1857, le général Francesco épousa en secondes noces Giulia Carignani, des ducs de Novoli. Leur fils *Giuseppe*, né en 1871, a lui-même un fils *Ernesto*, né en 1902.

prigliano branche cadette.

Antonio, second fils d'*Antonio Lorenzo*, fut l'origine de la branche cadette de Caprigliano. Après la mort de son frère Gio-Battista IV (1787), il épousa sa veuve *Marianna* del Balzo.

Leurs derniers descendants sont aujourd'hui *Antonio* né en 1859 et père de deux fils et *Vincenzo del Balzo* préfet de Naples, à la gracieuseté duquel je dois tous les renseignements qui précèdent et m'ont permis de compléter l'histoire des Balz d'Andrie.

Je reviens enfin au troisième fils de Francesco II, *Girolamo* (Hieronymo) que j'ai déjà mentionné comme revendiquant, en 1615, avec son cousin et beau-frère Scipione cinquième baron de Schiavi, la chapelle ancestrale de Santa Chiara. Il épousa sa cousine *Isabelle* del Balzo, sœur de Scipione, et fille de Vespasiano I († 1603).

Cette branche est aujourd'hui éteinte. Par une singulière bizarrerie [1], l'un de ses derniers représentants, *Robert del Balzo*, venu aux Baux en 1856 pour y visiter les ruines du château familial, s'y maria dans le pays de sa primitive origine, avec Mélanie Ravanas d'Aix. Il mourut à Naples, sans enfants, en 1896.

1. Qu'il me soit permis de mentionner une autre singularité non moins bizarre. J'ai dit, dans la note de la page précédente que *Francesco del Balzo* épousa, en 1839, Isabelle de Bourbon fille de Charles IV roi d'Espagne. Or, ce même roi Charles IV eut pour fidèle chambellan, en Espagne d'abord, puis, après sa chute, à Compiègne, à Marseille, enfin à Rome où il mourut en 1819, un *Joseph Balz* qui fut chargé de ramener en Espagne sa dépouille mortelle. Il revint plus tard à Rome et y vécut de 1834 à 1842, avec ses deux fils *Paul et Raymond Balz*, les élèves préférés d'Ingres qui leur fit donner par le Gouvernement la mission de copier les fresques des Stanze de Raphaël (ces copies ornent aujourd'hui, à Paris, le péristyle de la chapelle des Invalides). Et de Raymond Balz († 1909) j'ai déjà prononcé le nom dans l'introduction et à la page 55 de cette étude.

Bien singulière coïncidence qui réunit à Rome, en 1839, à l'insu peut-être des uns et des autres, bien que se rattachant les uns et les autres, pour des motifs divers, au roi Charles IV, un descendant incontestable de Bianchino d'Andrie et trois Balz Français qui ont vécu et sont morts en conservant vivace la tradition familiale d'après laquelle ils seraient les derniers descendants des Balz de Mariguane, l'un des rameaux de la même branche de Berre-Andrie.

DESCENDANCE

RAMEAUX DE : SANTA CROCE, MIRABELLO ET C

BIANCHINO del Balzo, mar

TESEO (Laura Rho) gouverneur de Pavie pour Giovanni Galeazzo Sforza.

BATTISTA I † 1481 Sr de Cillavenia près Pavie; 1465 vient à Naples au service du roi Ferrante Ier d'Aragon qui le fait baron de Sta Croce, Mirabello et

VINCENZO 2e Bon de Sta Croce, Mirabello et Casa Selvatica, 1515 s'établit à Capoue (Annella di Argenzio).

BATTISTA II 3e Bon de Sta Croce, Mirabello, etc. (Camilla Capece Galeota).

MARC-ANTONIO 1566 4e Bon de Sta Croce, etc. (Giovanna di Forma).

ISABELLA d. B. (Vincenzo del Balzo 3e Bon de Schiavi).

GIOV. VINCENZO 5e Bon de Sta Croce, Mirabello et Casa Selvatica.

ANTONIO 6e Bon de Sta Croce &a (Teresa Capecce Scondito).

FRANCESCO I (Verita d' baronnie degli Sch

TOMMASO 2e Bon de Schiavi 15 (Luisa d'Abenavol

VINCENZO I 3e Bon de Schiavi 1557-1589 Capne de Calvi (Isabella del Balzo).

VESPASIANO I † 1603 4e Bon de Schiavi (Laura della Ratta di Caserta).

SCIPIONE 1615 5e Bon de Schiavi (Cornelia del Balzo).

ISABELLA (Girolamo I del Balzo).

VINCENZO II (1619 Isabella Capano).

VESPASIANO II † 1703 6e Bon puis Duc de Schiavi 1681 (Eleonora Capano).

RAIMONDO 2e Duc de Schiavi.

GIOVANNI † 1722 3e Duc de Schiavi (Maria Bonelli).

ELEONORA (Francesco Muscettola Pce de Leporano).

FRANCESCO Capne de Calvi (Angela Garaceno).

LAURA (Gio-Battista II del Balzo 1636).

VINCENZO III † 1696 1er Duc de Caprigliano.

DOMENICO † 1745 2e Duc de Caprigliano (Francesca Salernitana).

NICOLETTA † 1800 (Pce de San Vito).

GIO-BATTISTA I (Ippolita di Tufo di Genzano).

CORNELIA del Balzo (Scipione del Balzo 5e Bon de Schiavi).

GIUSEPPE I † 1675 2e Bon de Presenzano (Geronima del Balzo).

DECIO II † 1702 3e Bon de Presenzano (1675 Teresa Mattei).

GIUSEPPE II † 1714 4e Bon de Presenzano.

DOMENICO † 1721 5e Bon de Presenzano (Teresa d'Afflito).

Duc (Gerc

RAIMONDO † 18 2e Duc de Presenz (Agnès Brancacci

NICOLA † 183 3e Duc de Presenz (1793 Caterina Cri

RAIMONDO † 1854 4e Duc de Presenzano (1820 Maria Felicia Caracciolo di So Vito).

PASQUALE † 1877 5e Duc de Presenzano (1853 Concetta Bassano).

NICOLETTA d. B.

RAIMONDO † 1878 6e Duc de Presenzano.

NICOLA † 1884 7e Duc de Presenzano (Enrichetta Cicarelli).

NICOLA 8e Duc de Presenzano (1910 Maria Consuela Alvarez di Toledo).

GENNARO né 1859 (Giovanna Granita di Belmonte).

8 enfants.

FRANCESCO né 18 (Carolina Puguett

15 enfants.

NDRIE

- PRESENZANO, — CAPRIGLIANO.

Maria Sforza.

MARCHETTO.

sforte di Campo-Basso).

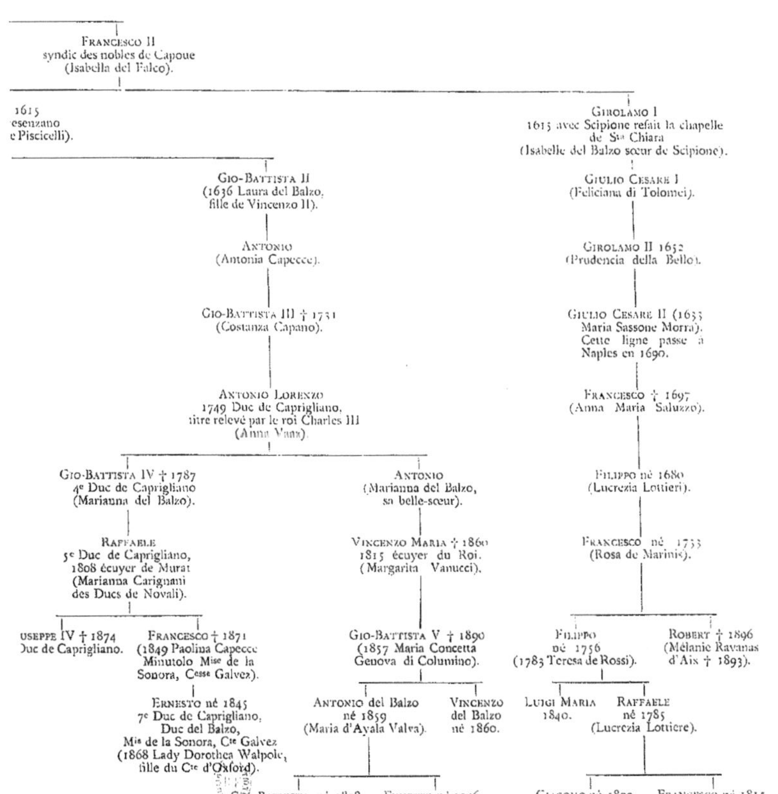

CHAPITRE V

BRANCHE D'ORANGE

RAMEAUX : 1° D'ORANGE; 2° DE CAMARET ET DE SÉRIGNAN; 3° DE CONDORCET; 4° DE COURTHEZON; 5° DE SUZE ET SOLÉRIEUX; 6° DE SOLETO; 7° D'ALESSANO.

§ 1. — BRANCHE D'ORANGE

Guillaume I, troisième fils de Bertrand de Baux († 1181) et de Tiburge princesse d'Orange, est le chef de la troisième branche des Balz.

Rappelons, en quelques mots, l'histoire de cette principauté qui, formée au xe siècle et enclavée dans le Comtat-Venaissin, appartint d'abord à la maison d'Adhémar. Sans remonter trop haut, *Rambaud II* prince d'Orange, mort en Palestine en 1115, laissait une fille unique, *Tiburge I*, mariée en 1129 à Guillaume comte de Montpellier. Ils eurent trois enfants : l'un *Rambaud III* mourut en 1173 sans postérité; le second, *Guillaume III*, eut deux enfants, Rambaud IV et Tiburge III qui, tous deux, laissèrent leurs parts aux Hospitaliers de Saint-Jean de Jérusalem; la dernière, *Tiburge II*, en épousant Bertrand de Baux, ne lui apportait donc que la moitié de la principauté; l'autre moitié ne revint qu'en 1309 à leur arrière-petit-fils, Bertrand IV († 1314) et la maison des Baux la posséda alors en totalité jusqu'à 1386. A cette date, Marie de Baux fille de Raimond V, l'apporta en mariage à Jean de Chalons. En 1515 elle passa à la maison de Nassau, par le mariage de Claude de Chalons avec le prince Henri. Apportée, en 1690, par Guillaume d'Orange à la maison royale d'Angleterre, elle fut enfin cédée à Louis XIV par le traité d'Utrecht, en 1713.

Guillaume I † 1218.

J'ai dit plus haut que dès 1178, en reconnaissance des services que lui avait rendus Bertrand I des Baux († 1181), l'empereur Frédéric II, renouvelant le privilège que son aïeul Conrad III avait déjà accordé aux Balz (By 84), donna à ses trois fils, Hugues, Bertrand et Guillaume, le droit de battre monnaie à Orange et de porter leurs enseignes déployées des Alpes au Rhône et de l'Isère à la Méditerranée ; il le leur renouvelle le 8 janvier 1215 (By 160).

En mars 1203, Guillaume I règle avec son cousin Rambaud IV, le dernier représentant de la maison d'Adhémar, la délimitation de leurs parts respectives de la principauté, et jure sur les Saints Évangiles de n'attenter à la vie, ni de Rambaud, ni de ses héritiers (By 106-107).

Ses relations, à cette époque, étaient excellentes avec les princes d'Aragon, et nous l'avons vu (au chapitre III) témoin à Montpellier, en 1204, avec son frère Hugues de Marseille, du mariage du roi Pierre d'Aragon avec Marie fille du comte de Montpellier et aussi des dispositions testamentaires de ce roi et de son frère Alfonso d'Aragon (By 112-114). Il en était de même avec Raymond VI comte de Toulouse, car il assiste le 1er décembre 1902, comme témoin, à l'acte par lequel Raymond cède la ville de Saint-Paul-trois-Châteaux à son évêque (By 104). Mais ces dernières relations se refroidirent lors des troubles que causa, dans tout le Midi, la guerre des Albigeois.

Pour les péripéties de cette longue guerre, je ne puis que renvoyer à la précieuse chanson de geste de Guillen de Tudela « la chanson de la croisade des Albigeois » si savamment traduite et publiée par M. Meyer, directeur de l'École des Chartes. Je me contente de dire que Guillaume embrassa le parti des Croisés catholiques, sans doute parce qu'il le crut le plus favorable à ses intérêts, car lorsqu'après la bataille de Muret (1213) Raymond VI se vit dépouillé de son comté de Toulouse et du marquisat de Provence, Guillaume, feignant d'exécuter un ordre du pape, met la main sur le marquisat (1214); mais Innocent III lui enjoint de le rendre

BRANCHE D'ORANGE

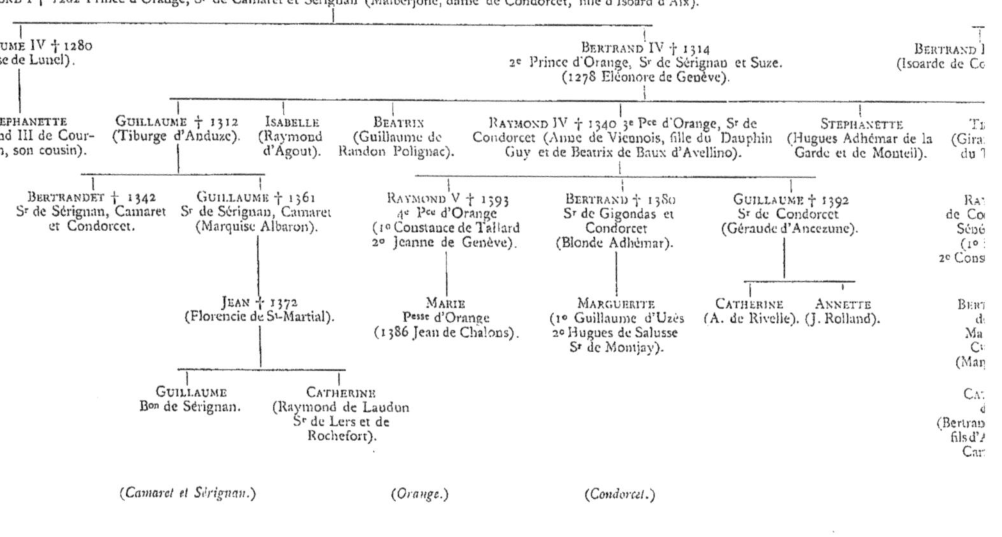

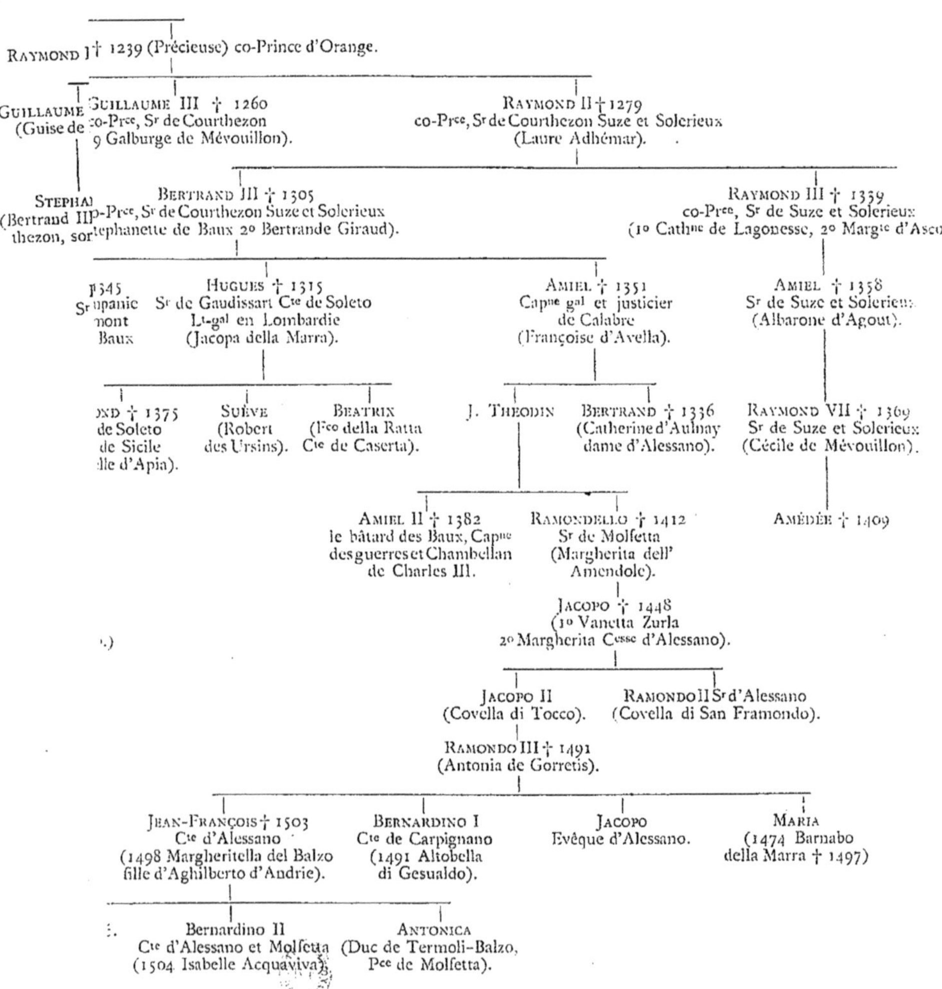

RAYMOND I † 1239 (Précieuse) co-Prince d'Orange.
GUILLAUME
(Guise de
GUILLAUME III † 1260
co-Prce, Sr de Courthezon
Galburge de Mévouillon).
RAYMOND II † 1279
co-Prce, Sr de Courthezon Suze et Solerieux
(Laure Adhémar).
STEPHA
(Bertrand II
thezon, sor
BERTRAND III † 1305
co-Prce, Sr de Courthezon Suze et Solerieux
Stephanette de Baux 2o Bertrande Giraud).
RAYMOND III † 1339
co-Prce, Sr de Suze et Solerieux
(1o Cathne de Lagonesse, 2o Margte d'Ascoli).
1345
Sr
HUGUES † 1315
Sr de Gaudissart Cte de Soleto
Lt-gal en Lombardie
(Jacopa della Marra).
AMIEL † 1351
Capne gal et justicier
de Calabre
(Françoise d'Avella).
AMIEL † 1358
Sr de Suze et Solerieux
(Albarone d'Agout).
† 1375
de Soleto
de Sicile
d'Apia).
SUÈVE
(Robert
des Ursins).
BEATRIX
(Fco della Ratta
Cte de Caserta).
J. THEODIN
BERTRAND † 1336
(Catherine d'Aulnay
dame d'Alessano).
RAYMOND VII † 1369
Sr de Suze et Solerieux
(Cécile de Mévouillon).
AMIEL II † 1382
le bâtard des Baux, Capne
des guerres et Chambellan
de Charles III.
RAMONDELLO † 1412
Sr de Molfetta
(Margherita dell'
Amendole).
AMÉDÉE † 1409
JACOPO † 1448
(1o Vanetta Zurla
2o Margherita Cesse d'Alessano).
JACOPO II
(Covella di Tocco).
RAMONDO II Sr d'Alessano
(Covella di San Framondo).
RAMONDO III † 1491
(Antonia de Gorretis).
JEAN-FRANÇOIS † 1503
Cte d'Alessano
(1498 Margheritella del Balzo
fille d'Aghilberto d'Andrie).
BERNARDINO I
Cte de Carpignano
(1491 Altobella
di Gesualdo).
JACOPO
Evêque d'Alessano.
MARIA
(1474 Barnabo
della Marra † 1497)
Bernardino II
Cte d'Alessano et Molfetta
(1504 Isabelle Acquaviva).
ANTONICA
(Duc de Termoli-Balzo,
Pce de Molfetta).
(Alessano.)
(Suze et Solerieux.)

à son légat Pierre de Benevent cardinal de Santa Maria de Aguiro, afin de ne pas préjuger de l'attribution qu'il en ferait ultérieurement [1].

Au lieu d'obéir immédiatement, Guillaume se rend à Rome, et y est étrangement déçu quand, grâce à la sympathie singulière que le jeune fils de Raymond VI avait inspirée au pape, le Concile de Latran, en 1215, attribue le marquisat à ce jeune homme. Quoi qu'il en soit, dissimulant sa déception, Guillaume prend, en Provence, la tête de la coalition des seigneurs catholiques. Mal lui en prit, car il tombe, à Avignon, entre les mains des hérétiques; et telle était l'atrocité de cette guerre, qu'ils l'écorchent vif, en 1218, l'année même où Simon de Montfort, chef de la Croisade catholique, était tué à Toulouse qu'il essayait de reprendre.

Pour faire cesser l'anarchie en Provence et y assurer sa prépondérance, Frédéric II, en 1215, avait songé à y créer des vice-rois à sa dévotion. L'un d'eux était Guillaume d'Orange auquel, de Metz, le 8 janvier 1215, il concède le royaume de Vienne et d'Arles à cause des nombreux et des grands services rendus à sa famille, et de ceux que lui ou ses successeurs pourront lui rendre à l'avenir, avec promesse de le faire couronner (By

1. Ici, j'ai le regret de constater une erreur commise par Barthélemy que j'invoque si souvent :

Par lettre du 4 février 1215, Innocent III informe son légat que Raymond de Toulouse, en lui demandant pardon de ses erreurs, lui exposait sa profonde détresse, et lui demandait des secours. Le pape prescrit à son légat de prendre en mains l'administration du marquisat usurpée par Guillaume, d'en employer les revenus d'abord à l'entretien des châteaux, puis à assurer à Raymond repentant une pension convenable : « ... Raymundus supplicavit ad ultimum, *ut ne mendicare cogatur*, ipsi faceremus partem in expensis interim provideri. Cum autem ignominiosum non solùm ei sed nobis etiam videretur *si tantâ gravaretur inopiâ*..... duximus ut tu, deductis iis quæ necessariæ fuerint ad castrorum custodiam, ipsi de reliquo provideri congruè facies in expensis, secundum temporis qualitatem. Quocirca discretioni tuo mandamus... Ad nostram insuper audientiam noveris esse perlatum quod nobilis vir Willelmus de Bautio totam terram quam ab Imperio in Provinciâ, comes ipse tenebat, pro suæ voluntatis arbitrio, proventus in sua lucra convertens, asserendo se, super hoc, speciale mandatum sedis apostolicæ recepisse... Ideo tuæ discretioni mandamus quatenùs terram ipsam in tuâ potestate facias assignari et providè custodiri ut, in deliberatione finali, de ipsâ possimus liberè ordinare. »

C'est de cette bulle si claire que Barthélemy (charte 169) donne l'analyse suivante : « Lettre du 4 février 1215, adressée par Innocent III à P. son légat pour lui annoncer que Raymond VI, lui ayant demandé pardon de ses crimes, il doit se faire remettre toutes les terres possédées par le comte en Provence, et *les donner en garde à Guillaume des Baux qui profitera de leurs revenus* jusqu'à ce qu'il en ait décidé autrement. » On a peine à s'expliquer une pareille erreur.

167). Ce ne fut, du reste, qu'une démonstration et, à cette royauté théorique, Raymond I et Raymond II, co-princes d'Orange, renoncèrent en 1257, en faveur de Charles d'Anjou comte de Provence[1].

Guillaume Ier avait été marié deux fois: la première, à Ermengarde de Sabran mère de Raymond Ier; il se sépara d'elle en novembre 1204, à Valréas, à cause de leur degré de parenté; et la seconde, à Alix Eloy, dont le fils Guillaume II sera l'origine du rameau de Courthezon.

Pour venger la mort de Guillaume Ier, Honorius III, en même temps qu'il prend sous sa protection ses fils et leurs terres de Camaret et de Sérignan, fomente à nouveau, le 30 juillet 1218, la guerre contre l'hérésie (By 188-189). En 1221, Hugues de Marseille et Bertrand de Berre, frères de Guillaume Ier d'Orange, demandent au pape, en réparation des dommages éprouvés par leurs neveux, l'envoi d'un légat spécial en Provence, pour les protéger; Honorius se contente de leur envoyer 1100 marcs; mais, à leur demande, il épure le collège des chanoines de Courthézon, en en éliminant tous ceux qu'ils suspectent de relations avec les gens d'Avignon (By 37, 38 supplément).

Raymond I † 1282.

RAYMOND Ier, fils aîné de Guillaume, et après lui prince d'Orange, aussi ambitieux qu'intelligent, s'associe successivement, comme co-princes, d'abord son frère Guillaume II, puis, après sa mort (1239), ses deux neveux : Guillaume III, mort sans enfants en 1248, et Raymond II. Après la mort de ce dernier (1279), il s'associe son petit-neveu Bertrand III. Il est censé partager avec eux les soucis du gouvernement; en réalité, il les annihile et même les dépouille peu à peu, au point que Bertrand III, en 1279, n'avait plus que le quart de Courthézon.

En 1237, Raymond Ier reçoit en fief, de Raymond VII comte de Tou-

1. S'il ne prit pas de couronne, Guillaume, du moins, fut le premier qui prit pour armes le cornet de chasse bleu pendu à deux cordons rouges sur fond d'or, spécial à la maison d'Orange, en y ajoutant parfois l'étoile des Balz tantôt à 16, tantôt à 8 rais.

louse, les châteaux de Camaret et de Sérignan pour lesquels, en 1253, il prête hommage à Alphonse de Poitiers frère de saint Louis, devenu comte de Toulouse (By 268, 377).

En 1239, il épouse Malberjone, fille d'Isoard d'Aix ; elle lui apporte en dot le château de Condorcet (By 280) ; Isoard y ajoute, le 11 novembre 1261, tout ce qu'il avait donné à son fils révolté contre lui (By 463).

Le 26 mai 1247, Raymond et son neveu Guillaume III, co-prince, font la paix avec les habitants d'Orange, révoltés (By 331). Pourquoi cette révolte ? Barthélemy ne le dit pas. Mais voici l'explication qu'en donne de la Pise, je la reproduis dans sa naïveté : « Les citoyens d'Orange glorieux d'une suite de félicités qui leur arrivoient journellement de la présence de leurs Princes, ne se peuvent plus contenir dans les bornes du debvoir ; l'aise leur crevoit les yeux, il faut qu'il esclate. Ils monopolent clandestinement et entreprennent publiquement contre leurs sacrées personnes jusqu'à les assiéger dans leur palais. Ces princes qui sçavoient bien qu'il est impossible d'apaiser à coups de baston un populos effarouché leur pardonnent par l'entremise du grand prieur de Saint-Gilles..... Les Sindics leur prestent serment de fidélité les genoux ployés devant l'hostie..... Et là mesme, Amic évêque d'Orange leur donna absolution...... Cecy fut fait le 1er de juin 1247..... Le miel qui coule de soy-mesme sans estre pressé est estimé le meilleur, ceste reconnaissance volontaire des subjects fut de plus grande satisfaction à ces Princes. » (De la Pise, *Histoire des princes et principauté d'Orange*, La Haye, 1639.)

Le 23 août 1257, Raymond et son autre neveu Raymond II co-prince renoncent, en faveur de Charles d'Anjou comte de Provence, aux droits que Frédéric II avait accordés, en 1213, à Guillaume d'Orange, sur le royaume d'Arles et de Vienne. Leur cousin Barral (de Marseille) signe comme témoin à cet acte de renonciation. Charles d'Anjou, par contre, leur promet la conservation de leurs privilèges à Orange et sur tous leurs domaines, s'en réservant seulement la suzeraineté. Il promet de leur donner en compensation la possession complète de cette ville, c'est-à-dire sa seconde moitié que possédait l'hôpital de Saint-Jean de Jérusalem (By 419). C'était, pour de la Pise, un marché de dupes, que les princes consentaient « par raison et crainte; ainsi la belete veut manger la chauve souris, soit pour ce qu'elle est rat, soit pour ce qu'elle est oiseau ».

Cette promesse ne fut tenue, d'ailleurs, que 52 ans plus tard; on voit, le 18 juillet 1272, Raymond I et son neveu Raymond II, co-prince, faire avec le commandeur de Saint-Jean un partage de juridiction, et convenir que la monnaie qui sera frappée à Orange le sera par moitié au nom des Princes et des Commandeurs (By 569). Le 27 mars 1285, Bertrand IV et son cousin Bertrand III de Courthézon, co-princes feront encore, avec les hospitaliers de Saint-Jean de Jérusalem, un partage de juridiction, la garde des clefs des portes et forteresses d'Orange devant être faite au commun, ainsi que les réparations aux remparts (By 650). En 1305, le roi Charles II d'Anjou, rappelant la promesse faite par Charles Ier, en 1257, cède à Bertrand IV fils de Raymond I, le territoire de Valréas et donne l'ordre à son sénéchal de Provence de traiter avec l'hôpital de Saint-Jean pour la cession au roi, à titre d'échange, des possessions des hospitaliers dans la ville d'Orange (By 20, supplément). Ce ne fut, enfin, que le 22 mars 1309, que le même Bertrand IV vit exécuter la Convention initiale du 23 août 1257. Il convient avec le roi Charles II que les princes d'Orange lui prêteront hommage et serment de fidélité, mais que nul juge ou officier royal ne pourra exercer de juridiction dans la principauté, sauf en cas d'appel; il continue, d'ailleurs, à jouir des privilèges impériaux concédés à sa maison, droit de monnayage, etc., et du droit d'émanciper ses enfants et de leur donner tout ou partie de la principauté; si le roi Charles, ou l'un de ses héritiers, veut se faire couronner roi de Vienne ou rendre visite à l'empereur, le prince sera tenu de le suivre avec sa maison, comme les autres barons. En reconnaissance de cette soumission, le roi lui donne l'investiture de la principauté, y compris la partie de la ville d'Orange nouvellement acquise, par échange, des hospitaliers de Saint-Jean; à chaque changement de seigneur, de part et d'autre, le prince ou ses successeurs seront dispensés, en l'absence du roi, de prêter serment à genoux; ils le feront debout. En conséquence, Bertrand IV fait hommage au roi pour sa principauté, composée des châteaux d'Orange, Courthézon, Suze, Causans, Châteauneuf, Gigondas, Jonquières, Malijay, Montmirail, Saint-André de Ramières, Tislette et Violes. (Acte passé à l'archevêché d'Aix, en présence de Hugues de Baux de Courthézon, de Ricard de Gambatesa sénéchal de Provence, et de Raymond et Guillaume d'Orange fils de Bertrand IV — By 929.)

Le 27 mai 1281, nous l'avons vu au chapitre III, Raymond Ier reçoit de son neveu Bertrand comte d'Avellino le gouvernement de toutes ses terres, châteaux et places dans le Comtat-Venaissin en Provence et à Forcalquier (By 623).

Quelques jours avant, le 10 avril 1281, il avait fait son testament : il demande à être enterré dans l'église des frères mineurs d'Orange et fait une fondation de messes à l'hôpital Saint-Jean de Jérusalem pour le repos de l'âme de ses père et mère, de Guillaume II son frère († 1239), de Guillaume III son neveu († 1260), de Guillaume IV son fils († 1280); puis, après divers legs, notamment à Guise de Lunel veuve de ce dernier et à Stéphanette leur fille, mariée à son cousin Bertrand III de Courthezon, il choisit comme exécuteur testamentaire Malberjone sa femme et, pour son héritier universel, Bertrand IV le seul fils qui lui reste. Il meurt en 1282.

Bertrand IV † 1314.

Bertrand IV, marié à Éléonore fille du comte Henri de Genève, vit beaucoup moins à Orange qu'en Italie. En 1288, pour être seul prince d'Orange, il achète à son cousin Bertrand III sa part de principauté et lui cède en échange la seigneurie de Courthezon. Puis, le 12 mars 1293, il s'engage par une déclaration solennelle à ne jamais partager la principauté entre ses enfants et à la laisser entière à l'un d'eux qui ne pourra pas lui-même la diviser (*de la Pise*).

En 1297 et 1299, il fait hommage au recteur du Comtat, représentant du pape, pour les châteaux et terres de Camaret, Sérignan, Barbaras, Derbous, Frigolet, la Garde Pareol, Montbrison, Montsegur, Noveysan, Rochegude, Travaillans, Uchaux etc. avec obligation du service militaire en faveur du pape et de ses cardinaux, contre tous leurs ennemis, excepté contre l'empereur (By 779, 802). En 1300, il fait avec Amédée V comte de Savoie une alliance offensive et défensive, comportant un mutuel secours en cas de guerre de l'un d'eux contre le dauphin viennois (By 810).

Le 2 juillet 1302, Bertrand IV et ses co-princes, Bertrand III de Courthezon et Raymond III, le dernier qui porte ce titre honorifique, concèdent de nouvelles franchises aux habitants de Courthezon (By 847).

Le 21 juillet 1314, Bertrand IV fait son testament à la bastide de Malijay : il demande à être inhumé dans l'église des frères mineurs d'Orange, et fait divers legs : 1° à sa femme Éléonore de Genève; 2° à son fils Henri chanoine d'Autun; 3° à ses filles : Isabelle (épouse de Raymond d'Agout), Catherine (Raymond de Venasque), Marguerite (épouse de son cousin Bertrand V de Courthézon fils de Bertrand III), Béatrix (Guillaume de Polignac de Randon) et Stéphanette (Hugues-Adhémar de Montélimar); 4° à son petit-fils, Giraud Amic du Thor, fils de sa sixième fille, Tiburge; 5° à Tiburge d'Anduze sa belle-fille, veuve de son fils Guillaume († 1312) et à leurs trois enfants sous la tutelle de leur mère : il donne à Bertrandet, l'aîné, les châteaux de Camaret, Sérignan et Travaillans et, dans le diocèse de Die, ceux de Condorcet, Guisans, Gumiane et Saint-Ferreol, à la condition qu'il les reconnaîtra comme fiefs et prêtera hommage pour eux à son oncle Raymond IV; à Guillaume le second de ses petit-fils et à Tiburgette leur sœur, il fait des legs en argent.

Enfin, il institue son fils, Raymond IV, son héritier général pour

Orange, Gigondas, Jonquières, Malijay, Sauzeret, et le péage du Rhône, ainsi que pour les châteaux de Buc, Chatillon, Derbous, Visan, et pour tout ce qu'il possède, dans le diocèse de Die, sauf Condorcet, Guisans, Gumiane et Saint-Ferreol (By 992).

RAYMOND IV, troisième prince d'Orange, épouse Anne de Vienne fille de Guy dauphin viennois et de Béatrix des Baux (d'Avellino). L'un et l'autre paraissent dès l'abord fort désintéressés ou assez besoigneux. La mort de Guy, en 1317, appelait Anne sa fille à la succession du Dauphiné; d'accord avec son mari, elle consent à le céder à son oncle Jean, frère de Guy, moyennant argent. Deux ans après, deuxième faute : Raymond vend à l'évêque de Valence et de Die, pour 15.000 livres viennoises, la baronnie de Chatillon, bien que son père Bertrand IV et sa grand'mère Malberjone l'eussent, d'accord avec le chapitre de Die, déclarée à jamais inséparable de la principauté (*de la Pise*). Raymond IV † 1340.

En 1324, il achète, par contre, le château de Condorcet au comte Foulques de Caritat qui lui impose pour conditions, de ne pas prendre le titre de comte, de ne faire hommage à qui que ce soit, pas même au Pape, de lui revendre le château contre remboursement des 20.000 florins prêtés, et enfin, ce n'est pas le moins singulier, d'observer l'antique coutume d'après laquelle les coupables d'un crime à Condorcet ne pourront être arrachés pendant deux jours du pilier, dit de Foulques, s'ils parviennent à le tenir embrassé (?) (By 1053).

En 1332, il est obligé, par les habitants d'Orange, de destituer ses officiers pour violations des franchises à eux concédées, tant par son père en 1311, que par lui-même en 1325 (By 966, 1057, 1102).

Le 17 juin 1339, il reçoit de Humbert II dauphin viennois et gendre de Bertrand III comte d'Andrie, en fief noble et réversible, le château et le territoire du Poet. L'acte est signé en présence de ses fils, Raymond V et Guillaume seigneur de Condorcet († 1390), et de Guillaume II seigneur de Berre († 1344) frère de Bertrand III comte d'Andrie (By 1170).

Enfin, le 29 août 1340, au château d'Orange, Raymond IV fait son testament : aprés des fondations pour le repos de l'âme de ses frères, Guillaume et Henri, il reconnaît à sa femme, Anne de Viennois, 12.000 florins d'or, l'usufruit de ses biens et le gouvernement de la principauté et fait des legs d'argent à ses filles et aux cinq derniers de ses fils [1]; il exprime le désir que le vicomte de Tallard donne sa fille Constance à l'aîné de ses six fils, *Raymond V*, qu'il institue son héritier universel. Il lui laisse Orange — les châteaux de Condorcet, Gigondas et Jonquières, — les fiefs et la haute seigneurie des châteaux de Courthezon, Suze, Causans, Châteauneuf de Redortier, Derboux, Montmirail et Saint-Pierre de Penne, les seigneuries de Malijay et de Saint-André des Ramières, enfin les droits qu'il possède, dans le diocèse de Die, sur les châteaux de Guisans, Gumiane, Montbrison, Saint-Ferreol et Tulette (By 1183).

Raymond V † 1393.

RAYMOND V, quatrième et dernier prince d'Orange de la maison des Balz, règne d'abord sous la tutelle de sa mère Anne de Vienne. Devenu majeur, il épouse, comme l'avait désiré son père, Constance de Tallard, puis, en 1358, Jeanne fille du comte Amédée de Genève et sœur du pape Clément VII.

Ce fut un prince éclairé et soucieux du développement de l'instruction à Orange. A sa demande, le 31 janvier 1365, le pape Urbain V, d'Avignon, concède des privilèges à l'école d'Orange (By 1423). En juin de la même année, il obtient de Charles IV empereur des Romains et roi de Bohême, de passage à Orange, la création d'une école de droit civil et canonique, de médecine, philosophie, logique et grammaire, avec pouvoir au recteur de conférer les grades scolaires (By 1428, 1429).

1. Ses cinq filles sont : Éléonore, Tiburgette, Marguerite, Annette, toutes religieuses, et Catherine; ses six fils sont : Raymond V son successeur, Bertrand seigneur de Gigondas († 1380), Guigues († 1390), Guillaume seigneur de Condorcet († 1392), Guido mort en Espagne.

Le 8 mars 1366, il marie son frère *Bertrand* comte de Gigondas (✝ 1380) avec Blonde, fille d'Adhémar seigneur de Grignan, et lui donne, pour en jouir après sa mort, les villes d'Orange, Condorcet, les Pilles (By 1443). De 1365 à 1370, les deux frères troublent la principauté par leurs longues querelles, dont nous parlerons plus loin, avec leur cousine Catherine de Courthezon. La reine Jeanne de Naples comtesse de Provence doit, à plusieurs reprises, intervenir sévèrement contre eux. Quand elles furent enfin apaisées, Jeanne, en septembre 1370, donne à Raymond V « dont elle reconnaît les mérites », le droit de présenter sept membres de sa famille, ou de ses amis, comme viguiers de Marseille, Aix, Arles, Draguignan, Hyères, Nice et Sisteron ; elle l'autorise à battre des monnaies d'or, d'argent et de bronze qui auront cours dans la principauté, le Comtat-Venaissin, les comtés de Provence, de Forcalquier, de Piémont et dans le Dauphiné viennois (By 1489 à 92).

En 1382, alors que Jeanne était déjà prisonnière, à Naples, de Charles III de Durazzo, Raymond se prononce pour elle et s'engage à faire tous ses efforts pour la délivrer. Pour récompenser « sa fidélité constante », Louis Ier d'Anjou, fils adoptif de la reine, s'engage à lui faire donner en fief noble, lorsqu'elle sera libre, le comté de Soleto, la baronnie de Campanie, et toutes les terres qui avaient appartenu à feu Raymond de Courthezon, comte de Soleto, son cousin (By 1575). La mort violente de Jeanne allait bientôt mettre cet engagement à néant.

Le 11 avril 1386, à Avignon, dans le palais du pape, Raymond V célèbre les fiançailles de sa fille unique, Marie, avec Jean de Chalons second fils de Louis de Chalons sire d'Arlay et d'Argueil en Bourgogne et de Marguerite de Vienne. Ce mariage ne fut réalisé qu'après que les fiancés, en raison de leur parenté au quatrième degré, eurent obtenu la dispense du pape Clément VII, dans le domicile de Mathilde, grande comtesse de Genève, avec laquelle habitait la princesse Marie.

Raymond donne en dot à sa fille la principauté d'Orange, avec les villes de Courthezon, Condorcet, Gigondas et tous autres lieux qu'il possédera par héritage de ses frères ou parents. Singulier détail, Jean de Chalons prête à son futur beau-père 2.500 florins, et reçoit, en gage, le château de Courthezon (By 1597). Le 24 août 1388, Raymond confirme cette donation et ajoute même que si sa fille Marie venait à mourir sans enfants, il donnerait la principauté à Jean de Chalons et à ses héritiers (By 1615).

Raymond V meurt, le 10 février 1393, à Avignon ; il est enseveli à Orange. Avec lui, finit la branche d'Orange proprement dite de la maison de Baux.

§ 2. — RAMEAU DE CAMARET ET SERIGNAN

A la maison d'Orange, proprement dite, se rattache le rameau de Camaret et Sérignan, dont il y a lieu de dire brièvement, quelques mots.

Nous avons vu, il y a un instant, Raymond Ier (✝ 1282) recevoir, en 1237, de Raymond VII comte de Toulouse et marquis de Provence, les châteaux de Camaret, Sérignan et Travaillans, puis, en 1253, prêter hommage à Alphonse de Poitiers, depuis 1249 comte de Toulouse, pour ces territoires et pour les seigneuries de Barbaras, Frigolet, Martignan, Montbrison, Montsegur, Uchaux et Valréas (By 268, 277). Bertrand IV son fils en hérite et, en mourant, lui-même (1314), il les transmet à son petit-fils BERTRANDET.

C'est avec ce dernier que commence le rameau de Camaret et Sérignan. Il meurt en 1342, sans enfants, et sans histoire.

Ses biens passent alors à son frère GUILLAUME, aussi inconnu que lui ; marié en 1328 à Marquise Albaron, il meurt en 1361.

JEAN, leur fils, épouse Florencie de Saint-Martial. Il n'est guère connu que par son testament, en 1372, par lequel il demande à être enterré, à côté de son père, dans l'église des frères mineurs d'Orange ; il lègue à sa femme les revenus de Guisans, Gumiane, Saint-Ferréol, désigne pour son héritier universel, si c'est un fils, l'enfant dont elle est enceinte, désire que sa fille *Marquise* épouse un Balz qui portera son nom et ses armes et, si ce désir ne se réalise pas (ce qui fut le cas), qu'elle entre en religion, comme *Marguerite*, sa sœur (By 1503).

Il eut un fils, en effet, GUILLAUME baron de Serignan, mais on ne sait rien de lui. Quant à sa troisième fille *Catherine*, elle épouse Raymond de Laudun seigneur de Lers et Rochefort, qui fut choisi, en 1398, par Guillaume deuxième duc d'Andrie († 1430), comme administrateur de tous ses biens en Provence.

§ 3. — RAMEAU DE CONDORCET

Il y a moins à dire encore de ce rameau qui commence à *Bertrand* seigneur de Condorcet et de Gigondas, époux de Blonde Adhémar et deuxième fils de Raymond IV prince d'Orange († 1340) ; à sa mort, en 1380, la seigneurie passe à son frère *Guillaume* époux de Geraude d'Ancezune ; il meurt en 1390, laissant trois enfants ; ses deux filles épousent : *Catherine*, A. de Rivelles ; *Annette* dame d'Ancezune, le chevalier J. Rolland ; son fils est : Guillaume suivant Barthélemy (ou Raymond suivant Chazot de Nantigny) ; on ne sait rien de lui ni de sa descendance, s'il en eut une.

§ 4. — RAMEAU DE COURTHEZON

Le rameau de Courthezon commence avec Guillaume II second fils de Guillaume Ier († 1212) et co-prince d'Orange avec son frère Raymond Ier.

GUILLAUME II est célèbre surtout dans les fastes des troubadours de Provence. Il reprend peu à peu les relations d'amitié de sa famille avec Raymond VII comte de Toulouse auquel, en 1230, les Marseillais donnent en viager, pour prix des nombreux services qu'il leur a rendus, la ville Guillaume II † 1239.

vicomtale de Marseille et son territoire. Guillaume II s'allie avec eux et avec ses cousins Hugues IV des Baux (de Marseille) et Raymond II (de Berre), contre Raymond Berenger IV comte de Provence (By 239). La paix se rétablit entre eux en 1233, nous l'avons vu plus haut, grâce à l'intervention de l'empereur Frédéric II (By 254 à 250).

Guillaume meurt en 1239. De son mariage avec Précieuse il laisse trois fils : *Bertrand II* († 1246) sans histoire, *Guillaume III* et *Raymond II*. Ces deux derniers sont co-princes d'Orange avec leur oncle Raymond Ier.

Guillaume III † 1260.

GUILLAUME épouse, le 1er novembre 1239, Galburge fille de Bertrand de Mevouillon seigneur de Mison, qui lui assigne en dot tout ce qu'il possède dans les diocèses de Sisteron et de Gap (By 281).

Le 13 juin 1246, intervient un partage entre son oncle Raymond Ier et lui ; Raymond se fait la part du lion et Guillaume ne reçoit que la grosse tour du château d'Orange, le château de Courthezon et ses dépendances (By 320). En 1247, nous l'avons vu, avec Raymond, aux prises avec les habitants d'Orange révoltés (By 331). Le 1er juillet 1248, il fait son testament et nomme pour son héritier universel, même pour les biens qu'il possède en Sardaigne, « le ventre de sa femme Galburge, si elle est enceinte » ; dans le cas contraire et si lui, testateur, meurt sans enfants, il laisse ses biens à son oncle, Raymond Ier à l'exception de Courthezon qu'il réserve à son frère Raymond II (By 341).

En 1256, nous le voyons encore, avec Galburge sa femme, rendre hommage à Charles d'Anjou comte de Provence pour tout ce qu'ils tiennent en fief dans le diocèse de Gap (By 398). Il meurt en 1260.

Raymond II † 1279.

RAYMOND, II gravite modestement dans l'orbite de son oncle Raymond Ier, avec le titre de co-prince. Nous l'avons vu avec lui, le 18 juillet 1272, partager avec le commandeur de l'hôpital de Jérusalem des droits de juridiction et de frappe de monnaie (By 569). Dans la même année, avec le titre de seigneur de *Suze et Solerieux*, il reconnaît tenir en fief franc ces deux châteaux et leurs dépendances de l'évêque de Saint-Paul-trois-châteaux, auquel il jure aide et fidélité, en présence de Laure Adhémar son épouse, de son fils Bertrand III et de Raymond Ier (By 566). En mourant, en 1279, il laisse deux fils : *Bertrand III* et *Raymond III* qui, l'un après l'autre, lui succèdent comme co-princes d'Orange.

Dès la mort de leur père (1279) les deux frères, d'accord avec Raymond Ier leur grand-oncle, passent une convention pour la cession du droit d'encan dans Orange (By 614). La même année, nous les voyons intervenir en faveur des religieuses de Saint-André-des-Ramières contre le châtelain de Gigondas (By 613). Le 30 octobre 1280, en présence de Raymond Ier, ils cèdent à leur cousin Bertrand de Baux comte d'Avellino († 1300) tous leurs droits sur la terre de Bardineto (province de Gênes) et sur Torres, Gallura et Bosa (judicat d'Arborée, en Sardaigne) (By 616). Bertrand III † 1305.

Nous avons vu plus haut Bertrand III, d'accord avec Bertrand IV fils de Raymond Ier, partager, en 1285, avec les hospitaliers de Saint-Jean de Jérusalem, certains droits de juridiction et la garde des clefs des portes et forteresses d'Orange (By 650). Le 2 juin 1302, ils donnent, ensemble, les plus larges franchises aux habitants de Courthezon et s'interdisent, en particulier, toute levée de tailles pour le mariage de leurs enfants, pour l'entrée de leurs filles au couvent ou pour faire armer leurs fils chevaliers (By 847).

Bertrand III seigneur de Courthezon, Suze et Solerieux fut marié deux fois : la première avec Stéphanette de Baux fille de Guillaume IV d'Orange († 1280), la seconde avec Bertrande Giraud. De ses sept fils, l'aîné *Raymond IV* lui succéda à Courthezon ; trois (*Barral*, *Guillaume* chevalier de Saint-Jean et *Bancelin* moine) n'ont pas d'histoire ; le cinquième *Bertrand V* de Courthezon, marié avec sa cousine Marguerite dernière fille de Bertrand IV et d'Eléonore de Genève, vécut en Italie. En septembre 1327, le prince Charles duc de Calabre fils du roi Robert d'Anjou lui accorde, de Florence, pour services rendus tant à son père qu'à lui-même, une rente annuelle de soixante onces d'or, à la condition qu'il fournira cinq chevaliers, à raison de un par vingt onces suivant la coutume du royaume (By 1070). En 1328 il est chambellan du roi Robert et son capitaine général en Campanie. De 1340 à 1343, il est sénéchal en Piémont et en Lombardie ; il y oblige Thomas marquis de Saluces à se reconnaître vassal du roi Robert (By 1187, 1203, 1209). Les deux derniers *Amiel* et *Hugues* vivent aussi en Italie où nous les retrouverons bientôt avec leurs cousins des branches d'Avellino et d'Andrie : ils sont l'origine des deux rameaux d'Alessano et de Soleto.

Par son testament du 1er décembre 1300, après des legs modestes à sa femme Bertrande et à chacun de ses enfants, Bertrand III institue pour son héritier universel son fils aîné Raymond VI (By 827); puis il va à Rome, de là en Terre Sainte où il meurt en 1305.

Raymond VI † 1330.

RAYMOND VI est le dernier des Baux de Courthezon qui porte le titre purement honorifique de co-prince d'Orange. En 1305, nous le voyons cité devant le sénéchal de Provence Ricard de Gambatesa pour répondre d'un homicide, sur un certain Guillaume Raymond d'Avignon (By 885). En 1309, il est sénéchal du comté de Piémont et, comme tel, chargé par le roi Charles II d'en donner l'investiture à son fils Robert d'Anjou et de lui faire prêter hommage et serment de fidélité par tous les marquis, comtes, barons, et habitants de chaque ville du Piémont; Charles II lui fait donner quatre cents onces d'or pour les gages de sa charge (By 927, 931). En 1324, Robert, devenu roi de Naples, convoque en Calabre les barons et chevaliers de son royaume pour combattre Frédéric d'Aragon en Sicile; Raymond de Courthezon est du nombre et doit, pour sa part, fournir quinze chevaliers armés (By 1050-1056). Marié deux fois, à

Sibylle d'Anduze en 1300, puis, en 1328, à Constance de Montolieu, il meurt vers 1330, laissant deux enfants : *Izoarde*, fiancée à son cousin Hugues de Berre, et un fils *Bertrand*.

BERTRAND VI, de Courthezon, vit surtout en Italie, en même temps que ses oncles Amiel et Hugues, auxquels nous reviendrons bientôt. En 1337, maréchal de la principauté d'Achaïe et vicaire général des comtés de Céphalonie et Lépante, il reçoit de Catherine de Valois, veuve de Philippe de Sicile prince de Tarente et fille de Catherine de Courtenai impératrice de Constantinople, le château d'Ottombilis, en Achaïe, avec un revenu de 1066 onces d'or (By 1150). Il exerça ses fonctions en Achaïe jusqu'à la mort de sa protectrice (1347). Bertrand VI † 1347.

Il meurt cette même année. De son union avec Marguerite de Roanas il n'eut qu'une fille, *Catherine*, qu'il marie, en 1336, à son cousin Bertrand de Baux d'Avellino seigneur de Brantes, Plaisians et Caromb, en lui donnant en dot le château de Gaudissart et ses dépendances, dans le bailliage de Sisteron (By 1142, 1155).

Cette union fut des plus malheureuses; bientôt, malgré les efforts du pape, les époux se séparent, Bertrand se retirant au château des Baux, Catherine à celui de Courthezon. Son isolement, les défauts de son caractère, excitent contre elle l'ambition de son cousin Raymond V prince d'Orange. En 1365, avec son frère Bertrand seigneur de Gigondas, ils envahissent à main armée le château de Courthezon, s'en emparent et emmènent Catherine prisonnière à Orange. Le pape Urbain V les excommunie, se fait remettre le château de Courthezon et délivre Catherine qui va vivre pauvrement à Avignon. Le sénéchal Foulques d'Agout cite Raymond et Bertrand à comparaître dans le château d'Orgon, comme séditieux et rebelles à la reine Jeanne comtesse de Provence (By 1435). Jeanne leur écrit, d'Aversa, le 22 novembre, pour leur reprocher leurs Catherine † 1394.

méfaits commis au détriment de son grand camerlingue, Raymond comte de Soleto, oncle de Catherine et, si elle meurt sans enfants, son futur successeur; elle leur ordonne, sous peine d'être poursuivis pour crime de rébellion, de remettre Catherine, sa terre et son château entre les mains de Jean de Laudun, son viguier général (By 1437). Un accord intervient à Orange; le 28 novembre 1365, Catherine pardonne à ses ennemis et permet aux nobles et aux habitants de Courthezon de prêter hommage lige à Raymond V (By 1439).

Mais, peu de mois après, les querelles reprennent; par deux lettres, des 25 avril et 24 juin 1366, la reine Jeanne prescrit à son sénéchal de marcher, à main armée, contre Raymond et Bertrand et de leur reprendre le château (By 1444, 1446). Le 12 juin 1367, Raymond d'Agout sénéchal de Provence les proclame coupables de conspiration et de félonie contre la reine, les déclare contumaces, confisque tous leurs biens d'Orange, Jonquières, Gigondas, et les condamne à une amende de 1.000 marcs d'or fin (By 1459). Le 4 novembre 1369, le pape Urbain V ordonne au cardinal de Cabassole de garder avec soin le château de Courthezon et d'en interdire l'entrée à tous les partisans, soit de Raymond V, soit de Catherine. Le 5 décembre, sur la plainte de Raymond de Courthezon comte de Soleto, grand camerlingue de Sicile, il donne à Raymond V un délai de quinze jours pour faire une paix définitive (By 1478, 1479, 1480). A la fin de décembre, sur les instances de la vertueuse Jeanne de Genève femme de Raymond V, intervient entre ce dernier et le comte de Soleto un acte de réconciliation stipulant que le château de Courthezon sera rendu à Catherine, et fera retour au prince d'Orange si elle meurt sans enfants (By 1482). En 1370, à la sollicitation de Raymond comte de Soleto, la reine Jeanne pardonne à Bertrand d'Orange « à cause de sa jeunesse », quelques mois plus tard, à son frère Raymond V, et annule les peines et condamnations qu'elle leur a infligées (By 1484-89).

Le 3 octobre 1373, instruite, faut-il croire, par ses épreuves, Catherine

Cl. Brogi

de Courthezon, à Brantes, devant la porte de l'église, en présence de son confesseur et de son mari Bertrand, seigneur de Brantes, Plaisians et Caromb, déclare qu'elle a depuis longtemps négligé les soins de son âme à cause de la dureté de son cœur, de sa jalousie et méchanceté envers diverses personnes, qu'elle a fait peu d'aumônes parce qu'elle est pauvre; qu'elle a, de plus, à se reprocher certains chagrins causés à son mari, auquel elle demande pardon, ainsi qu'aux personnes qu'elle a offensées, et déclare publiquement se repentir de ses fautes. Après son entrée dans l'église, elle se met à genoux devant l'autel; en présence de l'hostie consacrée, elle jure, avant de communier, qu'elle sera obéissante à son mari, qu'elle ne fera rien qui lui soit préjudiciable, et elle lui fait l'abandon de ses biens pour en jouir à sa volonté (By 1506).

S'il en est des ménages comme des peuples, qui, heureux, n'ont pas d'histoire, ces promesses furent tenues, car on n'entend plus parler de Catherine, qu'en 1387, par la donation qu'elle fit de son château de Gaudissart à Raymond des Baux de Malaucène seigneur de Saint-Clerin, frère de son mari (By 1606).

Elle meurt le 28 décembre 1394. Avec elle s'éteint, dans la branche des Baux d'Orange, le rameau de Courthezon, proprement dit.

§ 5. — RAMEAU DE SUZE ET SOLERIEUX

Avant de passer aux autres fils de Bertrand III de Courthezon, disons un mot très bref de son frère Raymond, origine du petit rameau de Suze et Solerieux.

A la mort de Bertrand († 1305), RAYMOND III devient possesseur de cette double seigneurie; il épouse d'abord Catherine de Lagonesse, puis (1331) Marguerite comtesse d'Ascoli et meurt en 1339.

AMIEL leur fils figure le 20 janvier 1336 comme témoin, à la ratification, par le roi Robert d'Anjou, du traité conclu à Naples le 10 septembre 1335 entre son capitaine général en Lombardie et Catherine de Viennois au nom de son fils Jacques de Savoie pour la possession de la principauté d'Achaïe (By 1138) (Voir Appendice note 10). Il épouse Albarone d'Agout et meurt en 1358.

RAYMOND VII leur fils épouse en 1360 Cécile de Mévouillon; il meurt en 1369 laissant pour fils :

AMÉDÉE qui mourut en 1409 sans histoire et sans enfants.

§ 6. — RAMEAU DE SOLETO

Je reviens enfin aux derniers fils de Bertrand III de Courthezon :

Bancelin moine, *Guillaume* chevalier de Saint-Jean de Jérusalem et *Barral* ne sont connus que de nom.

Hugues † 1315. HUGUES, frère de Raymond VI de Courthezon dont nous venons, au § 4, de donner la descendance, et seigneur de Gaudissart dans le diocèse de Sisteron, est le chef du rameau de Soleto le plus court mais non le moins illustre de la branche d'Orange.

Il passe sa vie en Italie; chambellan du roi Charles II d'Anjou, il reçoit de lui, en 1304, le comté de Soleto dans le ressort judiciaire d'Otrante, revenu à la cour par la mort du comte d'Avella grand amiral de Sicile et beau-père de son frère Amiel (By 864); puis, en 1306, la garde du château de Castellamare di Stabia dans la terre de Labour, avec une pension annuelle de 50 onces d'or (By 897). En avril 1308, il accompagne Charles II en Provence et y marie sa nièce Izoarde, fille de Raymond V co-prince d'Orange, à son cousin Hugues de Baux de Berre, frère de Bertrand III comte d'Andrie et de Monte Scaglioso, en lui promettant pour dot le château de Gaudissart (By 908-913). Sénéchal du royaume de Sicile, il est désigné par acte, à Marseille, du 16 mars 1309, comme l'un des exécuteurs testamentaires du roi Charles II (By 928). Lieutenant général en Lombardie, il revient à Naples en 1313, y organise une armée pour soutenir les Guelfes à Milan et trouve la mort à la bataille du pont de Tanaro (1315). Son courage le rendit très populaire en Italie où de nombreux poèmes ont été consacrés à sa mémoire (Muratori scriptores : *De gestis Ugonis del Balzo et de ejus morte*, vol. XIV, 1076).

Hugues avait épousé Jacqueline (Jacopa) della Marra, à laquelle, le 28 août 1312, le roi Robert d'Anjou donne pour habitation, en l'absence de son mari, le château de Belvédère près Pouzzoles (By 977). Il en eut un fils *Raymond* et deux filles : *Sueve* mariée à Nicolas Orsino et *Béatrix* à Francesco della Ratta comte de Caserte.

Ce fils, RAYMOND, comte de Soleto, est une des plus remarquables figures de la famille des Balz. Nostradamus, l'historien provençal, a dit de lui : « Il a laissé un nom glorieux et immortel qui ne peut jamais être oublié. » Dès 1331, il est capitaine général et justicier de la principauté ultérieure (By 1092). En 1332, chambellan du roi Robert, il assigne le douaire de sa première femme Marguerite d'Aquin sur les châteaux de Soleto et de Castrignano en terre d'Otrante, qu'il tient en fief au nom du roi (By 1096). En 1340, maréchal de Sicile, il reçoit du roi Robert les châteaux de Lucera et de Minervino (By 1176-1195).

Raymond † 1375.

En mai 1347, nous le trouvons capitaine général et justicier dans la Capitanate (By 1290). C'est à son dévouement et à son énergie comme commandant des troupes, lorsque Louis roi de Hongrie vint à Naples, en 1348, pour venger l'assassinat de son frère André, qu'on dut, d'abord le maintien de l'ordre, puis le retour de la reine Jeanne et de Louis de Tarente son mari qui, par peur, s'étaient réfugiés en Provence. Pour l'en récompenser, la reine, comtesse de Provence, lui donne, en 1350, en toute propriété et à perpétuité, à lui et à ses héritiers légitimes, les châteaux de Gaillet, Rayssetel, Sayssons, Tourves et leurs territoires situés dans les bailliages de Brignoles et de Saint-Maximin, avec une pension annuelle de 400 florins d'or de Florence à prendre sur les produits de la gabelle du sel de Berre. Trop occupé en Italie pour venir en prendre possession, Raymond y envoie ses procureurs en 1351 (By 1315-1317). Cela n'alla pas sans quelques difficultés : Jeanne et son mari informent les habitants, par lettre du 3 novembre 1351, *des immenses services rendus à leur royaume* par Raymond comte de Soleto et leur ordonnent de le reconnaître comme seigneur et de prêter hommage à ses procureurs (By 1323); comme don de joyeux avènement, Raymond, le 16 avril 1353, leur concède des franchises spéciales; mais ceux-ci, avant de le reconnaître, demandent des privilèges nouveaux (By 1336-1339); et ce n'est que sur la promesse qui leur en est faite qu'ils consentent, le 23 mars 1354, à lui prêter serment de fidélité (By 1342, 43, 44).

En 1355, la reine y ajoute les châteaux de Ferrières, Jonquières et Saint-Geniès avec l'autorisation de détenir une barque pour leur garde sur l'étang de Martigues (By 1352).

Chargé, en 1357, par la reine Jeanne, du gouvernement de Barletta et de Brindisi, puis du commandement de l'armée chargée d'opérer en Sicile contre Frédéric d'Aragon, Raymond est fait prisonnier à la bataille de Catane. Jeanne se dispose à engager ses joyaux pour le racheter, mais Frédéric, pour un tel prisonnier, ne veut pas d'une rançon ordinaire et ne consent à le rendre que contre la mise en liberté de ses sœurs, les princesses Blanche et Yolande, que Jeanne tenait alors captives à Naples.

Vers la fin de sa vie, retiré dans son château de Casaluce près d'Aversa, « signor vecchio et di santissima vita » comme l'appelle Carafa, il devait rendre encore à la reine Jeanne et à son royaume le plus signalé des services. On a vu plus haut, au chapitre IV, les longs démêlés de la reine avec François de Baux Ier duc d'Andrie. Ébloui par la fortune qu'assurait à son jeune fils Jacques l'héritage de tous les titres et biens de la maison de Tarente, devenu le plus puissant seigneur du royaume, François avait excité contre lui, par son orgueil, la jalousie de toute l'aristocratie napolitaine et les soupçons de la reine qui, après l'avoir vainement mandé à sa cour, le fait assiéger dans son château de Tiano ; il parvient à s'en échapper et à se réfugier en Provence d'où il revient, à la tête d'une armée de 15.000 hommes, porter la terreur dans le royaume de Naples. Il va voir dans sa retraite de Casaluce son vieux cousin Raymond comte de Soleto, qui lui fait sentir toute l'indignité de sa conduite, lui demande s'il veut se déshonorer et couvrir de honte le nom de la famille des Baux, et le détermine à rentrer en Provence (1374).

Raymond chargé d'années et d'honneurs meurt bientôt après (1375). Il avait été marié deux fois, en 1332, avec Marguerite d'Aquin, en 1337, avec Isabelle d'Apia. Il n'avait pas d'enfants et sa fortune passe à ses neveux fils de sa sœur aînée Suève, qui avait épousé Robert des Ursins comte de Nola et Palatin du royaume de Naples, à la condition que leurs enfants ajouteraient le nom de Balz à leur nom de famille et s'appelleraient Orsino Balzo (Baux des Ursins). (Voir pour l'histoire de cette illustre famille, l'Appendice, note 11.)

Il avait fait construire, à côté de son château de Casaluce, un monastère célèbre dédié à la Reine des Cieux dont, en 1497, le roi Frédéric d'Aragon, mari d'Isabelle de Baux, disait : « Il venerabile monasterio di Casaluce por esser fondato per l'illustre casa del Balzo della quale la nostra Ser^ma^ consorte duce la sua origine, lo tenemo en prœcipua venerazione. » L'inscription dédicatoire, qui se lit encore dans l'église du couvent :

SUSCIPE MENTE PIA ET TALAMIS ADMITTE SUPERNIS
HOC OPUS EGREGIUM, REGINA PIISSIMA CŒLI
QUOD TIBI MAGNANIMUS RAIMUNDUS CONDIDIT HEROS
SOLETI COMES MAGNUS CAMERARIUS HUJUS
REGNI, PERPETUUM CUI DANT SÆCULA NOMEN
CLARA SATIS MUNDO GENUIT QUEM BAUCIA PROLES.

montre qu'il y fut d'abord inhumé [1]. Il repose aujourd'hui à Naples dans l'église de Santa-Chiara (voir le chapitre VI), à côté de sa femme Isabelle d'Apia; sur son tombeau se lit l'inscription suivante qui, pas plus que les précédentes, n'a rien de virgilien :

MAGNANIMUS SAPIENS, INSIGNIS, PROVIDUS, UNUS
CLAUDITUR HOC SAXO, NON FAMA CARNE SEPULTUS
BAUCIA Q. GENUIT CLARA ET GENEROSA PROPAGO
ET MAGOS EDUXIT AVOS S. BAUCIA TELLUS,
MENTE DEUM VERITUS RAYMUNDUS ET IPSE VERENDUS,
NON TERRENA FUIT, POTIUS CŒLESTIS YMAGO,
SOLETI Q. COMES, REGNI GOAMMERIUS HUJUS
MILICIE Q. DECUS, VIRTUTIS AMATOR ET OMNES
JURE BONOS COLUIT; QUANTUM RESPUBLICA LESA EST
MORTE SUA DOCUIT. AD CŒLITA REGNA VOCATUS,
MILLE FLUUNT ANNI CCCLXX
QUINQUE SIMUL POSITIS INDICIO DENA TER QUE
AUGUSTUS TUNC MENSIS ERAT, TUNC QUINTA DIES QUE.

Cela veut dire en méchants alexandrins : le 5 août 1375.

§ 7. — RAMEAU D'ALESSANO

Arrivons enfin au dernier des rameaux italiens issus des fils de Bertrand III de Courthezon († 1305).

Amiel † 1351. AMIEL, frère de Raymond VI dernier des co-princes d'Orange († 1330), va très jeune dans le royaume de Naples où tant de ses parents des trois

1. Une autre inscription, sur le mur de l'église, ne manque pas de rappeler l'origine légendaire de la famille :

Arma gerens Stellæ quæ, cum Rex Christus Olimpo (!)
Virginis in uterum latè descenderet almæ
Et peccata patrum redimens oriretur, ab alvo
Advenere loco, stellâ præbente ducatum,
Alta decora nimis regum diademata trina.
Tertius ex illis, Baldassar nomine dictus,
Principium generis tanti fuit, inclita cujus
Progenies, Caroli regno veniente superbi,
Barbariem regni domuit.

branches des Balz l'avaient précédé et occupaient de hautes situations à la cour angevine.

Chambellan du roi, il épouse, en 1308, Françoise d'Avella fille du Grand Amiral du royaume de Sicile et, à cette occasion, « Amelius de Bautio, miles, baroni Avellarumæ dominus » reçoit en fief du roi Charles II, les châteaux de Saponara en Basilicate et de Castrignano de Bruca, sur lesquels il assigne le douaire de 1.000 onces d'or de sa femme (By 22 Supplément et 907). Justicier de la principauté citérieure en 1311, il y recueille, par ordre du roi Robert dont le trésor était vide, les sommes destinées à son couronnement (By 971). Capitaine général et justicier du duché de Calabre en 1316, il est nommé par le roi viguier de Florence lorsque, en 1325, les Florentins lui offrent, pour dix ans, la seigneurie de leur République; il y reçoit, en cette qualité, en 1326, le serment de fidélité des officiers toscans (By 907, 1014, 1078). En 1338, le roi Robert lui accorde, pour lui et ses successeurs, la possession irrévocable de toutes ses terres dans le royaume (By 1159). En 1342, nous le trouvons capitaine général des principautés et de la Basilicate (By 1215). Le 9 septembre 1347, il est témoin du mariage de Robert d'Anjou prince de Tarente, empereur titulaire de Constantinople, avec Marie de Bourbon veuve de Guy de Lusignan.

Amiel meurt en 1351. Il avait été précédé dans la tombe par ses deux fils Bertrand et Jean Théodin.

BERTRAND avait épousé, en 1326, Catherine d'Aulnay fille de Gérard d'Alneto seigneur d'Alessano. Il meurt en 1336. Bertrand † 1336.

Catherine se remarie, en 1337, avec Francesco della Ratta comte de Caserte et lui apporte la seigneurie d'Alessano qui lui fut ultérieurement confisquée par le roi Robert contre lequel il s'était révolté [1].

1. Francesco della Ratta comte de Caserte, devenu veuf de Catherine d'Aulnay, épousa, on l'a vu plus haut, Béatrix del Balzo, la deuxième sœur de Raymond comte de Soleto.

Jean Theodin † 1251.

De son frère, JEAN THÉODIN, comme de lui-même, on ne sait rien, et l'on ne peut que répéter ce que, dans sa naïveté, de la Pise dit d'eux : « Les plus remarquables actions de ces seigneurs ont été ensevelies dans l'oubliance. » D'après della Marra, il eut deux fils : « Da lui dovettero senza dubbio nascere » *Amiel II* et *Ramondello.*

Amiel II † 1382.

AMIEL II, dit le bâtard des Baux, passe une partie de sa vie en Italie. Il est déjà mentionné, en 1328, comme faisant partie de l'armée de Campanie avec son oncle Bertrand et son cousin Gilbert de Baux de Marignane († 1330) (By 1079). Nous l'avons vu au chapitre III, sous le prétexte de venger l'assassinat de Robert de Baux, quatrième comte d'Avellino († 1354) s'allier en 1356 à Robert de Durazzo, partir en guerre en Provence contre la reine Jeanne, ravager le pays en compagnie d'Arnaud de Servoles dit l'Archiprêtre et s'emparer du château de Saint-Canat appartenant à l'évêque de Marseille (By 1357). Il revint en Italie où le roi Charles III de Durazzo, en 1382, le fait son chambellan, capitaine de guerre pour le château et district d'Amalfi et donne en fief noble et à perpétuité à « son fidèle chevalier le bâtard de Baux » le château de Monte longo dans le diocèse de Molise (By 1581, 82, 83, 87). Il n'eut pas de descendance.

A partir de ce moment Barthélemy et de la Pise sont également muets et l'on ne peut plus demander de renseignements qu'à della Marra, Campanile et aux tableaux déjà cités de Chazot de Nantigny.

Ramondello † 1412.

RAMONDELLO seigneur de Molfetta et de Giovenazzo, frère d'Amiel, embrasse, après la mort violente de la reine Jeanne (1382) la cause de Louis I d'Anjou contre Charles III de Durazzo. Capitaine général de sa cavalerie, il dévaste les environs de Naples; le 19 février 1383, il est battu et fait prisonnier par Charles III. Dès son avènement (1386) et pour se le rallier, le jeune roi Ladislas, fils de Charles, lui rend ses terres depuis trois ans confisquées, y ajoute la baronnie de Pozzomagno en terre d'Otrante et l'attache à son conseil.

Ramondello meurt en 1412. Il avait épousé, en 1398, Marguerite fille unique d'Antonio dell' Amendole et de Clémence de Tarente fille naturelle de Louis d'Anjou, prétendu roi de Sicile et prince de Tarente.

Jacopo † 1438.

JACOPO, leur fils, baron de Rutino, seigneur de Specchio, fut aussi du conseil royal sous la reine Jeanne II. Après la mort de cette reine (1435), Alphonse d'Aragon, dans ses démêlés avec René d'Anjou, prend à son service en 1438 le jeune fils de Jacopo, Ramondo.

Jacopo dut mourir vers 1448. Il avait été marié deux fois, la première avec Vanetta Zurla sœur du comte de Sant' Angelo, la seconde avec Margherita *comtesse d'Alessano*, que l'on voit, en 1449, s'intituler veuve de Jacopo et mère de RAMONDO.

Ramondo II

De ce dernier on ne sait qu'une chose, c'est que le roi Ferrante I († 1494) le confirma dans la possession de tous ses biens et en particulier de la seigneurie d'Alessano qui avait été, plus de cent ans auparavant, confisquée à sa famille à la suite de la rébellion de Francesco della Ratta son bisaïeul, second mari de Catherine d'Aulnay *dame d'Alessano*. Il s'était marié avec Covella di San Framondo, des comtes de Cerrato.

Jacopo II

JACQUES II son frère n'a pas d'histoire. De son mariage avec Covella di Tocco, il eut un fils Ramondo et cinq filles.

Ramondo III † 1490.

RAMONDO III, qui affecta de ne pas porter le titre de seigneur d'Alessano pour s'appeler simplement del Balzo, fut membre du conseil royal sous le roi Ferrante I d'Aragon († 1494). De son mariage avec Antonica de Gorretis, il eut cinq enfants : deux filles : *Ramondetta* femme du comte de Palessa duc d'Atri et *Maria* qui épousa, en 1474, Barnabo della Marra (c'est l'origine de la parenté, plusieurs fois signalée déjà, des Balz d'Italie avec les della Marra [1]), et trois fils : *Bernardino*, *Jacopo* et *Giovanni Francesco*.

Bernardino † 1498.

BERNARDINO est si cher au roi Frédéric I de Naples qu'il obtient de lui, en 1497, le château de Carpignano et Lecca et qu'à la mort de son beau-frère, Barnabo della Marra, exilé par Frédéric et mort cette même année, il obtient, pour ses neveux, la restitution du château de Capurso, antérieurement confisqué à leur père. Il s'était marié, en 1491, à Altobella di Gesualdo dont le frère, Luigi Gesualdo de Conza prince de Venosa, avait lui-même épousé Isabelle Ferrillo de Muro fille de Maria Antonia Balša (voir chap. VIII). — Bernardino n'eut pas d'enfants.

Jacopo son frère, évêque d'Alessano, hérite de lui les châteaux de Carpignano et Lecca. Il les lègue à son neveu Raffaello della Marra, à la condition qu'il ajoute à son nom de famille celui de del Balzo.

Jean-François † 1503.

JEAN FRANÇOIS, enfin, l'aîné des fils de Ramondo III, reprend le titre de seigneur d'Alessano négligé par son père. Très en faveur dès sa jeunesse à la cour de Naples, il est chargé en 1476, par le roi Ferrante I, d'accompagner en Espagne le duc de Calabre qui allait y chercher Juana de Cas-

1.

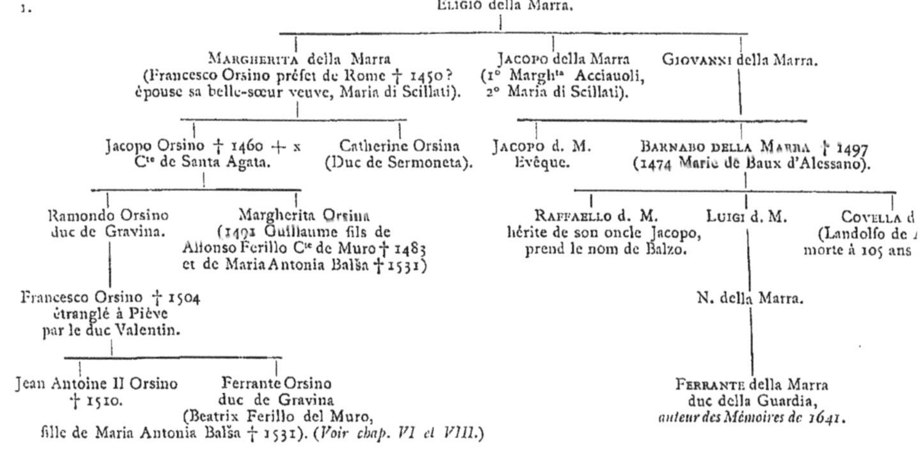

tille, la nouvelle femme du roi son père. Le 8 mars 1490, à la mort de Ramondo III, le roi Ferrante lui donne l'investiture des terres paternelles et en particulier des comtés d'Alessano, Specchio, etc.; il est également cher au nouveau roi Alfonso II qui, à son avènement (1494), lui fait cadeau de quinze chevaux des écuries royales. Dévoué, comme son frère Bernardino, à la maison d'Aragon, nous les voyons, en 1497, assiéger et prendre Tricasi. Le roi Frédéric, que son mariage avec Isabelle del Balzo avait fait leur parent, donne à Bernardino le château de Carpignano et nomme Jean François membre de son Conseil royal; en 1498, il lui donne la confirmation non seulement du comté d'Alessano mais de ceux de Molfetta et de Giovenazzo.

Jean François meurt vers 1503. En 1474, reliant par son mariage le dernier rameau de la branche d'Orange au dernier rameau de celle d'Andrie, il avait épousé *Margheritella del Balzo* fille d'Aghilberto comte de Castro et Ugento et, par conséquent, cousine germaine de la reine Isabelle de Naples. Il en eut deux fils et une fille :

Ramondo meurt non marié en 1516; *Bernardino II* épouse en 1504 Isabelle Acquaviva fille du marquis de Bitonto et de Dorothée Gonzaga fille d'Antonia del Balzo et nièce de la reine Isabelle; il n'en eut pas d'enfants; *Antonica* hérite donc de toutes les possessions de la maison d'Alessano. Elle épouse le duc de Termoli [1] que l'empereur Charles Quint fait prince de Molfetta. Leur fille Marie apporte Termoli à Vincenzo di Capua d'où proviennent les ducs de Termoli qui, à leur titre, ajoutèrent le nom de del Balzo.

« C'est ainsi, dit della Marra, que s'éteignirent au royaume de Naples les Balz qui vinrent de France avec le roi Charles le Vieux et que finit

1. Antonica était doublement une Balz : par son père Jean François del Balzo comte d'Alessano et par sa mère Margheritella del Balzo de Castro-Ugento (Andrie). D'après une tradition fidèlement conservée par la famille, l'étoile des Baux apparut à son lit de mort : « ... et e fama che, a tempo de nostri avoli, morendo Antonica del Balzo duchessa di Termoli, fu veduta una stella apparir sul letto della duchessa, al cui spirar anch'essa spari » (Ferrante della Marra duc della Guardia, *Mémoires* de 1641).

une très illustre maison, très célèbre dans toute l'Europe. Il est vrai (ajoute-t-il) que sous les rois de la maison d'Aragon vinrent ensuite de *Milan*, comme dit le Campanile, *d'autres Balz*, seigneurs de Cillavenga en Lombardie, desquels dépendent les barons actuels de Santa Croce et autres qui vivent à Capoue estimés parmi les premiers de cette noblesse. « E d'essi non e mio intento di favellare... »

Il est regrettable qu'il n'en ait pas voulu parler. Mais j'ai pu combler cette lacune grâce aux renseignements que j'ai puisés à Naples chez les ducs de Presenzano et de Capriglìano. Ces Balz de Capoue sont la descendance de Bianchino fils de François II duc d'Andrie († 1422) dont j'ai donné la succession à la fin de mon chapitre IV.

Je termine ici, pour ce qui concerne la Provence et l'Italie, un travail dont, lorsque je l'ai entrepris, je ne prévoyais guère la complication ni les difficultés. Tout ce qui a été écrit, directement ou indirectement, sur les Balz, je crois l'avoir lu et consciencieusement discuté. Malgré mes efforts pour coordonner mon récit, sa lecture, si tant est qu'il ait des lecteurs, mettra souvent, je ne me le dissimule pas, leur patience à l'épreuve. La reproduction indéfinie des mêmes prénoms dans toutes les branches de la famille m'a conduit, pour la clarté, à répéter plus qu'on ne le fait d'ordinaire, soit les dates des décès, soit l'indication des alliances ou des degrés de parenté des uns et des autres. De même, au point de vue de l'exactitude et pour permettre le contrôle, j'ai multiplié, au point de compliquer un peu la lecture, l'indication des sources auxquelles j'ai puisé et notamment les numéros des si nombreux documents authentiques recueillis et cités par Barthélemy.

Après avoir joint à chacun des chapitres un tableau généalogique complet de la branche auquel il se rapporte, je crois utile, pour permettre d'embrasser plus facilement l'ensemble de la famille des Balz et ses relations avec les comtes de Provence et les rois de Naples, de condenser ces tableaux dans un cadre *synoptique* réduit aux filiations masculines directes.

2

5

10

11

12

3

4

7

8

13

14

BRANCHE DE MARSEILLE AVELLINO

1 — Hugues IV († 1240) – Chte 14 Mars 1210 – By 34 Suppt
2 — Hugues IV († 1240) — Chte 13 Août 1214 – By 164
3 — Baral († 1268) – 21 Juin 1251 — By 357

BRANCHE D'ORANGE

RÉSUMÉ SYNOPTIQUE DE LA GÉNÉALOGIE DES BALZ EN PROVENCE ET EN ITALIE I

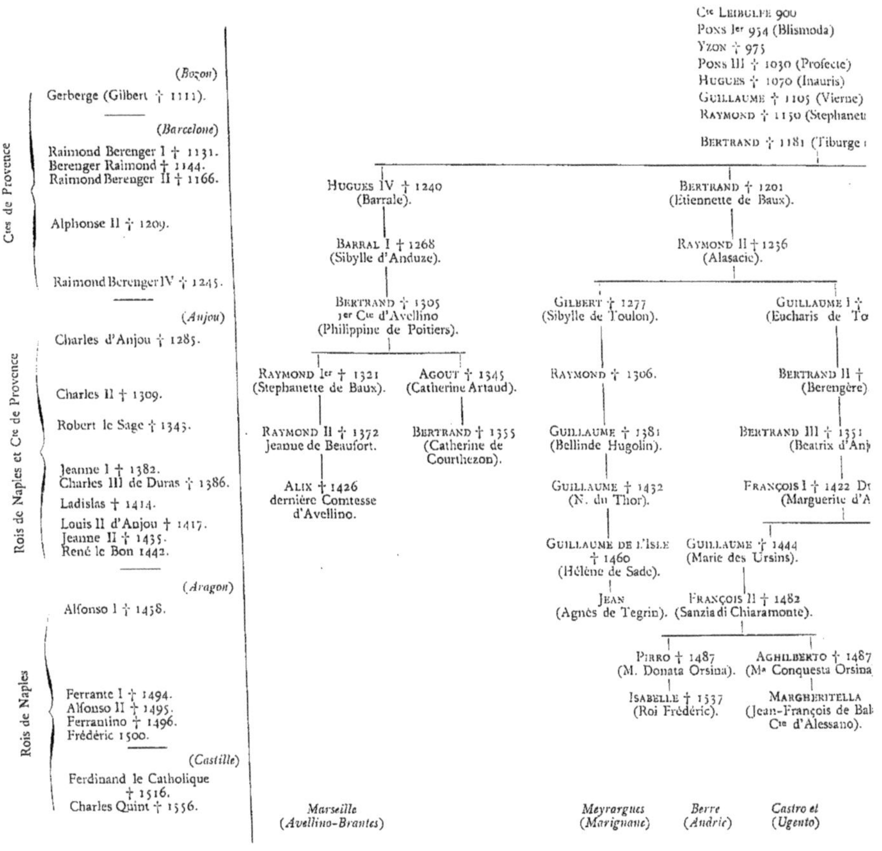

Giusep
Decio
Giacint
Pre

GUILLAUME I † 1218
(Ermengarde).

RAYMOND I † 1282
(Malberjone).

BERTRAND IV † 1314
(Eléonore de Genève).

RAYMOND IV † 1340
(Anne de Viennois).

RAYMOND V † 1393
(Jeanne de Genève).

MARIE
(Jean de Châlons).

(Orange)

GUILLAUME II † 1239
(Précieuse).

RAYMOND II † 1279
(Laure Adhémar).

BERTRAND III † 1305
(Stephanette de Baux).

RAYMOND VI † 1330
(Sibylle d'Anduze).

BERTRAND VI † 1347
(Marguerite de Roanas).

CATHERINE † 1394
(Bertrand de Baux
Cte d'Avellino).

(Courthezon)

HUGUES † 1315
(Jacopa della Marra).

RAYMOND † 1375
(Isabelle d'Appia).

(Soleto)

AMIEL † 1351
(Françoise d'Avella).

JEAN THEODIN.

AMIEL II † 1382
le Bâtard des Baux.

RAMONDELLO † 1412
(Margherita dell' Amendola).

JACOPO † 1448
(Margherita d'Alessano).

JACOPO II
(Covella di Tocco).

RAMONDO III † 1491
(Antonia de Gorretis).

JEAN-FRANÇOIS † 1503
(Margheritella del Balzo
fille d'Aghilberto).

BERNARDINO I
(Altobella
di Gesualdo).

MARIA
(Barnabo
della Marra).

BERNARDINO II
(Isabelle Acquaviva).

ANTONICA
(Duc de Termoli).

(Alessano)

…ISTA II.
…NIO.
…III † 1731.
…RENZO 1749.
…apriglianо

CHAPITRE VI

LA CHAPELLE DES BALZ A SANTA CHIARA

L'église de Santa Chiara, primitivement du Corpus Christi, est une des plus intéressantes de Naples. Construite par le roi Robert le Sage et la pieuse reine Sanzia sa femme, achevée en 1328, elle sert de lieu de sépulture à son fondateur et à cinq princes ou princesses de sa famille. Les chapelles latérales appartiennent à diverses très nobles familles napolitaines : l'une d'elles est celle des Balz ; un grand nombre d'entre eux y reposent, notamment l'illustre Raymond comte de Soleto. C'est ce qui me détermine à lui consacrer quelques pages, à la fin de mon histoire des Balz de Naples.

Du roi Robert, j'ai parlé suffisamment dans l'Appendice (note 8, la maison d'Anjou). Quelques lignes sur sa femme seront peut-être lues avec intérêt. Sanzia d'Aragon, fille de Jayme roi de Mayorque et de la reine Esclarmonde, épousa en 1304 Robert le Sage. Élevée dans des principes de rare austérité, vraie fille de saint François d'Assise, elle avait de qui tenir dans sa famille et dans celle de son mari. Son frère aîné Jayme renonce à ses droits au trône pour se faire Franciscain ; la reine Élisabeth sa tante, sœur de leur mère, avait fini sa vie dans un couvent ; sa cousine Élisabeth reine de Portugal, morte en 1231, fut, sur le trône, un modèle d'édification pour toutes les cours de l'Europe. Du côté de son époux, Élisabeth de Hongrie fille du roi André II, morte Franciscaine, avait été canonisée en 1235, comme le fut, en 1316, son beau-frère Louis d'Anjou frère du roi Robert, mort en 1297 archevêque de Toulouse.

Elle renonce à son désir de se faire Clarisse pour épouser Robert après la mort de la vertueuse Yolande d'Aragon. Sans enfants, elle éleva d'abord le jeune Charles (Carlo illustre) duc de Calabre, fils du premier mariage de Robert, et après son décès prématuré à 31 ans (9 septembre 1328) aime comme ses propres enfants ses deux filles Jeanne (la future reine) et Marie (posthume) nées de son second mariage avec Marie de Valois. Elle avait pris comme dame d'honneur la belle Delphine comtesse d'Ariano, femme, si je puis m'exprimer ainsi, d'Elzear de Sabran; (chacun sait en Provence qu'auprès de l'autel, ils avaient l'un et l'autre fait vœu de virginité).

A peine sur le trône, elle entreprend la construction du couvent de Santa Chiara son refuge futur et, après son achèvement, obtient de Clément V et de Benoît XII l'autorisation d'avoir quatre de ses Clarisses auprès d'elle à la cour. Tant de piété n'était pas d'ailleurs sans préoccuper le pape Jean XXII, l'ancien précepteur des rois angevins; il croit devoir la prévenir contre un excès d'ascétisme qui peut offenser son mari et lui recommande ses devoirs d'épouse..... « ut nequâquam eum ad incontinentiam provoces ». Elle multiplie les fondations de couvents; après Santa Chiara qui abrite deux cents Clarisses, elle en fonde un deuxième, Santa Croce, plus près de son palais du château neuf, et y attire, d'Assise, quelques parentes de sainte Claire; puis un asile de repenties, la Maddalena, qui en 1342 ne comptait pas moins de trois cent quarante pensionnaires; enfin en 1343 un couvent à Aix en Provence. La même année, Clément VI la remercie, ainsi que son mari, d'avoir obtenu du Sultan, outre la cession du Cénacle et de la chapelle dans laquelle le Christ apparut aux apôtres et à Thomas, l'autorisation, pour les frères mineurs, de demeurer dans l'église du Saint-Sépulcre. Les frères mineurs étaient, d'ailleurs, ses amis de prédilection, elle les appelait ses fils..... « quasi fosti dal mio corpo generati » (25 juillet 1334).

A la mort de Robert (1343) elle eut la tutelle de Jeanne qui lui témoigna toujours sa reconnaissance et l'appelle : « inclita D[a] n[a] Sancia D. g. Jerusalem et Siciliæ Regina, reverenda Domina, mater, administratrix et gubernatrix nostra ». Elle se retire enfin au monastère de Santa Croce sous le nom de sainte Claire, et y meurt le 28 juillet 1345. Une inscription dans l'église du couvent portait : « Hic jacet, summæ humilitatis exemplum, corpus venerabilis sororis Claræ, olim Dom[æ] Sancia Regina Jerusalem et Siciliæ. » Trouvant le couvent trop isolé, trop rapproché de la mer, la reine Jeanne II rassemble les nonnes à Santa Chiara, et y fait transporter le corps de Sanzia, recouvert d'une simple pierre dont l'emplacement est inconnu de tous. Cet excès d'ignorance surprend le P. Benedetto Spila (*Un monumento di Sancia in Napoli*, Naples, 1901) : « Per credere, dit-il, che quel luogo potesse rimanere ignoto e che tanta ignoranza e dificienza di curiosità fosse possibile in una comunità di monache, e cosa talmente maravigliosa che, per creder la, e necessario un atto di fede grosso come il campanile di Santa Chiara. »

On voudra bien, j'espère, me pardonner cette digression.

L'église de Santa Chiara était la chapelle du couvent des Clarisses. Elle en est séparée par le mur de fond, contre lequel s'adosse l'admirable monument funèbre du roi Robert le Sage, élevé par l'ordre de la reine Jeanne sa petite-fille. A côté de celui-ci se voient cinq autres monuments moins grandioses : Charles son fils, duc de Calabre, est à sa gauche ; un peu plus loin, Marie de Valois seconde femme de Charles ; Marie de Sicile, leur fille posthume, morte en 1366, après avoir été trois fois mariée, à Charles II de Duras dont elle eut cinq enfants, à Robert del Balzo comte d'Avellino assassiné en 1353, enfin à Philippe III prince de Tarente et empereur titulaire de Constantinople, repose à la droite du roi son grand-père ; un peu plus loin, ses deux filles : Clémence morte non mariée en 1370 et Agnès de Duras († 1388) femme de Jacques del Balzo d'Andrie dernier des empereurs titulaires de Constantinople, réunies dans un même monument, comme le rappelle l'inscription : « Hic jacent corpora ill^{rum} dom^{rum} Domine Agnetis de Franci Imperatricis Constantinopolitanæ ac virginis Dominæ Clementiæ de Fra cia, filiæ quondam Ill^{mi} Principis Karoli de Francia Ducis Duratii.

Nous voici ainsi ramenés aux Balz et à leur chapelle funéraire, la pre mière à gauche en entrant par la porte latérale de l'église.

Quand on y pénètre, on trouve, se faisant vis-à-vis, deux très beau monuments, identiques l'un à l'autre, où reposent, à gauche, Raymon comte de Soleto mort en 1375, à droite sa femme Isabelle d'Apia.

Ils y ont été transportés en 1616, de Casaluce près Aversa, pa Scipione del Balzo et son cousin et beau-frère Girolamo d Balzo descendants l'un et l'autre de Bianchino fils de Françoi premier duc d'Andrie, comme je l'ai raconté au chapitre IV § 5 de récit. La chapelle tombait alors de vétusté; Girolamo la refit telle qu'el existe aujourd'hui, avec un autel de marbre polychrome entre deu colonnes de marbre Portor, sur lequel s'élève une statue de grande naturelle représentant saint Francois d'Assise. Il y rassembla les ossemen plus ou moins épars d'un grand nombre de ses ancêtres et s'y fit prép rer pour lui-même un tombeau, comme l'indique l'inscription qui se sur le sol, à l'entrée de la chapelle : « Hic, ubi Hieronymus Bautius gent lium suorum ossa collegit, sepulcrum quoque sibi, vivens, posteris q suis p. Anno Domini MDCXVI. »

A côté de l'autel, sur les parois entièrement revêtues de marbres, so des médaillons représentant en bas-relief : *Béatrice* comtesse de Caser († 1336), sœur cadette de Raymond comte de Soleto; *Antonia* († 137 fille de François premier duc d'Andrie et femme de François III d'Ar gon, roi de Sicile; *Isotta* († 1530) fille de Pirro quatrième duc d'Andr femme de Pierre de Guevara et fondatrice de la chapelle; *Isabelle* reine Naples († 1533) sœur d'Isotta.

De longues inscriptions rappellent d'autres personnages de la famille racontent la restauration faite par Girolamo (Hieronymus) :

1° Sous le médaillon de Béatrice : *Beatrix Baucia, Raymundi Baucii Soleti omitis ac Regni magni camerarii soror, Francisci de Ratta Montorii ac Casertæ omitis uxor; cum in sepulcro iam vetustate collapso, ab anno Domini MCCCXXXVI, pene ignota iaceret, Hieronymi Baucii gentilis sui hic pietate eposita, illustrius consecuta est monumentum.*

2° Sous le médaillon d'Isotta : *Isotta Baucia, Isabellæ Bauciæ Neap. Reginæ soror, Petri Guevaræ Vasti marchionis ac regni hujus magni Senescalli uxor, priscâ matronarum virtute ornatissima, mortale sui dimidium Sacello in hoc, prope gentiles suos, deponendum, vivens curavit, cælestem ad patriam, spe summâ et fide ducibus, migratura. Quid non ævi longinque vetustas, fortunâ obsequente, mutat. Principatus ad alienos sors transtulit. Domina titulos servavit inanes at femina princeps, licet tot claris orbata et titulis et fortunis, bona tamen animi sanctissima secum retinuit; vixit annis LXX, anno Theogoniæ MDXXX. Hyeronimus Baucius monumentum humi pæne consumptum instauravit.*

3° A côté de la précédente et surmontée du double écusson des Baux et des comtes de Montfort de Campobasso, est l'inscription consacrée à *Battista del Balzo* seigneur de Cillavenia, petit-fils de Bianchino d'Andrie et époux de Cecca di Monforte (chap. IV, § 5) : *Baptistæ Baucii ex Cillaveniæ dominis in Galliâ cisalpinâ, qui cum maiorum suorum militarem gloriam æmularetur, Neapoli, sub Ferdinando I Aragoneo Rege, cataphractorum ductor strenuè pugnans, Sanctæ Crucis, Mirabelli ac Casæ Selvaticæ castris donatus, in Hetruria, pro eodem rege, an. MCCCCLXXXI fortiter dimicando occubuit, ex Ceccâ de Monforte ex Campibassi ducibus uxore duobus relictis filiis, Hieronymus Baucius abavi benemerentis memoriæ monumentum posuit.*

4° Sur la paroi, à côté de l'inscription d'Isotta, est la suivante consacrée à divers ancêtres de Girolamo del Balzo : *Illustrissim. Bauciorum familiæ quæ a priscis Armeniæ Regibus quibus, stellâ duce, mundi servator innotuit, originem duxisse traditur, potentissimorum virorum qui in Galliâ, Arelatorum atq. Viennensium regiis decorati fascibus, Auraciæ principes, Genevæ Comites et in Provinciâ magni reguli eiusdem principatum sæpiùs sibi bello compararunt, in*

Greciâ imperatores, Romaniæ despoti, Achaiæ principes, in Neapolit. regn primo ducali stemmate redemiti Tarenti atque Altemuræ principes, Andrianensium, Venusinorum atq. Neritonorum duces, Montis scaveosi, Avellini, Soleti Vigiliarum, Cupertini, Castri Ugenti, Nohæ, Alexani atque Acerrarum comites regni magni comestabuli, iustitiarii, camerarii, senescalli sub Andegavensibus regibus ac summis pontificibus exercitùs imperatores, ossa hinc inde dejecta quotquo colligi potuere, Hieronymus Baucius, *gentilium suorum pietate, Antoniæ Baucia Siculorum Reginæ et Isabellæ Bauciæ reginæ Neapol., Ceciliæ Comitissæ Sabaudiæ* [1], *Sibillæ Pedemontium principis* [2], *Mariæ delphinæ Viennæ* [3], *ac Isabellæ dispotissæ Serviæ* [4] *memoriæ, monumentum p. Anno dni MDCXVI.*

5° Enfin, sur le pavé de marbre devant l'autel, au-dessous d'un gran écusson de la famille, l'étoile d'argent à seize rayons sur fond de gueules on lit : *D. O. M. — Sacellum hoc Divi Francisci nomine insignitum, olim nonis Decembris CIƆIƆCXV (1615) Scipioni et Hieronymo germanis* [5] *e ducibu Sclavorum* [6] *adiudicatum, hodie* Nicoletta de Baucio [7] *Caprilianensium du Principis Sancti Viti conjux, a Scipione suprascripto descendens, necnon* Hyacintus *dux Præsentiannensium* [8], *item que* Antonius *et* Franciscus [9] *ab Hyeronim stemmate profecti, idem sacellum in commune possidentes, in magnificâ basilic hujus exornatione, ne deessent patronatus officio, ære collato, omni cultu atq instrumento condecorarunt. Anno Rep. Sal. CIƆIƆCCLVIII (1758).*

1. Cécile († 1244), sœur de Bertrand, 1er comte d'Avellino, mariée à Amédée IV comte de Savoie.
2. Sibille († 1351), sœur d'Hugues, 3e comte d'Avellino, mariée à Jacques de Savoie prince d'Acha
3. Maria († 1347) fille de Bertrand comte d'Andrie († 1350) mariée à Humbert II dauphin vienno
4. Isabelle († 1499), fille d'Aghilberto († 1487), mariée à Georges II Brankovitch despote de Servie.
5. Scipione del Balzo d'Andrie, 5e baron de Schiavi. Hieronymo fils de Decio d'Andrie († 1615).
6. Ducs de Schiavi.
7. Nicoletta († 1800), fille de Domenico, 2e duc de Caprigliano, mariée au prince de San Vito.
8. Giacinto, premier duc de Presenzano, fils de Decio II († 1702).
9. Francesco († 1697).

CHAPITRE VII

LES TROUBADOURS ET LES BAUX

Je me rends bien compte qu'un grand nombre des pages de l'histoire qui précède paraîtront un peu... austères à certains de mes lecteurs, même Provençaux. Que sera-ce donc pour mes lectrices si, par hasard, de doux yeux féminins s'égarent sur elles!

Toutes nos dames de Provence connaissent, au moins par ouï-dire, les gracieuses damoiselles de la Maison des Baux : Baussette, Phanette, Huguette, Clairette, Azalaïs, Passerose. A leur souvenir je consacre ce dernier chapitre, essayant de retracer le milieu où elles ont vécu, où leurs charmes ont été, pendant tout le XIIIe siècle, chantés par les troubadours, à Marseille, à la cour d'Orange, dans le vieux manoir des Baux.

C'était l'époque où, autant que l'ambition, les lois de la chevalerie et l'amour de leur dame poussaient les seigneurs aux belles actions et aux nobles exploits. Pendant les séjours qu'ils faisaient dans leurs domaines à côté de leurs femmes et de leurs sœurs, ils se plaisaient à écouter, dans les chansons des trouvères, le récit des grands coups d'épée des Preux d'autrefois et y puisaient les encouragements à aussi bien faire. Pleins d'indulgence d'ordinaire pour les chanteurs et leurs tourments amoureux, imaginaires ou réels, ils jouaient gaiement leur rôle et dans les tournois et dans les *cours d'amour* [1], les si galants passe-temps de cette époque che-

1. Aux Baux, elles se tenaient dans le pavillon de la Tour de Brau qui sert aujourd'hui de bien modeste musée.

valeresque. Quand ils étaient repartis en guerre, les belles délaissées attendant leur retour trompaient leur ennui en se laissant bercer par des chansons d'amour, ardentes et respectueuses à la fois, dans lesquelles, avec une mièvrerie qui devait, trois siècles plus tard, inspirer l'*Astrée* et la cour de Mlle de Scudéry, leurs rapsodes d'alors célébraient les joies et les tourments de la passion sans espoir.

Plus innocemment encore, elles charmaient leurs loisirs avec ces subtils problèmes amoureux que les poètes provençaux appelaient des *tensons* ou *partiments* (jeux partis). Un exemple vaut mieux qu'une définition ; je l'emprunte à Alfred de Musset, dans son adorable *Carmosine* : « Un chevalier quelque peu fantoche, ser Vespasiano, entouré par l'essaim des jeunes demoiselles d'honneur de la reine, leur pose cette question : Lequel préférez-vous d'un amant qui meurt de douleur en perdant sa maîtresse ou d'un amant qui meurt de plaisir en la retrouvant ? — Celui qui meurt, répond la ruche. — Mais je vous ferai observer, Mesdemoiselles, qu'ils meurent l'un et l'autre. — Celui qui meurt, celui qui meurt ! »

Les troubadours en Provence étaient recherchés à la cour du comte et dans les châteaux des grands seigneurs, et les plus grands personnages, voire les têtes couronnées, se délectaient de leurs chansons. Nous avons vu au chapitre II, à la fin des guerres pour la succession de Provence, Hugues II de Baux fils aîné de Raymond et de Stéphanette et le comte Raymond Bérenger le jeune se rendre en 1162 à Turin, où résidait l'empereur Frédéric Barberousse après la destruction de Milan, pour solliciter son arbitrage. Hugues se fait accompagner d'une imposante escorte de chevaliers bardés de fer, Raymond Bérenger joint à la sienne une troupe de jongleurs et de maîtres du « gai savoir ». Ces derniers charment et séduisent le farouche empereur au point qu'il s'essaie à rimer avec eux des poésies provençales. Hugues de Baux avait perdu sa cause.

Quelques années plus tard, en 1190, Richard Cœur de Lion, partant avec Philippe Auguste et Barberousse pour la troisième croisade, séjourne quelque temps à Marseille à la cour du comte de Provence. Il se met, lui aussi, à composer des chansons dans la douce langue du pays avec Folquet, le célèbre troubadour dont je parlerai dans un instant. Son goût pour les poètes lui fut, on se le rappelle, d'une utilité singulière. Emprisonné, à son retour de la Croisade, par l'archiduc Léopold d'Autriche qu'il avait gravement insulté en Terre Sainte, c'est le fidèle Blondel, un troubadour français qu'il avait emmené en Palestine, qui le découvrit au château de Durenstein, c'est à lui qu'il dut sa liberté.

Richard avait d'ailleurs de qui tenir : sa mère, la belle Éléonore de Guyenne, en épousant (1152) le prince qui allait devenir Henri II roi d'Angleterre, n'avait pas oublié les élégants et poétiques passe-temps de la cour de Bordeaux. Dans sa résidence de Normandie, elle aimait à s'entourer de ce qui lui rappelait sa jeunesse. Elle y accueillit mieux que nul autre, en 1160, *Bernard de Ventadour* le plus célèbre des troubadours de l'époque qui, pendant plusieurs années, ne cessa de lui adresser les poésies les plus tendres et les plus respectueuses. En veut-on un spécimen ? Je l'emprunte à M. Fauriel (*Histoire de la poésie Provençale*, Paris, 1846, t. II, p. 30) : « ..... Ma Dame a tant d'adresse qu'elle me fait toujours croire qu'elle va m'aimer. Elle me trompe agréablement et m'égare par de doux semblants. Dame, laissez la ruse et la tromperie; de quelque manière que souffre votre vassal, le dommage vous en revient. Oh ! mal fera ma Dame si elle ne me fait venir là où elle se déshabille et si, m'ayant permis de m'agenouiller auprès de son lit, elle ne daigne me tendre le pied pour que je lui délie ses bien chaussants souliers..... » Qu'on ne s'étonne pas de la licence, en songeant à ce que, jusqu'à Louis XIV, les petits levers des rois avaient de public ; d'ailleurs, s'agissant d'une future reine d'Angleterre, c'est bien ici le cas de dire : Honni soit qui mal y pense !

Bernard de Ventadour quitta la Cour d'Angleterre pour celle de Raymond V comte de Toulouse où il demeura jusqu'à la mort du comte (1194). Il mourut, très âgé, à la chartreuse de Dalon en Limousin.

Folquet de Marseille, l'ami de Richard Cœur de Lion, fut longtemps un poète galant, avant de finir en fanatique évêque de Toulouse. Bien accueilli d'abord par Alphonse d'Aragon comte de Provence, il s'attacha surtout à la brillante cour de Barral, vicomte de Marseille († 1192), dont la femme, Azalaïs de Porcelet de Roquemartine, devint l'objet de son culte [1] : « Je ne demande, dit-il, que la liberté de lui déclarer mes sentiments et tout me dit que c'est une impardonnable témérité. Oh ! que n'a-t-elle moins de beauté ! Puis-je vaincre mon amour alors que je l'entends parler avec tant de grâce, que je la vois sourire avec tant de charmes. Hélas, d'elle à moi que de distance ! Je me soumets à sa miséricorde, car Dieu qui a mis tant de vertus en son âme ne peut avoir oublié celle-là » (Papon). Et encore : « ..... Tant me plaît l'amoureuse pensée qui est venue se fixer dans mon cœur que nulle autre n'y peut trouver place ; j'ai beau savoir que cette pensée me tuera, il me semble que c'est elle qui me fait vivre. Belle Dame, souffrez le bien que je vous veux et alors les maux que j'endure ne pourront m'accabler. Ou bien, si vous voulez que j'aime ailleurs, défaites-vous de votre beauté, de votre doux rire, du charme qui m'ôte la raison » (Fauriel). Pour piquer sa jalousie, il feint de courtiser sa sœur Laure ; il ne réussit que trop, car Azalaïs le bannit de sa présence. Il se réfugie d'abord à Montpellier auprès du comte Guillaume VIII, puis (1195), il entre au monastère de Toronet en Provence dont il devient abbé. Évêque de Toulouse en 1205, il se signale, lors de la guerre des Albigeois, par son zèle fougueux contre Raymond VI comte de Toulouse. En 1215, au moment du concile de Latran, il accompagne, à Rome, Guil-

1. Barral et Azalaïs marièrent leur fille Barrale à Hugues IV de Baux († 1240).

laume de Baux d'Orange (ardent croisé lui aussi, il en devait mourir, écorché vif, en 1218) et y combat les dispositions, trop bienveillantes à son gré, que témoignait Innocent III pour Raymond VI et surtout pour son jeune fils, le futur Raymond VII. Il mourut en 1231.

Peyre Vidal, né à Toulouse en 1165, fut épris, lui aussi, d'Azalaïs. Plus entreprenant que Folquet, mais éconduit comme lui, il arrive à vingt ans à la cour de Barral qui l'admet à sa table, et lui prodigue ses faveurs. Poussé par Hugues Geoffroy, frère de Barral, qui lui faisait croire que sa belle-sœur lui rendait son amour, un jour que Barral était sorti, il pénètre dans la chambre où Azalaïs dormait encore, il s'agenouille auprès du lit et la baise sur la bouche ; la Dame s'éveille en riant, croyant que c'était son mari, mais elle mène grand tapage quand elle reconnaît Vidal et prie Barral de la venger. Celui-ci « en bon et galant homme » (dit Papon d'après Nostradamus) ne fit qu'en rire et gronda sa femme du bruit qu'elle faisait de l'extravagance d'un fol, mais il ne put la convaincre. Vidal obligé de quitter la Cour se réfugie à Gênes d'où il part, avec Richard Cœur de Lion, pour la troisième croisade. A Chypre, il épouse une grecque qui prétendait avoir des droits au trône de Constantinople. Il s'y rend, lors de la quatrième croisade, pour les faire valoir et y meurt en 1205. Dans une de ses poésies, il exalte la générosité de Guillaume de Baux « l'bon » prince d'Orange.

Tous les maris n'étaient pas d'aussi bonne composition que Barral; le gentil *Guillem de Capestaing*, page de Raimond de Seillans et écuyer de sa femme Marguerite, en fit la triste expérience. Raimond, fou de jalousie, l'attire dans une forêt, le tue et pousse la férocité jusqu'à faire servir à sa femme « comme plat de sauvagine » le cœur de son amoureux. Affolée par la révélation de ce festin de Pélops, Marguerite se jette par la fenêtre du château et se tue.

Est-ce le souvenir de cette barbarie qui plus tard, après la mort de *Blacas* (*En blancatz* † 1225), l'un des maîtres chanteurs les plus braves et les plus célèbres de l'époque, inspira à deux de ses émules *Bremond de Ricas novas* et *Sordel*, l'idée macabre de partager son cœur et d'en offrir les morceaux, l'un à ses belles amoureuses en guise de doux souvenir, l'autre aux seigneurs ses ennemis en châtiment de la lâcheté qu'il leur reproche? « Que la Dame *Rambaud* des Baux, dit le premier, en prenne un bon morceau, car elle est belle et bonne et vraiment vertueuse. Qu'elle le garde bien aussi, elle qui garde si bien son honneur et sa personne au milieu de tous ses actes de grâce et de charité. » *Sordel* est plus farouche : « ..... le comte Raymond VII de Toulouse a bien besoin d'en manger aussi, s'il se rappelle ce qu'il possédait autrefois et ce qui lui reste encore. A moins de prendre un autre cœur pour rentrer dans le pays qu'il a perdu, je ne crois pas qu'il le recouvre jamais avec le sien..... Le comte de Provence fera bien, lui aussi, d'en manger s'il songe au peu que vaut un comte dépouillé de ses terres..... Que l'empereur de Rome (Frédéric II) en mange le premier, il en a besoin s'il veut recouvrer sur les Milanais le pays qu'ils lui ont enlevé en dépit de ses Allemands..... » J'arrête ici ces citations qui concernent plusieurs des personnages de notre histoire, pour revenir à de plus douces images.

Raymond de Salas (vers 1200) amoureux transi d'une damoiselle des Baux se donne la satisfaction assez innocente d'imaginer un dialogue entre elle et lui : « R. : Vous qui savez si bien faire, aidez-moi de vos conseils. Je couve un amour si noble et si haut que je n'ose découvrir ma peine à celle qui la cause. — X. : J'en sais assez, Raimond, pour vous dire que si vous voulez bien aimer, il ne faut pas être trop timide. Si celle dont vous recherchez l'amour est bonne et sage, elle n'aura point égard à la disproportion entre vous et elle. — R. : Il me prend souvent envie de lui crier humblement merci, mais considérant l'excès de sa beauté et son

Cl. Ledeleu

HOTEL DES PORCELETS ET LANTERNEAU DE ST VINCENT

Cl. Neurdein

PAVILLON DIT DE LA REINE JEANNE

mérite, je reste comme un homme éperdu, je tremble d'être plus maltraité si je la requiers une fois d'amour. — X. : Raymond, il faut du courage ; si la crainte vous retient vous aurez de la peine à gagner son cœur. » Va-t-il se déclarer enfin ? Nostradamus ne le dit pas.

A la même époque, *Raimbaud de Vaqueiras* célébrait la générosité de Guillaume de Baux prince d'Orange dont la cour était des plus brillantes et qui le combla de biens et d'honneurs. Il le quitta cependant pour s'attacher à Boniface de Montferrat qui le fit chevalier et son ami. Il devient amoureux de sa sœur Béatrix à laquelle il consacre tout un lot de poésies tendres et respectueuses : « ..... J'ai demandé conseil à la plus charmante des Dames, elle m'a répondu d'élever mes désirs aussi haut que je le pourrais, m'assurant que j'en retirerais de l'avantage et de l'honneur. Personne n'aime en si haut lieu ni une si bonne Dame. Qu'on ne me condamne pas de m'éloigner pour elle d'Orange. Je serais roi de France et d'Angleterre que je quitterais ces deux royaumes pour la servir..... »

Le bon oratorien Papon ne voit aucun mal à l'expression d'un « intérêt qu'on a trop souvent confondu avec l'amour dont il avait les apparences. La liberté honnête qui régnait dans leurs entretiens ne laissait subsister entre une princesse et un troubadour d'autre barrière que la vertu ». Ainsi soit-il ! Rambaud accompagne le comte Boniface à la quatrième croisade. Il meurt à Salonique en 1204.

Guillaume de Baux d'Orange était aussi un poète et sa cour, comme celle de Guillaume son fils, co-prince d'Orange, fut un centre de bel esprit. Il ne put cependant y attirer *Guy de Cavaillon* gentilhomme fougueux, galant à ses heures, mais dont l'humeur, tout imbue de l'esprit albigeois, aimait à s'exhaler contre lui : « ..... Votre demi-prince, dit-il, a été proclamé roi de Vienne et couronné ; qu'il ne sorte pas de son royaume sans de bons guides, car il est sujet à se laisser prendre prisonnier. » C'était une allusion à une mésaventure dont Raimbaud de Vaqueiras s'était déjà gaussé : « Aymar de Poitiers (comte de Die et de Valentinois) a tiré une prompte vengeance de l'assaut que vous avez donné à sa terre d'Osteilla. Un de ses pêcheurs vous a pris comme un brochet. »

Guillaume dans une de ses pièces lui dit : « Rendez votre lion plus souple, il est trop furieux ; quelque noble et estimable que vous soyez, devenez plus modéré, car la fortune change en un instant. » Guy se rebiffe et lui répond : « Bannières et chevaux armés, avec de valeureux vassaux auront désormais leur temps et je mande au seigneur de Courthezon, quoiqu'il soit l'allié des Français, de ne pas croire qu'il demeure en paix avec le consulat d'Avignon. Je ne dissimulerai pas ma joie du mal qui arrive à ceux des Baux. Je suis bien en droit de m'en réjouir puisqu'ils m'ont ruiné Robion, ce dont je n'ai pas encore tiré vengeance. Mais tandis que je tiens le dé je le leur ferai payer chèrement. »

Albigeois dans l'âme étaient aussi *Fabre* et *Palazis* de Tarascon (1215). Le premier, esprit inquiet, reproche à l'un des Baux de Berre « d'être un homme sans foi et enflé des biens mal acquis »; le second est outré des malheurs de Raymond VII comte de Toulouse et de la lâcheté de Guillaume de Baux d'Orange, l'ennemi des Avignonnais « noble et courtoise nation dont la vigueur et la fermeté sont la gloire des Provençaux ».

Plus tard c'est contre Charles d'Anjou, devenu comte de Provence, que plusieurs troubadours politiciens exhalent leur rancune :

Guillaume Montagnagout (1240) est un tendre et honnête homme : « On ne doit être estimé, dit-il, qu'autant qu'on s'efforce d'être aussi bon que possible ; vous qui désirez acquérir du mérite, mettez en amour votre cœur et votre espoir. Jamais il ne me prit envie de rien faire dont la belle à qui j'ai donné mon cœur pût être fâchée. Nul plaisir ne peut me plaire si son honneur en recevait la moindre tache. » C'est un moraliste aussi :

« Pourquoi le clergé veut-il de si beaux habits et vivre dans l'opulence puisqu'il sait que Dieu vécut pauvre? Pourquoi veut-il s'emparer du bien d'autrui puisqu'il sait que tout ce qu'il dépense au delà du manger est un vol qu'il fait aux pauvres, si l'Écriture ne ment? Pourquoi les seigneurs ne sont-ils pas attentifs à ne faire ni tort ni violence à leurs sujets? Ainsi on perd sur eux tous les droits. Les sujets, de leur côté, sont bien coupables lorsqu'ils manquent à leur seigneur. Ils doivent le servir loyalement comme le seigneur doit les aimer de bonne foi. Loyauté oblige les uns et les autres. » C'est de plus un philosophe qui, lorsqu'on lui demande ce qu'il préférerait d'être riche ou savant, répond : « J'aimerais mieux la science qui me resterait toujours que la richesse qui se dissipe; le riche peut ne pas être homme de mérite et peut aisément déchoir de haut en bas; la science ne le peut jamais et celui qui la possède est riche. » C'est enfin un guerrier qui hait les Croisés et aussi Charles d'Anjou: « ..... Depuis que la Provence lui appartient, dit-il, elle a perdu son nom ; on l'appellera désormais Faillenza (défaillance) au lieu de Proenza (prouesse). »

Boniface de Castellane, plus distingué par sa naissance et ses qualités militaires que par ses poésies est, lui aussi, Albigeois de cœur et ennemi acharné de Charles d'Anjou. « Je suis fort aise, dit-il, de voir les Provençaux dans les chaînes des Français, ils le méritent bien par leur lâcheté. Sans mérite et sans courage, leurs barons ressemblent mal au preux Hector..... Le lâche roi d'Aragon, au lieu de passer sa vie à ruiner de pauvres gens, ferait mieux d'aller avec ses barons venger la mort de son valeureux père (Pierre II d'Aragon tué en 1213 à la bataille de Muret)..... Bien que la saison ne soit pas gaie, je veux faire une *sirvente* en paroles cuisantes contre les pervers. Les Français ne laissent ni braie ni maille à ces pauvres et tristes Provençaux, à celle lâche et vile race. Quiconque tue doit mourir, dit l'Évangile; le jour viendra donc où le comte pâtira de ce qu'il fait souffrir. Que ses bailes viennent me faire la guerre et je les renverrai dolents et marris; je teindrai mon épée dans leur sang et sur eux, je ferai de ma lance un court tronçon » (Fauriel). Ils y vinrent en effet, son château fut pris; il y fut pendu (1250).

Granet déteste aussi Charles d'Anjou : « ..... Comte Charles, dit-il, je veux faire entendre un *sirvente* dont toutes les raisons sont vérité. Ma profession est de louer les bons et de reprendre à propos les méchants. Je chanterai donc, puisque c'est mon art et d'abord je chanterai de vous. Vous êtes du plus haut lignage du monde, vous êtes vaillant et seriez en toutes choses accompli si vous étiez libéral, mais vous ne l'êtes guère. Vous êtes bien parlant et avenant, pourvu qu'on ne vous demande rien » (Fauriel).

Paulet de Marseille ne hait pas moins Charles d'Anjou instrument, à ses yeux, de la cour de Rome, odieuse aux Provençaux depuis les persécutions exercées par elle contre Raymond VI comte de Toulouse. Écoutons-le en 1265 : « L'orgueil du comte d'Anjou lui ôte tout sentiment de miséricorde pour les Provençaux; les gens d'église sont pour lui des pierres à aiguiser; ils l'animent, ils lui persuadent qu'il pourra aisément dépouiller le roi Mainfroi plein de mérite et de la plus fine valeur. Mais ce qui me console, c'est que je ne crois pas que l'orgueil puisse jamais procurer de gloire à personne. Les Français échoueront sans doute pourvu que Mainfroi se trouve fortement uni avec les siens. » Il donne d'ailleurs les plus grands éloges à Barral de Baux († 1270) : « Les Provençaux ont perdu en lui toute leur gloire ; les chevaliers damoiseaux et jongleurs ne viendront plus en Provence où il les accueillait si bien. »

Mais c'est assez parler de haines et guerres. Revenons à la galanterie qui, auprès des Baux, ne perdait jamais ses droits.

Blacasset fils de Blacas, dont j'ai prononcé plus haut le nom, se lamente sur l'entrée au couvent de Saint-Pons, près Gemenos, de deux damoiselles de cette maison, *Huguette* et *Stéphanette* de Baux : « Toutes deux, dit-il, auxquelles le prince de Provence et moi avons consacré tant de chants sont entrées dans un cloître. J'aurais dû mourir un an ou deux avant elles. Qu'adviendra-t-il maintenant de leurs beaux yeux et de leurs dents blanches? Qu'adviendra-t-il de leur vertu et de leur honneur qui furent leur gloire. Huguette et sa sœur lisent maintenant les heures dans le cloître pendant que nous deux, le prince de Provence et moi, versons des larmes. Je suis vraiment tenté de mettre le feu à ce cloître et de faire périr toutes les nonnes dans les flammes. Je suis tenté de blasphémer contre Saint-Pons qui a enlevé toute joie de la Provence. Ah! quels trésors nous avons perdus en vous perdant, belle Huguette et aimable Stéphanette » (Millet).

Pierre Roger d'Arles avait d'abord chanté à la cour d'Ermengarde vicomtesse de Narbonne qui le pria de s'éloigner par jalousie contre *Huguette de Baux* dite *Baussette*, sa damoiselle d'honneur. Il se réfugia auprès de Raymond Ier de Baux prince d'Orange († 1282) et, de là, échangea des vers avec la dame de ses pensées. Il lui dédie, dit Nostradamus, tout un poème « contre la dama de mala merce » dans lequel, pour détourner, dit-on, les soupçons, il lui reproche son infidélité. Dans le même but peut-être, Baussette lui répond : « Io non m'en kal de tas rimas grosieras. » Qui était cette Baussette, qui épousa le chevalier Blacas de Baudinar sieur d'Aups en Provence? Une fille de Bertrand de Berre († 1266)?

On ne sait pas davantage qui était au juste *Clairette des Baux* dont *Pierre d'Auvergne* célébra la grâce et la beauté à la cour des Baux où, dans le si élégant pavillon de la reine Jeanne, encore admirablement conservé, elle aimait à se reposer. « A sa louange, dit Nostradamus, il fest moult belles chansons auxquelles lui-même meist le chant et il chanta en sa présence. Il avait pris un tel crédit et autorité sur les dames, qu'après avoir récité ses chansons il recevait un bayser de celle de la compagnie qui lui estait plus agréable et le plus souvent il s'adressait à la dame des Baulz comme la plus belle et la plus gracieuse. »

Bertrand d'Alamanon s'adresse à une autre dame de la maison des Baux de Berre, *Phanette* de Gantelme (ou de Romanin, près Saint-Remy), tante, dit-on, de Laure de Sade, l'amie de Pétrarque († 1374). « Je ne sais qu'une demi-chanson, écrit-il; si l'on veut savoir pourquoi, c'est que je n'ai qu'un demi-sujet de chanter : il n'y a d'amour que de ma part, la dame que j'aime n'en a point, elle me refuse tout; mais je prendrai pour des oui, les non qu'elle me prodigue. Espérer avec elle vaut mieux que posséder ailleurs..... Si j'avais abandonné celle qui me traite avec tant de rigueur, j'aurais été plus heureux auprès d'une autre, mais le fou ne quitte pas sa folie et je ne me repens pas de la mienne. Lorsque je tombai dans les chaînes de ma dame, il aurait mieux valu pour moi tomber dans celles des Mammelus; j'en serais sorti par amis ou par argent, au lieu que dans ma prison, je n'ai aucune de ces ressources. Je vous aime, madame, et vous aimerais deux fois autant si vous n'y étiez pas insensible, mais vous savez que je ne puis vaincre mon amour et vous m'accablez par votre indifférence. » Il se console par les armes et tance vertement son ami Sordel qui, plus terre à terre, lui écrivait : « Pourvu que je paraisse brave aux yeux de celle que j'aime, que m'importe d'être méprisé des autres; je vivrai joyeux avec elle et ne veux pas d'autre félicité. » Il lui répond : « Comment oserez-vous paraître devant votre amie si vous n'osez prendre les armes pour combattre? Il n'y a pas de vrai plaisir sans la vaillance; c'est elle qui élève aux plus grands honneurs, tandis que les folles joies d'amour entraînent l'avilissement et la chute de ceux qu'elles séduisent; je vous laisse les tromperies d'amour et ne veux que l'honneur des armes. »

Boyer de Nice, d'après Nostradamus, prit pour dame de ses pensées *Annette des Baux* de Berre; il fut attaché au service des rois angevins de Naples, Charles II et Robert le Sage, qui le firent podestat de Nice et le chargèrent de réduire les rebelles de Vintimille; cela le fait mourir vers 1350; mais, au bruit des armes il préfère mélancoliquement la poésie :

Drech e razon es qu'Iou canti d'amour,
Vezent qu'iou ai ja consumat mon agi
A li complaire et servir nuech e jour
Senz aver di profiech ni avantagi.

Tous ces poèmes provençaux furent rassemblés en 1408 et offerts par le Monge des îles d'or à *Alix de Baux*, dernière comtesse d'Avellino (✝ 1426) qui, dit Nostradamus, « accueillit gracieusement cette collection, car c'était une princesse de grande vertu et beauté que tous les poètes de son temps honoraient et à laquelle ils aimaient à dédier leurs poèmes ».

C'était le résultat de deux siècles de poésies chevaleresques pendant lesquels de nombreux chanteurs (je n'ai cité que ceux qui furent en rapport avec des personnages se rattachant à notre histoire) célébrèrent l'amour comme une passion noble, principe des belles actions, fidèles tous à ce que disait Montagnagout, l'un des premiers d'entre eux :

Ben devon li amador
De bon cor servir amor
Car amor non es peccats
Ans es vertuts, qu'al malvats
Fai bons, ell'bons son meillor.

S'il n'est pas toujours facile d'identifier tous les seigneurs des trois branches de la maison des Baux, il l'est bien moins encore de savoir au juste qui sont Rambaude, Annette, Clairette, Tassette, Phanette dont la vie a été moins publique et plus intime. Il en est une dernière, *Barbe*, qui a été l'héroïne d'une légende touchante du XIIIe siècle; je demande la permission de la reproduire d'après le livre de l'abbé Constantin (*Les paroisses du diocèse d'Aix*) :

La princesse Barbe, *la perle de la maison des Baux, venait d'atteindre sa vingtième année ; vertueuse et belle, les plus nobles seigneurs avaient déjà demandé sa main; c'est à son cousin que ses parents l'accordèrent, au seigneur* Guilhem d'Estoc *de la cité d'Aix. Cette condition lui fut pourtant imposée qu'il l'attendrait trois ans. Et Guilhem, doué du génie poétique autant qu'un maître troubadour, trompait les longueurs de l'attente en chantant les vertus et les charmes de sa fiancée.*

Cependant, la troisième année touchant à sa fin, Guilhem partit d'Aix, avec ses parents et deux varlets et s'en vint au castel des Baux. Le pont-levis franchi, il s'étonne de n'être pas accueilli comme l'enfant du manoir; il n'aperçoit que la mère de Barbe, pâle et triste, cherchant à retenir ses sanglots. On lui explique la cause de cette douleur, mais il n'y veut point croire. Il faut le conduire à la chambre de sa fiancée pour le convaincre de la réalité cruelle. Atteinte d'une fièvre maligne Barbe se débat dans le délire. Ses yeux hagards reviennent sans cesse à la fenêtre comme pour découvrir dans les profondeurs de l'horizon un être impatiemment attendu. Elle retombe ensuite sur sa couche et de ses lèvres rigides, on l'entend murmurer les noms bénis de Notre-Dame, de M. Saint-André, de M. Saint-Blaise, unis au nom aimé de Guilhem.

Subitement elle se tait, elle ne s'agite plus, une pâleur livide s'étend sur son visage....., la jeune fille est morte..... Des cris désolés emplissent alors la chambre et la mère de Barbe se jette lamentable sur le corps de son enfant..... Guilhem ne dit mot, il se lève, écarte doucement la mère, porte à ses lèvres la main qu'il avait dotée de l'anneau des fiançailles, jette un long regard sur le cadavre..... On entendit alors un éclat de voix tel qu'un rugissement, puis Guilhem s'affaisse. La douleur l'avait tué. Un exemple d'attachement si singulier fit résoudre les parents de les ensevelir tous deux dans le même tombeau assurés qu'ils étaient que l'esprit et le cœur seuls avaient eu part en leur amour.

Sur le soir, les jeunes filles du village portèrent à la chapelle de Madame sainte Catherine le corps de la princesse Barbe; celui de Guilhem d'Estoc était soutenu par six pages du château. Les prêtres de Saint-Vincent assistaient le chapelain et tous chantèrent moult pieusement l'office des trépassés. A la lueur des torches on descendit ensuite les degrés du caveau seigneurial. Les psaumes avaient cessé, l'on n'entendait plus que les pas cadencés des porteurs. Au moment où le cercueil d

Barbe allait s'aligner à côté de celui de Guilhem, quelques jeunes filles, ses compagnes préférées, obtinrent de la revoir une dernière fois. Mais voici qu'au moment où le couvercle se referme, le cadavre semble remuer, il ouvre les yeux, incline la tête. Barbe vit encore, bientôt on n'en peut plus douter et des larmes de joie se mêlent aux derniers sanglots. On tire la moribonde de son cercueil et on la rapporte sur son lit encore couvert de roses et de lis.

Ses premières questions furent pour Guilhem d'Estoc et l'on dut, avec ménagements, l'instruire de la mort émouvante de son fiancé.

A cette nouvelle, Barbe forte et calme, déclara qu'elle n'appartiendrait jamais à autre qu'à Dieu. Un mois après, dans la ville natale de Guilhem, les religieuses de Notre-Dame de Nazareth l'admettaient au nombre de leurs sœurs. Du cloître, elle ne sortit que morte. On porta son corps dans la crypte funéraire du château des Baux et, d'après le désir qu'elle avait souvent exprimé, on la déposa à la même place qu'elle avait occupée une fois déjà, à côté du cercueil de son fiancé.

Cette légende fut-elle, deux siècles plus tard, connue de Shakespeare et lui inspira-t-elle son immortelle tragédie ? Guilhem meurt comme Roméo. Aussi touchante est Barbe de Baux que cette douce et héroïque Juliette dont le nom évoque dans mes souvenirs ces quelques lignes émouvantes dans leur simplicité, qu'a inscrites la piété populaire sur la porte de sa maison de Vérone :

Qui furono le case dei Capuletti
Onde usci la Giulietta
Su cui tanto piansero i cuori gentili
Edi poeti cantarono.

CHAPITRE VIII

LES BALZ EN ALBANIE, MONTENEGRO

Après la prise de Constantinople qui détourna la quatrième croisade de son but primitif et pendant la durée de l'empire latin (1205-1261), les Croisés, en très grande majorité Français, s'étaient taillé des Principautés dans ce qu'ils appelaient la Romanie, dans ce que nous appelons aujourd'hui la Péninsule balkanique, en Thrace, en Macédoine, en Albanie, en Épire, en Grèce.

Avec la chute de l'empire latin coïncide à peu près l'arrivée à Naples, en 1266, de Charles d'Anjou dont l'ambition, dès le premier jour, est d'en recueillir les débris. Déjà quelques alliances avaient uni des familles françaises aux souverains de la Hongrie et de la Serbie[1] qui, vers le milieu du XIVe siècle, devaient atteindre, la première avec Louis Ier le Grand († 1382), la seconde avec Douchan († 1356) dont l'empire s'étend de la mer Noire à l'Adriatique, le maximum de leur puissance dès ce moment menacée par les Turcs. Dans la maison de Courtenai, en particulier qui, de 1216 à 1261, occupa le trône de Constantinople, quatre des filles de l'empereur Pierre de Courtenai († 1218) s'étaient unies *Yolande* l'aînée, à Henri II roi de Hongrie († 1273); *Hélène*, à Ourosh roi de Serbie (1237-1270); *Marie* épousait Théodore Lascaris empereur de Nicée; *Agnès*, Geoffroy II de Villehardouin prince d'Achaïe[2].

1. Voir Appendice, note 9 (Tableau synoptique des rois de Hongrie et de Servie).
2. Voir Appendice, note 10 (L'empire latin, les Courtenai, la Principauté d'Achaïe).

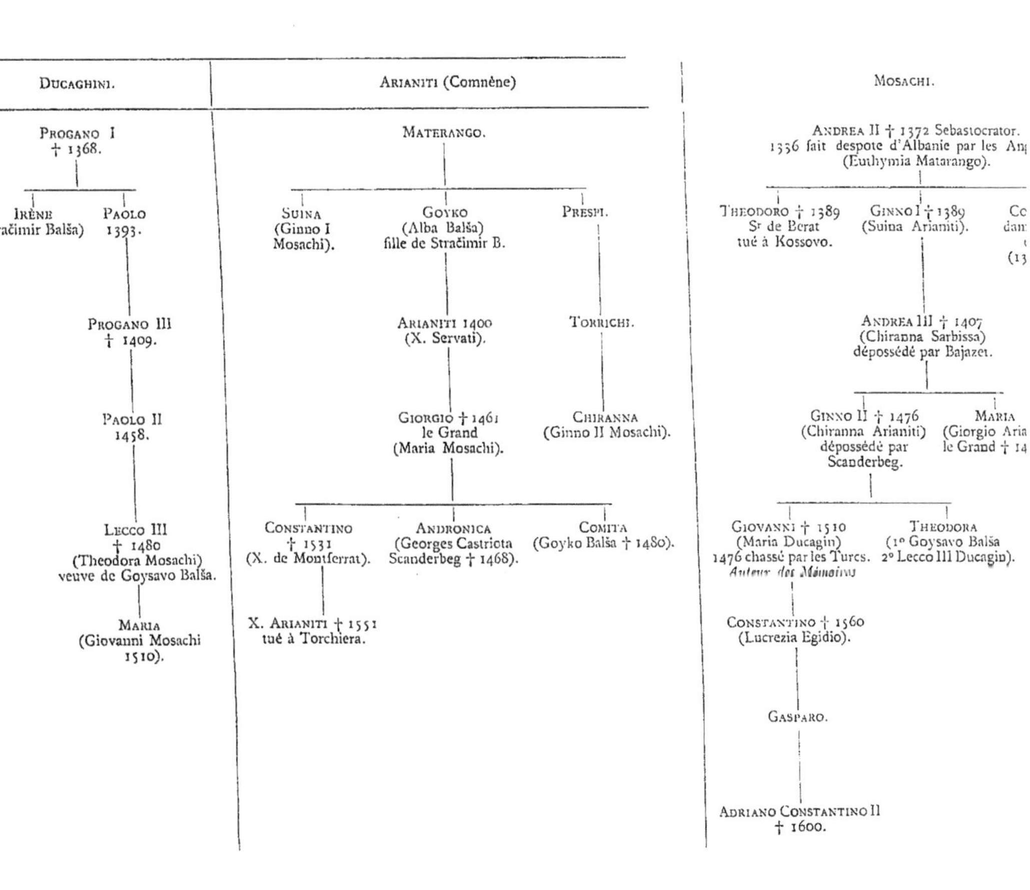

Ducaghini.
Arianiti (Comnène)
Mosachi.
Progano I
† 1368.
Irène
tračimir Balša)
Paolo
1393.
Progano III
† 1409.
Paolo II
1458.
Lecco III
† 1480
(Theodora Mosachi)
veuve de Goysavo Balša.
Maria
(Giovanni Mosachi
1510).
Materango.
Suina
(Ginno I
Mosachi).
Goyko
(Alba Balša)
fille de Stračimir B.
Prespi.
Arianiti 1400
(X. Servati).
Torrichi.
Giorgio † 1461
le Grand
(Maria Mosachi).
Chiranna
(Ginno II Mosachi).
Constantino
† 1531
(X. de Montferrat).
Andronica
(Georges Castriota
Scanderbeg † 1468).
Comita
(Goyko Balša † 1480).
X. Arianiti † 1551
tué à Torchiera.
Andrea II † 1372 Sebastocrator.
1336 fait despote d'Albanie par les An
(Euthymia Matarango).
Theodoro † 1389
Sr de Berat
tué à Kossovo.
Ginno I † 1389
(Suina Arianiti).
Andrea III † 1407
(Chiranna Sarbissa)
dépossédé par Bajazet.
Ginno II † 1476
(Chiranna Arianiti)
dépossédé par
Scanderbeg.
Maria
(Giorgio Aria
le Grand † 14
Giovanni † 1510
(Maria Ducagin)
1476 chassé par les Turcs.
Auteur des Mémoires
Theodora
(1° Goysavo Balša
2° Lecco III Ducagin).
Constantino † 1560
(Lucrezia Egidio).
Gasparo.
Adriano Constantino II
† 1600.

LES BALŠA DE LA ZETTA (MONTENEGRO-ALBANIE).

RÉSUMÉ SYNOPTIQUE DE LEURS RELATIONS AVEC DES FAMILLES SERBES ET ALBANAISES

(D'après Charles HOPF, CHRONIQUES GRÉCO-ROMAINES, Berlin,

…ns

…a † 1396
…e Canina
…allona
…Balša II).

BALŠA.

BALŠA I † 1361
Gouverneur Serbe de la Zetta inférieure et de la Slavonie maritime.

STRAČIMIR † 1372 (1° Irène Ducagin, 2° Militza de Serbie fille du Roi Vukačin).

BALŠA II † 1385 (Comita Mosachi dame de Canina et Vallona).

GEORGES I † 1379 (Theodora Deanovič).

VOYSAVA (Carlo Topia).

GEORGES II STRAČIMIR † 1403 (Hélène de Serbie † 1427 fille du roi Lazare tué à Kossovo 1389).

ALBA (Goyko Arianiti).

REGINA † 1420 (Mirče † 1414) dame de Canina et Vallona.

GEORGES III † 1411 citoyen de Venise 1392.

BALŠA III † 1421 (1407 Maria Topia † 1427).

ETIENNE BALŠIČ † 1421 (Vlaika Castriota).

HELENA † 1478 (Etienne duc de St-Saba).

GOYKO † 1468 Sr de Misie (Croïa et Alessio) (Comita Arianiti).

GOYSAVO (Theodora Mosachi).

Catherine de St-Saba Reine de Bosnie.

MARIA ANTONIA † 1531 (Alfonso Ferillo Cte de Muro † 1483).

THEODORE BALŠA

YVAN BALŠA

(li mascoli morsero in) Ungaria *Mémoires de Mosachi*

Guillaume de Muro (Margherita Orsina).

Béatrix de M. (Ferrante Orsini Duc de Gravina).

Isabelle de M. (Luigi Gesualdo) Cte de Conza, Prce de Venosa.

(Voir Chap. VI § 7 Rameau d'Alessano).

TOPIA.

ANDREA
(X. d'Anjou, fille naturelle du roi Robert d'Anjou ; décapités à Naples).

CARLO † 1388 (Voysava BALŠA) Primus de domo Franciæ Prce d'Albanie, Sr de Durazzo.

GIORGIO † 1389.

ELENA † 1401 (Barbarigo † 1428).

GIORGIO † 1392 Sr de Durazzo le cède à Venise.

NICETO Sr de Croïa † 1415.

ELENA † 1402 (Constantin Castriota † 1402).

CARLO II † 1444 (Mamiza Castriota).

MARIA † 1427 (Balša III † 1421).

YELA (Georges Cernoevič 1514).

CASTRIOTA.

BRANILO † 1379
Cte Serbe.

PAOLO (Sr de Signa).

GIOVANNI † 1443 (Voysava Tripolda).

CONSTANTINO † 1402 (Elena Topia † 1402).

GEORGES (SCANDERBEG) † 1468 Pce d'Albanie. (Andronica Arianiti)

VLAICA (Etienne Balšič).

MAMIZA (Carlo II Topia) † 1444.

MARIA (Etienne Cernoevič de Montenegro).

GIOVANNI † 1485 Duc de San Pietro in Galatina, Mis de Soleto (Irène de Serbie fille du roi Lazare Brankovich † 1459 et de Hélène del Balzo).

FERRANTE (Adriana Acquaviva).

IRENA Cesse de San Pietro (1539 San Severino Pce de Bisignano).

DE MARAMONT (OU CE…

RADIČ CERNO… † 1393, tué … Georges II B…

STEFANO † … (Maria Castr… sœur de Scand… Voïvode de Zetta, vénitien.

GIOVANNI † … (Goïsava Ariani… d'Andronica et d…

GIORGIO † 1514 (Yela Topia).

… c… les…

Constantino (x Contarini).

Giovanni (Orseta Valaresco).

Aussitôt bien assis sur le trône des Deux-Siciles, Charles Ier d'Anjou, par une double alliance avec le roi de Hongrie, prépare la réussite des projets qu'il formait pour la reprise de Constantinople, en mariant sa fille, Marie d'Anjou, au jeune prince Ladislas de Hongrie fils d'Étienne V et son fils (le futur Charles II) à Marie de Hongrie sœur de Ladislas. Il entretient aussi de fréquentes relations avec la cour de Serbie et Hélène de Courtenai ; une volumineuse correspondance conservée dans les Archives napolitaines en fait foi; plusieurs de leurs lettres ont été publiées par Giuseppe del Giudice (*Codice diplomatico di Carlo I°*) et par Vincent Makusshev (*Italianskie Archivi*). De nombreux seigneurs français de sa cour, les uns envoyés en ambassade, les autres tentés par l'esprit d'aventure, les Topia, les Ducaghini (duca d'Enguien ?), les de Maramont, franchissent comme lui l'Adriatique quand il s'empare de Durazzo (1272) et vont chercher fortune en Albanie et au Montenegro où Scutari et Antivari servaient fréquemment de résidence aux rois de Serbie.

Les Balz de Naples en firent autant; tous les écrivains, anciens et modernes, qui parlent d'eux le disent mais (sauf un de ces derniers) sans préciser le nom du premier auteur de l'exode ; examinons :

Parmi les anciens, Tristan Lhermite (*Naples françois*, Paris, 1663), et du Cange (*Histoire de l'empire de Constantinople sous les empereurs françois*, republiée par Buchon, 1826, t. II, p. 284) indiquent nettement la parenté probable des deux familles de Naples et de Montenegro. Voici comment s'exprime ce dernier : *Je me trouve engagé à déduire l'origine des seigneurs albanais qui possédèrent la ville de Durazzo, ce que je ferai d'autant plus volontiers qu'ils étaient issus de l'illustre famille des Baux en Provence. Entre ceux qui profitèrent des débris du royaume de Serbie fut Balsa lequel était vaillant et hardi et s'empara du château de Scutari et de toute la Zenta..... Il* est très probable *qu'il était originaire français et de la maison des Baux qui s'habitua dans l'Albanie au temps que Charles Ier roi de Sicile posséda la ville de Durazzo et une bonne partie de l'Albanie. Le nom de Balsa confirme ceci, étant celui dont les Italiens se servent pour exprimer l'illustre famille des Baux qui s'habitua au royaume de Naples et d'où les Sclavons ont formé celui de Balša, joint que l'étoile à plusieurs rais qu'Orbini donne à Balša pour armes lève toute la difficulté qu'on pourrait former sur cette origine, étant celle que porte la maison des Baux.*

Le même du Cange (*Illyricum vetus et novum*, Posonii, 1746) s'exprime ainsi : *Zenta Serviæ regibus paruit donec, Urosco imperante et post ejus interitum, quidam ex Albaniæ proceribus, cognomento Balsa, ut vir erat audaciâ ac fortitudine animi præditus, hancce provinciam invasit, suisque in posterum heredibus adferuit. Hunc* Orbinus *ex indigenis nobilibus Albaniæ natum dixit. Verum Balsæ cognomen et quæ isti familiæ adscribuntur insignia, stella nempe argentea in campo rubeo, satis declarant ex Italiâ ubi, sub Andegavensibus Regibus, summâ apud Principes auctoritate ac dignitatibus fulsit, in hasce oras pervenisse, cum Reges iidem in Dalmatiam ascenderunt ac Dyrrachium expugnarunt.*

Parmi les écrivains modernes, François Lenormant (Deux dynasties françaises chez les Slaves méridionaux, *Le Correspondant*, Paris, 1861) s'exprime ainsi :..... *La généalogie première des princes du Montenegro est assez obscure, il y manque plusieurs degrés de filiation et ce n'est que par conjecture qu'on peut attribuer leur origine à un fils cadet de Bertrand de Baux qui aurait été s'établir en Albanie vers 1325.*

Barthélemy (*Inventaire chronologique des chartes de la maison des Baux*, Marseille, 1882) fait à ces probabilités une objection qui pêche par la base : pour combattre l'opinion de du Cange et de Lenormant (p. XXII de sa préface), il raisonne comme s'ils avaient désigné l'un et l'autre, comme auteur de l'exode en Albanie, le fils de Jacques del Balzo d'Andrie, empereur titulaire de Constantinople († 1383); et comme le testament même de ce Jacques (By 1588) établit qu'il n'a pas eu d'enfants, il conclut à l'erreur de ces deux auteurs. Mais c'est tout à fait gratuitement qu'il leur prête, pour la combattre, une désignation qu'aucun des deux n'a formulée.

Par contre, Georges Bibesco, dans le livre qu'il a consacré à son père

(*Vie du prince Bibesco*, Paris, 1894), donne un tableau généalogique, de l'an 800 jusqu'à nos jours, de la maison des Balz dont il fait descendre les Bibesco, et y indique avec précision le nom du Balz qui aurait quitté Naples pour l'Albanie : ce serait François V baron d'Aubagne, marié à Philippine de Vintimille. C'est assurément une erreur, car ce François († 1388) n'alla jamais, qu'on sache, en Italie et mourut à Aubagne, comme l'indiquent ses deux testaments publiés sous les n°s 1567 et 1611 dans l'ouvrage de Barthélemy.

Il convient donc de n'accepter ni la négation de ce dernier ni l'affirmation de M. Alexandre Stourdza, auteur du tableau, et de se résigner à ignorer le nom de celui des Balz qui, le premier, est passé en Albanie.

C'est ce que fait un dernier écrivain, M. Chedomil Mijatovich, ancien ministre des Affaires étrangères de Serbie qui, en 1892, a publié dans l'*Eastern and Western Review*, sous le titre de « The ancestors of the house of Orange », quatre articles des plus intéressants sur l'histoire de la maison des Baux, dont une branche a possédé la principauté d'Orange de 1181 à 1417. Il signale bien, dans un de ces articles, l'existence d'un certain Mathieu Balz envoyé à Charles II, roi de Naples, par la reine de Serbie Hélène de Courtenai femme d'Ourosh I, et mentionné dans un document conservé à la bibliothèque de Raguse et cité également par Gelcich dans son livre *la Zetta e la dinastia dei Balšidi*. Spalato, 1899 : « Regina Helena misit unam suam litteram slavonicam per Mata de Balšic de Antibaro » ; mais il se borne à le nommer, sans l'identifier. Il attache plus d'importance à une série de faits qui, pour lui, établissent la parenté des deux familles napolitaine et serbe et dont le principal est la similitude de leurs armes, une étoile d'argent à plusieurs rais sur fond rouge rappelant leur légendaire descendance du mage Balthazar. Il signale ces Balša de la Zetta cités à plusieurs reprises dans les Mémoires des Mosachi leurs parents, dans celui de Jean Mosachi (écrit en 1510), despote d'Épire détrôné en 1476 par les Turcs, dans celui de 1560 écrit par son fils Constantino, publiés l'un et l'autre par Charles Hopf (*Chroniques gréco-romaines*. Berlin, 1873).

Or c'est précisément dans ce dernier, qu'en lisant de plus près, je trouve la preuve, convaincante à mes yeux, de la parenté des deux familles d'Albanie et de Naples. En effet, après avoir rappelé, avec une chronologie d'ailleurs bien fantaisiste, qu'Alaric et Ataulf rois des Goths appartenaient à la famille sacrée des Baltes venus des bords de la Baltique, Constantino Mosachi ajoute : *...Je crois avoir entendu dire que la maison des Balša descend d'un des trois mages. Je pense, pour ma part, qu'elle vient des Baltes de la Gothie dans l'extrême Nord et que l'étoile qu'elle porte dans ses armes est l'étoile polaire. Le roi Balša qui fut seigneur et roi d'Albanie et apparenté à notre maison, descendait, à mon avis, de cette famille de rois Baltes qui, plusieurs fois, sont venus en Europe avec leurs armées. Mais qu'ils viennent d'eux ou des trois mages peu m'importe et je dis que je ne sais pas* (*pero ó siano degli tre maggi, ó siano de questi altri, me remetto al vero e dico che ne sa piu.....*). Ce passage me paraît décisif. En effet, pour l'origine des Balz de France, deux versions ont cours : les amateurs de légendes leur donnent pour ancêtre le roi mage Balthasar; les érudits suggèrent qu'ils pourraient bien descendre des Baltes gothiques. Or, ni Constantino Mosachi parent des Balša d'Albanie, ni son père Andrea qui détaille avec une si minutieuse précision l'histoire et la généalogie de sa famille (voir tableau synoptique), ne parlent *jamais* des del Balzo de Naples, encore moins des Balz de France; ils ont tout l'air d'en ignorer même l'existence. Et dans ces conditions, le fait de voir ces deux mêmes versions, singulières l'une et l'autre, appliquées à l'origine des Balša d'Albanie, me paraît bien établir que les deux familles n'en font qu'une seule.

Pour ceux que ne convaincraient pas ces déductions, je puis ajouter une autre preuve plus directe; della Marra, Sansovino et Charles Hopf vont nous la fournir. D'après ce dernier, s'appuyant sur le mémoire de Jean Mosachi (1510), le prince Goyko Balšic, dont je vais parler dans un instant, épousa Comita Arianiti (Comnène), sœur d'Andronica Arianiti femme de Scanderbeg; il en eut deux fils et une fille *Maria Antonia Balša.* D'après Hopf et della Marra, cette jeune fille, cousine germaine de Jean Mosachi, fut, à l'âge de sept ans, conduite par sa tante Andronica, après la mort de Scanderbeg (1468), à la cour de Naples où la reine Isabelle del Balzo la fit élever comme étant sa parente et la maria à Alfonso Ferillo comte de Muro († 1483).

Cela posé, Gelcich, dans son livre si documenté (*La Zetta e la dinastia dei Balšidi.* Spalato, 1899), signale comme des magnats à la cour de Serbie trois Balša : *Matteo,* que nous avons vu tout à l'heure envoyé à Charles II par Hélène de Courtenai reine de Serbie; un second, nommé en 1357 par Urosh V roi de Serbie (1356-1367) gouverneur de l'île de Meleda; le troisième, le *Balša I* des tableaux de Charles Hopf, général de l'armée du tsar de Serbie Douchan (1333-1356) et nommé par lui gouverneur de la Zetta qui comprenait le nord de l'Albanie, tout le Montenegro et le sud de l'Herzégovine.

C'est à ce Balša I que commencera notre histoire. Son père (ou lui-même) avait épousé une princesse Nemanyde, descendante de Vouk, frère de Saint-Saba et troisième fils d'Étienne Nemanya (1143-1197) fondateur de la grande dynastie serbe (voir Appendice, note 9). Le fait, nous dit M. Mijatovich, est attesté par les chroniques serbes du monastère de Tronoša, par Glasnik (Chronique de Pritzend, *Journal de la société savante serbe,* t. V, p. 48 et t. VI, p. 168) et aussi par Georges II Balša fils de Stračimir et petit-fils de Balša I, dans un document signé de sa main, le 27 janvier 1386, où il évoque la mémoire de ses glorieux ancêtres, Saint-Saba et Nemanya son père. Barletius (1480-1500) contemporain du siége de Scutari par les Turcs le confirme et ajoute que Balša I, dès son arrivée en Albanie (qui, d'après Ljubič eut lieu en 1333 quand Duchan la quitta pour monter sur le trône de Serbie), y éleva un château auquel il donna le nom

Balša I † 1361.

de sa famille (Baleč) dont les ruines se voient actuellement à 10 kilomètres de Scutari et à 5 kilomètres de Drivasto. Enfin, un acte du tsar Urosh du 29 septembre 1360 concède des franchises douanières à la ville de Raguse sise dans la *Zetta de Balša*.

Il meurt en 1361 laissant trois fils : *Stračimir*, *Georges I* et *Balša II* encore mineur et une fille *Voysava* mariée à Carlo Topia.

Les deux aînés exercent ensemble le pouvoir ; leur premier soin est de se faire recevoir citoyens de Raguse et de faire alliance avec elle (1361) contre Cattaro son éternelle ennemie. Ils y trouvent une première occasion de s'agrandir aux dépens de l'empire serbe qui, dès le temps du tsar Urosh V (1356-1367) commence à se morceler et s'emparent d'Antivari, de Dulcigno et de Budua.

Peu après, ils ont à faire aux Topia seigneurs de Croïa dans l'Albanie moyenne, qui, Français d'origine, prétendaient descendre de Charlemagne. Les mémoires de Jean Mosachi nous apprennent que l'un des premiers connus, Andrea, avait enlevé et épousé une fille naturelle du roi Robert d'Anjou qui trouva le moyen de les attirer à Naples et de les y faire mourir. Pour venger leur mort, Charles Topia leur fils, fier de son lignage, s'intitulant « Primus de domo Franciæ », portant dans son blason les trois fleurs de lys de France, et élevé à Croïa dans la haine des Angevins, tente, en 1362, de leur enlever Durazzo alors occupé par les troupes de la reine Jeanne. En souvenir peut-être de son origine, Georges I Balša vole, mais en vain, à son secours; la ville est obligée de se rendre à discrétion; Georges est fait prisonnier par Charles Topia qui lui rend la liberté et, pour sceller la paix avec lui, épouse sa sœur Voysava.

Stracimir † 1372. Georges † 1379 et Balša II † 1385.

A la majorité de Balša II, les trois frères forment un véritable triumvirat, comme le montrent les instructions, que nous rapporte Gelcich, données par la ville de Raguse à l'un de ses ambassadeurs :

Quod ambaxiator debeat facere ambaxiatam tribus fratribus de Balša simul si poterit habere ipsos in simul. Et si non posset habere ipsos III in simul et posset habere Jura (Georges) et Stračimir in simul, quod faciat illis duobus ambaxiatam. Et si non posset habere ipsos in simul, quod faciat ambaxiatam dicto Stračimiro pro se et Jure et Balse, vel Jure solo si non posset haberi Balša (Monum. Rag. Reg. III, 261).

A la mort d'Urosh V tsar de Servie assassiné (1367) par Vukačin, ils se déclarent contre le meurtrier en faveur de Lazare Greblianovič qui était devenu leur parent en épousant Militza descendante de Vouk, troisième fils de Nemanya (Appendice, note 9). Ils profitent de l'occasion pour s'emparer de Scutari dont ils font leur résidence habituelle, assez puissants dès lors pour se qualifier de « magnifici baroni della Slavonia marittima ». L'année suivante, pour se concilier la faveur de Rome, ils renoncent au schisme serbe ; nous l'apprenons par une lettre adressée de Monte fiascone par Urbain V « nobilibus viris Strazimiro et Georgio e Balse fratribus, Zapanis Zentie ». Puis, ils veulent avoir des navires à eux ; Venise, qui se réservait jalousement la police de l'Adriatique, s'y oppose après avoir, pour la forme, consulté le roi Vukačin qui les traite de vassaux rebelles « quod dictus Jura est suus rebellis » (8 juin 1369). Ils se révoltent alors ouvertement contre lui et conquièrent l'intégralité de la Zetta comprenant Dougla, Drivasto, Dagno, Podgoritza, Antivari, Dulcigno, Alessio. Vukačin fait la paix avec eux et la scelle en donnant la main de sa fille Militza (Élisabeth) à Stračimir, veuf d'Irène Ducagin.

En 1371, les Turcs envahissent la Macédoine; Vukačin roi de Serbie marche à leur rencontre ; il est battu et tué à Cernomena sur la Maritza près d'Andrinople. C'est l'occasion d'un soulèvement général du pays ; Rapa s'empare d'Okrida en Albanie, Andrea Mosachi de Castoria à la frontière Est de l'Épire, les trois Balša de Canina, Valona, Berat et Pritzrend.

Stračimir meurt sur ces entrefaites (1372) laissant, de sa première femme Irène Ducagin, un fils, le futur *Georges II Stračimirof*, tendrement élevé par sa belle-mère Militza. Le triumvirat se trouve réduit au duumvirat de Georges Ier, le plus entreprenant et le plus politique des trois frères et de Balša II. En 1374, le roi de Bosnie Tvarko, par sa femme Elena arrière-petit-fils de Dragoutine roi de Serbie (1270-1275), envahit les états de son beau-frère Altoman prince d'Ouchitza, le bat à Uzič et lui fait crever les yeux ; Altoman se réfugie auprès des Balša et leur abandonne ses états Ouchitza, Trebine, Canali (Monastir) et Dracevitza. Tvarko les leur réclame, mais Georges I et Charles Topia, son beau-frère, envahissent la Bosnie, le battent à Nevesinie et rentrent à Scutari chargés de dépouilles.

Georges I meurt peu après (1379) laissant un fils, le futur Georges III.

Balša II † 1385.

BALŠA II survit seul des trois frères. Soupçonneux, se défiant du caractère bizarre et indiscipliné de son neveu *Georges II* fils de Stračimir, il l'exile à Durazzo où il le confie à la garde de Charles Topia son beau-frère. Le jeune prince s'en évade et prépare des difficultés à son oncle qui, pour punir la négligence de Topia, le dépose et s'empare du duché de Durazzo (1383). Charles se réfugie à Croïa, ne craint pas d'appeler les Turcs et, avec l'aide de Kair ed Din, attaque et saccage Belgrad d'Albanie (Berat). Balša n'écoutant que sa colère les attaque avec des forces très insuffisantes; il est battu et tué (novembre 1385) à Popovo Polié sur les bords de la Voyoutza et Charles Topia réoccupe Durazzo.

De son mariage avec Comita Mosachi, dame de Canina, Vallona, Chimasto, Parga et Sasno et fille d'André II Mosachi, Balša II ne laissait qu'une fille *Regina*.

Georges II † 1403.

Son neveu GEORGES II STRAČIMIROF, fils de Stračimir, lui succède. Bien qu'il prenne le titre pompeux de « il fedele di Cristo ed assoluto signore di tutta la Zetta et delle terre littorali », ses domaines sont déjà réduits et menacés par un soulèvement des seigneurs de la Zetta supérieure et notamment d'un de ses parents Radič Cernoevič issu, dit-on, d'une famille française (les de Maramont venus de Naples) et tué dans la lutte (1393). Il en vient à bout avec l'aide du roi Lazare de Serbie (1371-1389) dont il épouse la fille Hélène. Ce sont ensuite les Turcs qui ravagent l'Albanie; il se réfugie à Dulcigno et ne fait la paix avec eux qu'en leur abandonnant Castoria et Bérat. Puis, pour se garantir contre eux, il demande l'aide des Vénitiens en leur concédant (28 février 1388) le droit de trafiquer dans ses domaines sans acquitter de péages.

Les Turcs tournent alors leurs efforts contre les Serbes qu'ils écrasent à Kossovo le 27 juin 1389; le sultan Mourad est assassiné avant la bataille par un seigneur serbe; le roi Lazare est fait prisonnier et mis à mort devant sa tente, c'est la fin de l'indépendance de la Servie. Georges revient dans la Zetta où se réfugient tous ceux qui ne veulent pas accepter la suzeraineté des Turcs; Bajazet les y poursuit et Georges, pour se défendre, demande le secours des Vénitiens auxquels il cède Drivasto et Scutari (1396). Heureusement Bajazet est rappelé en Asie par l'invasion des Tartares et sa défaite à Angora par Tamerlan (1402) donne un répit à la région des Balkans. Georges II meurt bientôt après (1403).

Balša III Stracimir, son fils, lui succède sous la tutelle de sa mère Hélène de Servie. Il épouse, en 1407, Maria Topia fille de Niceta I seigneur de Croïa qui joint ses efforts à ceux d'Étienne IX Lazarovič, despote de Serbie et frère d'Hélène, auprès des Vénitiens afin d'assurer à la mère et au fils une situation moins précaire « ut possint honorificè vivere ». Venise consent à leur abandonner Budua et Lagostiza avec une pension annuelle de 1.500 ducats d'or (1408). Pour obtenir mieux, Balša et sa mère se rendent à Venise qui leur offre, mais ce fut tout, une fastueuse hospitalité. Depuis cette époque (1410) Balša III, tantôt par des prières, tantôt par des attaques, passe son temps à essayer d'attendrir ou

Balša III † 1421.

d'intimider Venise; des accords, aussitôt violés que conclus, se succèdent en 1412 et 1415 et ne l'empêchent pas, d'accord avec son beau-père Niceta Topia, de prendre Antivari, d'assiéger Cattaro (1418) et de piller des navires de la Sérénissime République qui supporte avec une étonnante placidité ses variations d'humeur et ses provocations.

Balša III meurt en 1421. Il n'avait pas d'enfants mâles et ne laissait qu'une fille *Hélène*, qui épousa le duc (Hertzeg) Stephen de Saint-Saba ; ils eurent pour fille la reine Catherine de Bosnie, comme nous l'apprend son épitaphe dans l'église de Rome où elle fut enterrée (1478).

Avec Balša III, dit Lenormant (*Deux dynasties françaises chez les Slaves*), « s'éteignit la maison des Baux établie parmi les Slaves » (p. 22). Il est vrai qu'il ajoute un peu plus loin (p. 24) : *la maison des Balschides n'était pas entièrement éteinte. Une branche cadette en subsistait, mais elle avait changé de domicile; suivant la fortune des Topia, elle était venue s'établir dans l'Albanie moyenne. Un de ses membres figurait dans les armées de Scanderbeg (✝ 1469) et Barletius de Scutari (1480-1500) l'appelle Georgius Strezius fils de Balše.*

La même contradiction se retrouve dans Gelcich au livre duquel j'ai fait de nombreux emprunts dans ce qui précède. Il dit, tout d'abord, que Balša III fut le dernier de sa race « e perciò se estinse per sempre il casato dei Balšidi » ; puis, en parlant (p. 165) d'un certain Constantin (tout court) auquel Venise avait, le 10 mars 1392, donné le droit de cité et qui aurait épousé une Elena Topia, il ajoute (p. 172) : « Ce Constantin *n'est autre qu'un Balša*, précisément le fils de Georges I (✝ 1379) et de Theodora, lequel, sans qu'on puisse découvrir ni pourquoi ni comment, avait été exclu par Georges II Stračimirof (son cousin ✝ 1403) de la succession à la principauté de la Zetta, 1er novembre 1394. » Il y a là, ce me semble, de la part de Gelcich, une erreur dont les tableaux généalogiques de Charles Hopf donnent la preuve : il y a eu, en effet, deux Elena Topia cousines germaines et filles l'une de Carlo († 1388), l'autre de son frère Giorgio († 1389); la première († 1401) épousa Barbarigo († 1428), la seconde († 1402) épousa Constantin *Castriota* († 1401) oncle de Scanderbeg. Gelcich, sans raison ni preuve (je pourrais répéter avec lui : senza che se ne possa scoprire ned il perche ne il come), a été trompé par cette identité de prénom quand, de son Constantin, il a fait Georges III Balša fils de Georges I et de Theodora (voir le tableau synoptique des familles Balša, Topia, Castriota, Mosachi, etc.).

On peut donc tenir pour certain que si, avec Balša III s'éteignit la branche aînée, la famille se continue par une branche cadette dont l'histoire peut être brièvement racontée.

Georges I Balša († 1379) dont j'ai parlé plus haut, laissait, ai-je dit, un fils Georges III dont on ne sait guère (par Gelcich) qu'une chose, c'est qu'il était favorisé par les Vénitiens (qui, en 1392, lui avaient accordé le droit de cité) contre ses cousins Georges II († 1403) et Balša III († 1421).

ÉTIENNE BALŠA son fils (Stephen Balšic pour Gelcich, Strezius pour Barletius) n'a guère plus d'histoire. D'après le mémoire de Jean Mosachi (1510) publié et commenté par Charles Hopf, il épousa Vlaika Castriota, sœur de Georges Scanderbeg et en eut deux fils : *Goysavo* qui épousa Theodora sœur de Jean Mosachi et *Goyko*. Tous deux, nous apprend Mosachi (p. 299), furent dépouillés par Scanderbeg, pourtant leur oncle et beau-frère. — Goysavo n'eut ni histoire ni postérité. Étienne † 1421.

GOYKO, qui s'intitule seigneur de Misie (Croïa et Alessio), épouse Comita Arianiti (Comnène), sœur d'Andronica Arianiti femme de Scanderbeg; il meurt en 1468 laissant une fille et deux fils. De sa fille *Maria Antonia Balša*, j'ai parlé plus haut dans ce chapitre : conduite à Naples par sa tante Andronica, elle y fut élevée par la reine Isabelle del Balzo sa Goyko † 1468.

parente qui la maria au comte Ferillo de Muro; elle mourut en 1531.

Quant à ses deux fils, *Yvan* commande en 1465 les troupes envoyées à Naples par Scanderbeg, son oncle, pour aider le roi Ferrante Ier dans sa lutte contre Jean duc d'Anjou; *Théodore* (Bogidar) guerroie avec son oncle contre les Turcs, puis, quand les Vénitiens font avec eux une paix définitive (1479), il abandonne la partie et, dépouillés de tout, les deux frères se réfugient à Venise.

Sur cette descendance, le tableau de Georges Bibesco est bien d'accord avec ceux que Charles Hopf a dressés d'après le mémoire de Jean Mosachi et avec M. Mijatovitch.

Que deviennent ensuite Jean et Théodore Balša? Nous allons le rechercher.

LES BALȘ DE ROUMANIE

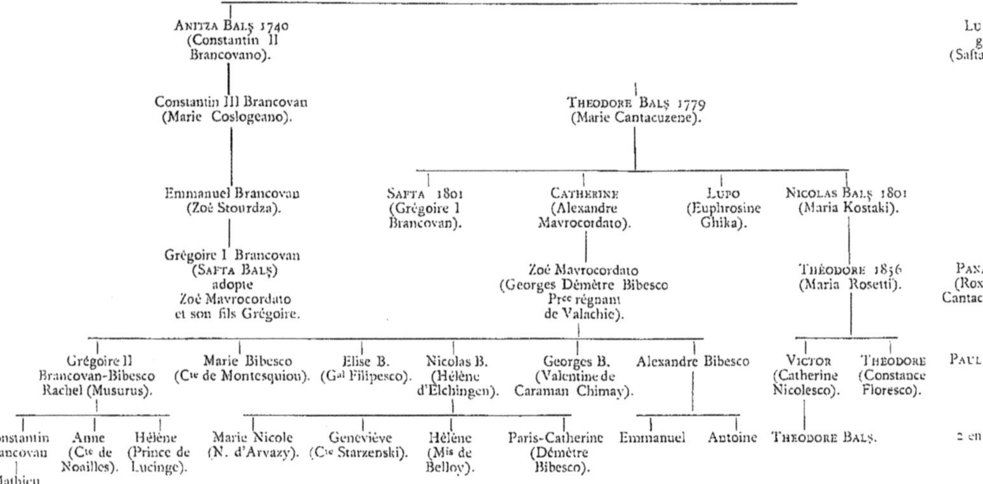

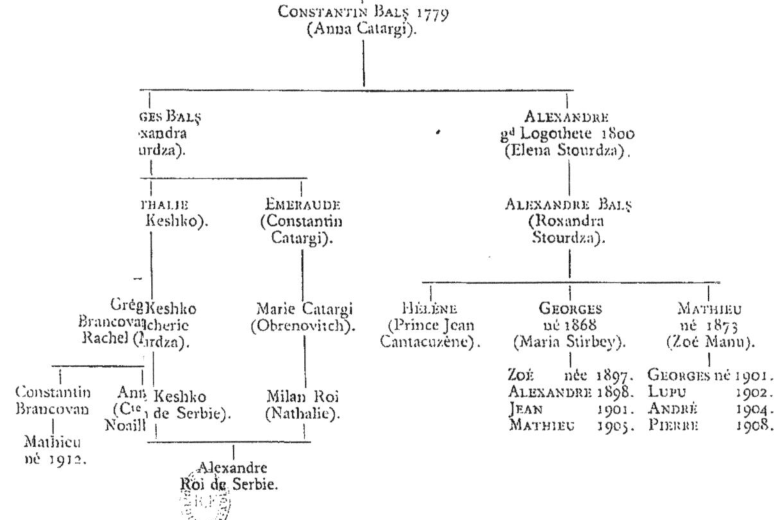
CONSTANTIN BALȘ 1779
(Anna Catargi).
ALEXANDRE
gd Logothete 1800
(Elena Stourdza).
EMERAUDE
(Constantin
Catargi).
ALEXANDRE BALȘ
(Roxandra
Stourdza).
Keshko
Marie Catargi
(Obrenovitch).
HÉLÈNE
(Prince Jean
Cantacuzène).
GEORGES
né 1868
(Maria Stirbey).
MATHIEU
né 1873
(Zoé Manu).
Constantin
Brancovan
Keshko
de Serbie).
Milan Roi
(Nathalie).
ZOÉ née 1897.
ALEXANDRE 1898.
JEAN 1901.
MATHIEU 1905.
GEORGES né 1901.
LUPU 1902.
ANDRÉ 1904.
PIERRE 1908.
Mathieu
né 1912.
Alexandre
Roi de Serbie.

CHAPITRE IX

LES BALS DE ROUMANIE

Je me suis appuyé jusqu'ici sur des documents authentiques et se contrôlant les uns les autres pour montrer que des Balz de Naples descendaient les Balša de Servie. Essayons maintenant de voir clair dans l'origine des Balš roumains.

A partir de Christea Balš grand vornik (1560), leur généalogie est certaine et historiquement établie; c'est de lui que descendent directement les nombreux Balš vivant actuellement en Roumanie; des mariages contractés à diverses époques par des jeunes filles de ce nom sont descendus plusieurs des représentants actuels des familles Brancovan, Bibesco (Filipesco, Floresco, Cantacuzène, Montesquiou-Fezensac, de Courval), Stourdza et Catargi, le roi Milan de Serbie et la reine Nathalie sa femme et cousine. Toute la question est donc de savoir comment Christea Balz se relie aux Balša de Servie.

Le plus naturellement du monde, d'après Alexandre Stourdza l'auteur de la généalogie contenue dans le livre de Georges Bibesco. Il serait, d'après lui, le fils de Balša le Vieux et ce dernier ne serait autre que Theodore, le dernier représentant en Servie de la branche cadette des Balša, sur le nom duquel j'ai terminé le chapitre précédent et qui, de Venise, se serait réfugié en Moldavie. Jean Mosachi (p. 334 de son mémoire de 1510) le fait aller, avec Jean son frère, de Venise en Hongrie (li mascoli morsero in Hungaria); les deux pays se touchent et les deux affirmations sont aisément conciliables.

M. Mijatovitch, ex-ministre des Affaires étrangères de Servie, dans son étude déjà citée, *The Ancestors of the house of Orange*, sans être aussi précis, est aussi convaincu. Pour établir l'exode en Moldavie des derniers des Balša serbes, il s'appuie sur une série de faits et de documents assez probables pour équivaloir, à ses yeux, à une certitude. Les voici :

a) Vers la fin du xve siècle, il est notoire que beaucoup de seigneurs serbes fuyant les Turcs cherchèrent un asile chez les princes orthodoxes de Roumanie ;

b) Le nom de Balz n'existait pas en Roumanie avant l'an 1500 ;

c) Les documents roumains donnent aux Balš le titre de Kniasi (princes) qui est un titre exclusivement slave ;

d) Leurs armes en Moldavie sont, de même que leurs noms, les mêmes qu'en Serbie : une étoile d'argent sur fond rouge ;

e) Une lettre datée de Vienne en 1477 par laquelle, à la requête du doge de Venise, l'empereur Frédéric III recommande les princes Yvan et Théodore Balša aux princes de Moldavie et de Valachie. Cette lettre, que je reproduis plus loin, en l'empruntant à Georges Bibesco, porte l'indication que, d'ordre de l'Empereur, un double en fut délivré à Jean Balša ;

f) Un document du prince Vlad Bassaraba, daté de 1493 et possédé par les Balš roumains établit que les Kniasi Balš venaient de Serbie ;

g) Une lettre de 1566 du prince Alexandre de Moldavie au Conseil de Raguse fait mention du séjour à sa cour des petits-fils d'Hélène Balša (sans doute Hélène de Serbie [(† 1427) fille du roi Lazare le héros de Kossovo et femme de Georges II Balša († 1403) ;

h) Enfin, le 30 décembre 1813, l'Assemblée nationale de Moldavie, après un long examen, reconnaît et déclare que les Balš roumains descendent des Balša serbes qui furent seigneurs de la Zetta. Je donne plus loin l'analyse de ce long document.

L'ensemble de ces considérations a amené M. Mijatovitch à tenir pour suré que les Balš actuels de Roumanie sont bien les descendants des ılša serbes et par suite des del Balzo de Naples et des Balz de Provence. resterait encore, mais cela n'aurait plus qu'un intérêt secondaire, à bien ablir leur filiation depuis Théodore jusqu'à Christea.

Voici la lettre adressée en 1477 par l'empereur Frédéric III aux princes : Moldavie et de Valachie pour leur recommander les princes Jean et 'héodore :

« Nos Fridericus III, Dei gratiâ electus Romanorum, Imperator semper ugustus etc., etc. memoriæ commendamus tenere presentum significantes uibus expedit universis. Illustrissime Domine Vlad Bassarab dominus 'lahiæ ac Ill, Domine Stephanus dominus Moldaviæ. Pugnas bellaque ab ılbanis ac Serbis, sicut etiam Regibus eorum que principibus, gesta uisse contrà Turcos, ad terras et religionem christianam defendendas, ım constat. In memorabili verò pugnâ, juxtà Casanova in merularum ampo[1] factâ, tanti sunt clades acceptæ ut complures Principes suas terras elinquere coacti essent. Illustris Dux, noster amicus, illustrissimæ Veneto- um Reipublicæ, magis omnibus frenos adhibens Muhamedonorum adver- us christianam religionem viribus, apud Nostram Majestatem se interpo- uit ac Nos rogare sibi placuit pro his miseris Principibus civibusque, ˌui tam forte animo depugnaverunt adversùs Turcos terras bonaque in ɔossessione suâ appetentes, ita ut cum liberis ac mulieribus in exilium ire coacti essent. Itaque Nos quoque, Dei gratiâ Imperator sacri Imperii Romani et defensor Christianorum, scribimus hortamurque Vos, Illustris- sime ac clementissime Domine, ut tuamini atque in sinu vestro hos Ser- borum Principes Kniazibus Serborum Theodorum ac Joannem Balsa acci- piatis, simulque apud vos considere sinatis, si apud vos asylum invenire potuerint. Famæ ac fidelitati vestræ concredimus, christianis et sacro

1. a Kossovo polie : plaine des merles 1389.

Imperio Romano habitæ, pro quibus etiam cum hoste christianæ religionis dimicatis.

« Quod nostrum diploma Imperiale his duobus Principibus Kniazibus Serbiæ Theodoro ac Joanni Balsa, instante Nobis Illustri principe Reipublicæ Venetæ, ad vos dedimus, Illustrissime ac clementissime Domine Vlahiæ et Moldaviæ.

Datum in nostrâ urbe Vindebona, anno Regni millesimo quadringintesimo septuagesimo septimo. (S) FRIDERIK III.

M. Comes : WOLFBURG.

Ad mandatum Sacræ cæsareæ regiæque Majestatis proprium : And. STRATMAN.

Diplomatarium Viennensis archivæ rubri IV diploma Imperiale Sacri Imperii Romani nº 19.

Duplicatum deliberavit Domino Joanni Balsæ ex ordine Imperiali.

Je dois dire que l'authenticité de ce document, de même que celle du document de 1493 du prince Vlad Bassaraba, est mise en doute par M. de Karolyi conseiller de section attaché aux Archives de Vienne. En m'en informant, de Bucarest, M. Georges Balš chef de la famille roumaine, ajoutait : « C'est une tradition dans notre famille que nous descendons des Balša d'Albanie qui, à leur tour, descendraient des Balzo de Naples et, par conséquent, des Baux de Provence. »

Les deux documents de 1813 sont : le rapport (anaphora), en date du 13 décembre 1813, d'une commission de dix-huit membres nommée, à la demande de la famille Balš, par le prince Callimaki alors régnant et le décret princier du 30 décembre qui en ratifie les conclusions.

L'anaphora, beaucoup plus longue qu'elle n'est précise, commente un tableau généalogique qu'elle a établi tout d'abord et dont la disposition, en trois parties, est caractéristique au point de vue qui nous occupe :

La première partie est un tableau portant sur quatre générations et allant du premier Balša souverain de la Dzinta (Zetta) mort en 1361, à son arrière-petit-fils Balša III († 1421). Il est établi, dit la commission, d'après les indications données, en 1746, par Carolus du Fresne (Du Cange) dans son *Illyricum vetus et novum*, p. 121, chap. XIII. Or ces indications me paraissent moins exactes et, en tout cas, moins complètes que celles données par le Mémoire si précis de 1610, de Jean Mosachi despote d'Épire, parent et allié des Balša ; c'est d'après ce Mémoire que Charles Hopf, dans ses *Chroniques gréco-romaines*, Berlin, 1873 a dressé la série des généalogies que j'ai résumées dans le tableau synoptique placé en tête de mon chap. VIII. Cela, d'ailleurs, n'a pas grande importance.

La troisième partie du tableau est très précise, et va de Christea (1560) jusqu'en 1800. Alexandre Stourdza l'a reproduite à peu près textuellement, en le prolongeant jusqu'à nos jours, dans le livre publié en 1894 par Georges Bibesco.

La partie intermédiaire enfin, a une disposition très particulière qui souligne précisément le point que j'ai signalé comme demeurant incertain. Elle ne comprend que deux noms, ceux de Jean et de Théodore son frère, tous deux grands logothètes, sans les relier ni au premier ni au troisième tableau, sans préciser par suite ni leur origine ni leur descendance.

Les très longs commentaires dont l'anaphora accompagne ces tableaux sont une série de faits plus ou moins précis, plus ou moins indépendants les uns des autres, qu'il est sans intérêt d'examiner ou de discuter. Je me borne à en reproduire le passage qui, somme toute, les résume :

« Nous nous sommes convaincus que, dès son établissement dans cette Province, la famille des Balš a toujours figuré parmi les plus notables et les plus distinguées de ce pays ; que si, aujourd'hui, après un aussi grand laps de temps, on trouve une courte interruption dans la suite de cette généalogie, on ne saurait en inférer si ce n'est que les documents de ces Boyards furent en partie égarés, en partie non traduits et d'autres en possession étrangère lors d'une de ces invasions fréquentes dont les Barbares ont anciennement affligé ce pays..... Quant à la dignité et à la considération attachées à la famille Balš dès son origine, elles sont attestées par les édifices mêmes qui se trouvent dans le pays et parmi lesquels il se voit une inscription gravée sur pierre, au-dessus de la porte de l'église de Rischka, du district de Soutchava, mentionnant qu'à l'époque de la fondation de ce monastère, en 1542, par ordre du prince Pierre, les grands logothètes Jean et Théodore Balš surveillèrent les travaux de cette construction..... Nous croyons superflu, Altesse, de rechercher la branche d'où descend le Vornik Christi car, que Jean, Théodore ou tout autre fût ou non son père, il est toujours présumable, à en juger par le rang du fils, qu'il doit en avoir eu aussi un égal à celui des Boyards précités. D'ailleurs, les armoiries mêmes qui sont reconnues avoir appartenu dès les premiers temps à leur famille...., ainsi que les histoires mêmes des pays limitrophes et les chroniques du pays nous confirment dans l'opinion que cette famille de Boyards, bien que domiciliée dans le pays depuis très longtemps, n'est, néanmoins, que transplantée en Moldavie comme tant d'autres et appartient précisément à celle de l'Albanie, de la Tzinta..... »

Voici maintenant l'Ordonnance du 30 décembre 1813 :

« Par la grâce de Dieu, Nous Scarlat Alexandre Callimak prince de Moldavie, sur la demande des honorables Boyards Balš pour que la généalogie de leur famille fût examinée en présence de tous, par l'assemblée générale réunie à la sainte métropole..... trouvant que les titres des dits Boyards ont tous les éléments de conviction et de véracité....., et d'accord sur les circonstances qui ont amené l'interruption généalogique, désireux de suppléer au manque des documents perdus par suite des événements....., nous confirmons le témoignage authentique relatif à l'origine de leur famille, ainsi que les autres titres postérieurs contenus dans l'anaphora et nous confirmons aux fidèles Boyards Balš, par cette sanction princière et par arrêt définitif, l'ancienneté de leur famille, d'après l'arbre généalogique i-après. ..... Nous ordonnons donc au grand logothète Georges Cantauzène d'attacher au présent écrit notre sceau princier..... Donné à assy la deuxième année de notre second règne en Moldavie, l'an de grâce 813. »

Nous nous sommes déjà trouvé (chap. VIII) en présence d'un doute qu'il sera sans doute difficile d'éclaircir touchant l'origine de celui des Balša qui le premier régna en Albanie sur la Zetta (Monténégro); mais des considérations à côté nous ont permis de bien établir sa parenté avec les del Balzo de Naples et, par suite, avec les Baux de Provence.

Nous sommes ici en présence d'un second qui ne sera, je crois, jamais levé. Mais ce que nous venons de dire nous permet d'admettre, sinon comme historiquement prouvé, du moins comme tout à fait admissible, la tradition que les Balš de Roumanie descendent des Balša de Servie.

Dans cet état de la cause, je donne ici le tableau de leur descendance, certaine celle-là, depuis Christea (ou Christi) jusqu'à nos jours.

ÉPILOGUE

Je ne veux pas terminer cette longue étude sans revenir à la Provence et brièvement faire connaître ce qu'il advint de la ville et du château des Baux après le dernier de ses seigneurs.

On a vu au chap. VIII qu'après la mort de la comtesse Alix († 1426) son capitaine, Siffroy de Gigondas, qui lui avait promis de conserver la place pour Guillaume duc d'Andrie son héritier, fut contraint, après un siège de quatre mois, de la remettre aux troupes de Louis III roi de Naples et comte de Provence, commandées par Jean d'Arlatan.

En 1430, le habitants réclament du roi le maintien des franchises dont ils jouissaient sous Alix et dont Jean d'Arlatan leur avait promis la conservation.

En 1437, de Marseille, le roi René frère et successeur de Louis III les leur accorde en effet « considérant l'assiette de la place, les grandes charges et obligations que la garde de jour et de nuit leur impose »; il les autorise à nommer des sindics, conseillers et procureurs pour administrer la commune en présence du viguier royal et leur concède, pour le passé, une amnistie pleine et entière. Le 2 avril 1442, en raison de la charge que leur impose la garde de la ville, il décide (de Capoue) que les habitants ne pourront être traduits, tant au civil qu'au criminel, que devant son viguier des Baux, sauf pour les causes d'appel qui seront du ressort de la cour des sénéchaux de Provence. Il s'engage de plus à rendre la baronnie des Baux le château de Montpaon qu'il avait donné à Jean 'Arlatan et qu'il promet de lui racheter. Le 2 septembre 1447 (de Marseille ù il résidait depuis qu'il avait perdu, en 1442, le royaume de Naples) il nsiste sur cette juridiction exceptionnelle méconnue « afin que par léfaut de garde et en l'absence des habitants qui sont déjà peu nombreux t qui seraient transférés ailleurs pour cause de dettes, crimes ou délits, notre lieu et château des Baux ne puisse être pris par les ennemis de nous t de notre pays, ce qu'à Dieu ne plaise..... sed attentâ et consideratâ inexpugnabili defensione ipsius nostri castri, si in manibus nostrorum emulorum esset, a casu fortuito, captum (quod absit) volumus quod per vicarium nostri loci de Baucio cohercerentur in personis et rebus ipsorum. (Destandau, *Documents inédits sur la ville des Baux*, 1903.) »

En 1459, le bon roi René cède la baronnie des Baux et Vaquières à sa seconde femme Jeanne de Laval; après sa mort (1480), celle-ci l'abandonne et se retire à Angers où elle lui fait élever un magnifique tombeau.

Charles du Maine neveu et successeur de René, lègue en mourant (1481) tous ses domaines à Louis XI son cousin germain qui, par crainte ou par prudence, fait démolir le donjon. De cette date jusqu'à 1642, les Baux et la Provence appartiennent aux rois de France qui confirment les franchises accordées aux Baux par les comtes de Provence (Charles VII en 1489, Louis XII en 1500, François Ier à Tarascon en 1527, Henri II en 1548, Henri III en 1582, Henri IV en 1595, enfin en 1613 Louis XIII qui devait, vingt-neuf ans plus tard, ériger les Baux en marquisat et les donner à la maison de Grimaldi).

En 1513, nous l'avons vu (chap. IV), Louis XII érige les Baux en baronnie et la donne à viager au capitaine de ses galères Bernardin (des Baux) qui meurt en 1527.

François Ier la reprend alors par droit d'aubaine et la donne à Anne de Montmorency maréchal de France qui la garde jusqu'à sa mort en 1567.

A la demande du roi, il en fait rétablir en partie les fortifications : « ..... advenant temps de guerre au pays de Provence et qu'il fût au dit temps nécessaire, pour la conservation et sûreté des archifs du roi en la ville d'Aix, les porter et les faire conduire en ce lieu de Baulx, le fermier sera tenu de bailler aux gens de la Chambre des comptes au dit pays, tel quartier de la maison et chasteau des Baux[1] qu'il sera par eux demandé sans aulcun refus ni contredit. » C'est ce qui avait eu lieu déjà, en 1536, pour sauver ces archives de l'incendie du palais d'Aix ordonné par Charles-Quint.

Après le connétable de Montmorency tué à la bataille de Saint-Denis contre les protestants (1567) la baronnie, usufruitière des Baux, passe à Honoré des Martins de Grille qui la garda jusqu'à sa mort en 1581 ; enfin à son neveu Jacques de Boches qui meurt en 1621.

A partir de 1540, les querelles de la Réforme gagnent la Provence. A la suite de l'autorisation donnée aux protestants de se réunir hors des villes pour exercer leur culte, le terrible baron des Adrets ravage la vallée du Rhône et s'empare du château de Beaucaire (1561).

Les idées nouvelles gagnent les Baux et divisent les familles, tant nobles que bourgeoises. Après Claude de Manville capitaine viguier pour le roi de 1533 à 1547, qui s'oppose à leur diffusion, Jean de Manville, qui exerce les mêmes fonctions en 1561, s'y montre favorable. En mai 1562 les protestants s'emparent du château des Baux ; ils n'en sont délogés qu'au mois de septembre suivant par Jean de Quiqueran chevalier de Ventabren nommé capitaine viguier à la place de Jean de Manville. Il ne jouit pas longtemps de cette charge car il fut assassiné, le 21 février 1563, dans l'église Saint-Trophime d'Arles. Son neveu Gauchier de Quiqueran sieur de Méjanes, qui lui succéda, n'en jouit pas davantage et fut remplacé en mars 1564 par Valentin de Grille seigneur de Robiac.

1. Château construit par Bernardin (de Baux) au pied de la falaise du donjon.

Cl. L. Lévy

MAISON DE MANVILLE

Cl. Boulanger

TEMPLE PROTESTANT

La paix d'Amboise, en 1563, qui autorise le culte réformé dans une ville ar bailliage, aux Baux en particulier et donne à ceux de la Religion accès toutes dignités, prête un nouvel essor aux idées nouvelles; les de Manille[1] s'y rallient et nous retrouvons Jean capitaine viguier, en 1570, puis s de Quiqueran[2], enfin le baron usufruitier des Baux lui-même, Honoré es Martins de Grille[3] qui épouse Jeanne de Quiqueran après l'avoir, à aris, arrachée au massacre de la Saint-Barthélemy. En 1571 s'élève aux aux, à côté de l'hôtel de Manville et de la même architecture, le petit emple sur l'élégante et unique fenêtre duquel s'étale, encore aujour-l'hui, la devise : Post tenebras lux, 1571. Grâce à la sagesse du baron Ionoré de Grille, les Baux jouissent de quarante-cinq ans de paix relative.

Pour les maintenir dans le devoir, Louis XII envoie à Arles le eune duc de Guise; il vient aux Baux, veut apprendre à ses défenseurs tirer le canon; la pièce éclate et le tue (20 mai 1614). Il est enseveli à Arles, dans l'église Saint-Trophime.

Mais en 1618 vient la réaction. Jean de Boches de Saint-Vert, sénéchal de Beaucaire, disperse les réunions des protestants. Jacques de Verassy fougueux catholique, qui lui succède dans la charge de capitaine viguier, ferme leur église dont le pasteur trouve un refuge chez les de Manville. En 1621 Louis XIII, sur l'avis de son Conseil d'État, et pour rétablir la paix, fait défense à la fois à Jean de Boches de troubler les réformés et à Jean de Manville d'exercer des poursuites contre les catholiques. L'ordre règne tant bien que mal jusqu'à la Révocation de l'édit de Nantes (1685), mais depuis 1621 l'église des Baux n'a plus de pasteurs en propre, et se réunit à celle d'Eyguières, puis à celle de Mouriès qui subsiste encore aujourd'hui[4].

1. La famille de Manville s'éteint en 1663 avec Pierre de Manville, mort sans postérité, après être revenu au catholicisme.
2. Les de Quiqueran (de Beaujeu, diocèse de Digne), vieille noblesse d'Arles.
3. Les de Grille existent encore à Marseille, alliés aux de Panisse, aux de Sabran, etc.
4. Pasteur Destandau. *La Réforme aux Baux*. Mémoires de l'Académie de Vaucluse, Avignon, 1895.

En 1630 l'*Édit d'élection* transporte à Toulon la Cour des Compte d'Aix. Le Parlement de Provence proteste et la ville se révolte contre l'au torité royale. Le prince de Condé entre à Aix avec 4.000 soldats et décid la translation du Parlement à Brignoles, de la Cour des Comptes à Saint Maximin, de la sénéchaussée à Lambesc. Les insurgés d'Aix cherchen un refuge aux Baux. Charles de Grille sieur d'Estoublon viguier d'Arles désigné par Condé pour reprendre la ville, y parvient d'abord par ruse mais ne peut s'y maintenir. Le duc de Guise gouverneur de Provence l reprend; le capitaine viguier Villeneuve de Mons, fort attaché au du d'Orléans frère du roi, est obligé de se retirer avec lui hors du royaume il est remplacé par Vandargens (1631).

Vers le milieu de cette année, les habitants des Baux représentés pa Charles de Grille « désireux de se rédimer des violences, ruines et mau que la ville a soufferts et qu'elle appréhende de souffrir à cause des fortifi cations qui servent de retraite aux factieux » présentent une requête a roi, lui proposant de démolir les fortifications et de lui acheter l'ensembl du territoire moyennant 100.000 livres, le roi ayant le droit de le rach ter à toute époque, en leur remboursant cette somme et celle qu'i auraient consacrée à la démolition des remparts et du château. « Inclinan à la très humble supplication qui nous a été faite par nos chers et bie aimés les habitants de notre ville des Baux », Louis XIII y consent 5 août 1631; la somme, rapidement empruntée par la commune, est por tée à Paris par le sieur de Grille d'Estoublon et versée le 19 septembre; o procède alors à la démolition du château et des remparts avec un zè dont témoignent leurs imposants débris, le comble de la désolation!

Certaines personnes croient que la destruction de ce nid d'aigle f ordonnée par Louis XIII et exécutée par Richelieu qui, du haut de colline à l'ouest de la ville et parfois appelée « le camp de Richelieu l'aurait détruite à coups de canon. La vérité est plus prosaïque. On pe ulement se demander si cette *supplication* des habitants fut spontanée ou elle fut inspirée par Richelieu qui, en tout cas, fit surveiller la démoli- on par les soldats du maréchal de Vitry gouverneur de Provence. Quoi u'il en soit, en 1639, succombant sous le poids de ses charges, la ville pplie le roi d'exercer son droit de rachat. Il y consent, en 1642, mais e garde pas longtemps la baronnie.

En mai 1642 en effet, pour remercier les Grimaldi d'avoir chassé de lonaco, le 18 novembre 1641, la garnison espagnole qui l'occupait, mal- ré le traité de Péronne qui garantissait l'indépendance de la principauté, ouis XIII érige la baronnie des Baux en marquisat et en fait don à lercule de Grimaldi. Depuis lors jusqu'à la Révolution française, s'ouvre our les Baux une longue période de calme à peine interrompue en 1650 ar une révolution communale intérieure. Protestant contre une préten- ue irrégularité dans la nomination de deux consuls, magistrats de jus- ice et de police, Manson chef de la révolte ferme les portes de la ville et ève le pont-levis. Un des consuls y pénètre par escalade près de la tour le Coye et Manson est tué près du corps de garde situé à l'intérieur de a poterne d'Eyguières.

Par décret de l'Assemblée nationale du 11 septembre 1791 la République enlève le marquisat aux Grimaldi en les indemnisant pécuniairement. Et la dernière trace de cette longue histoire est le titre de marquis des Baux que s'attribuait encore en 1880, avant de s'éteindre en Belgique, Charles-Maxime de Grimaldi.

Les Baux comptaient au XIIIe siècle 3.600 habitants groupés autour du château seigneurial; leur nombre n'a cessé, depuis lors, de décroître jusqu'à un millier au XVIIe siècle. Il est aujourd'hui de quelque trois cents aussi pauvres que fiers, quand même, de leur glorieux passé.

APPENDICE

NOTE I

LA SUZERAINETÉ DES EMPEREURS D'ALLEMAGNE SUR LA PROVENCE ET LA BOURGOGNE [1]

Peut-être n'est-il pas sans intérêt de rappeler ici l'origine de la suzeraineté des empereurs d'Allemagne sur la Bourgogne et la Provence et l'usage qu'ils ont fait à plusieurs reprises, de loin ou dans leurs visites à Vienne ou à Arles, de droits qu'ils n'ont cessé d'affirmer par des privilèges concédés, tantôt aux évêques pour les opposer aux seigneurs féodaux, tantôt à ceux de ces seigneurs « qui demandaient leur appui et ne croyaient pas l'acheter trop cher au prix de la reconnaissance d'un vasselage trop lointain pour être bien gênant » (Paul Fournier).

Le démembrement de l'empire de Charlemagne avait amené dans le sud-est de la France la constitution de deux royaumes : la *Bourgogne cis-jurane* comprenant la Provence, le Dauphiné, la Savoie et une partie du Languedoc, avait été attribuée par Charles le Chauve à Bozon († 887) dont il avait épousé la sœur Richilde ; Vienne en était le centre politique, Arles la métropole religieuse. Rodolphe II avait été investi de la *Bourgogne transjurane* comprenant la Haute-Bourgogne, la Franche-Comté et la Suisse.

Non contents de leurs possessions, les deux rois rêvaient également la conquête de l'Italie. Louis l'Aveugle, fils de Bozon, après une rapide campagne, se fait couronner empereur à Rome en 901 ; mais attaqué aussitôt après et battu par Bérenger roi de Lombardie, qui lui fait crever les yeux, il rentre en Provence où il meurt en 911.

1. Paul Fournier, *le Royaume de Vienne et d'Arles*. Paris, 1891. — Poupardin, *le Royaume de Bourgogne*. Paris, 1907.

Hugues son fils († 926) poursuit ses rêves ambitieux et, pour avoir ses coudées plus franches, il abandonne toute la partie nord de ses possessions à *Rodolphe II* qui constitue ainsi en 935 le nouveau royaume de Bourgogne s'étendant à peu près de la Méditerranée aux Vosges. Son fils *Conrad le Pacifique*, qui lui succède en 947, son petit-fils *Rodolphe III le Fainéant*, mort sans enfants en 1032 et leurs successeurs *Conrad II, Henri III, Henri IV, Henri V*, sont trop occupés de leurs affaires en Allemagne et en Italie pour se rendre dans la vallée du Rhône. Aussi est-ce sans l'intervention ni l'assentiment de l'empereur que, en 1125, se fait le partage de la Provence entre Alphonse de Toulouse qui s'attribue la région comprise entre la Durance et l'Isère et Raymond Bérenger I de Barcelone qui conserve la Provence proprement dite limitée par la Durance, les Alpes et la Méditerranée (voir p. 10).

Conrad III (1138-1152), le premier des empereurs de la Maison de Souabe, intervient plus directement dans les affaires de Provence. Il confirme la donation faite par Rodolphe III de la ville de Vienne à ses archevêques, et accueille avec empressement la demande que lui adresse, en 1145, Raymond de Baux, d'intervenir, sans résultats d'ailleurs, dans la guerre qu'il soutenait contre le même Raymond Bérenger I pour la possession de la Provence. Il lui concède même le droit de battre monnaie à Trinquetaille (voir p. 12).

Frédéric I Barberousse (1152-1190) son neveu, se déclare, comme lui, protecteur de la famille des Baux contre les comtes barcelonais de Provence. En 1155, il reçoit, à Turin, la visite et l'hommage du dauphin Guigues. En 1157, à la diète de Besançon, il confère de nombreux privilèges aux archevêques de Lyon, Vienne, Valence, Moutiers, Avignon et Arles. Il s'y brouille avec le cardinal légat Rolland, refuse de le reconnaître quand il est élu pape sous le nom d'Alexandre III, proclame antipape un de ses protégés Victor IV, allume ainsi une guerre religieuse qui longtemps divise la chrétienté et dans laquelle il est soutenu par les seigneurs de la vallée du Rhône, les sires des Baux et le comte de Toulouse. Seuls les comtes de Provence se prononcent pour Alexandre III, mais, après les victoires de Frédéric Barberousse en Italie et la destruction de Milan (1162), Raymond Bérenger et son tuteur viennent à résipiscence et reconnaissent l'antipape Victor IV; à ce prix, par un diplôme daté de Turin (18 août 1162), « post destructionem Mediolani », Frédéric leur donne l'investiture du comté de

Provence qu'ils déclarent tenir comme fief de l'Empire (voir Note 6 et p. 16, 17). Il donne même sa nièce Richilde en mariage au jeune comte. C'est l'époque la plus brillante de son règne : Alexandre III est obligé de quitter Rome pour se réfugier en France sous la protection du roi Louis VII; Frédéric fait proclamer à Rome son protégé Victor IV (1167) et s'y fait, par lui, couronner empereur; mais son étoile pâlit, son armée est décimée par les maladies, il bat en retraite et c'est au prix des plus grandes difficultés, qu'il peut traverser les Alpes et regagner Genève et Besançon.

Il n'abandonne cependant pas ses droits de suzeraineté, déclare (1168) le comte de Forcalquier vassal immédiat de l'Empire et annule tous les actes antérieurs qui le soumettaient au comte de Provence.

En 1177, il fait la paix avec Alexandre III (traité de Venise), et, en 1178 vient à Arles, s'y fait couronner à Saint-Trophime comme roi de Bourgogne, concède à Bertrand de Baux († 1181) l'investiture de la principauté d'Orange et rentre en Comté par Vienne et Lyon. Il revient à Arles en 1187, s'y fait (p. 19) couronner une deuxième fois comme roi d'Arles et va mourir dans les eaux glacées d'un fleuve d'Asie en 1190.

Henri VI son fils (1190-1197) maintient ses prétentions sur la Bourgogne et la Provence, projette même à deux reprises de reconstituer le royaume de Bourgogne et d'Arles en faveur de Richard Cœur de Lion, dont il ferait ainsi son vassal et son allié; mais, inconstant d'humeur, il le laisse arrêter, à son retour de la croisade, par le duc d'Autriche.

Philippe de Souabe (1197-1208), frère d'Henri VI, et son successeur *Otton de Brunswick* (1208-1210) ont trop à faire en Italie pour s'occuper de la région du Rhône où ils ne reviennent jamais. Ce dernier semble même indifférent au legs que lui fait Raymond VI comte de Toulouse en 1209, de tout ce qu'il tient de lui : « videlicet totum hoc quod habeo in dominatione imperatoris ultra Rhodanum. »

Frédéric II, petit-fils de Frédéric Barberousse et fils d'Henri VI, avait été mis par sa mère Constance, héritière des princes normands de Sicile, sous la tutelle du pape Innocent II qui le proclame empereur en 1210. La guerre des Albigeois met en feu les deux rives du Rhône; Raymond VI comte de Toulouse et Aymar comte de Valentinois prennent parti pour les Albigeois; le dauphin Viennois pour les Croisés. Après sa victoire de Muret (1213) Simon de Montfort, avec les Croisés, s'empare d'Arles, de Valence, et reçoit le comté de Toulouse confisqué, ainsi que le marquisat de Provence, à Raymond VI. En 1215, le concile de Latran rend à son jeune fils, le futur Raymond VII, le marquisat dont Guillaume de Baux prince d'Orange s'était emparé, soi-disant pour le réserver au Saint-Siège (p. 88-89).

A cet état d'anarchie, Frédéric II veut mettre un terme. Pour affaiblir les seigneurs partisans de l'hérésie, il comble le haut clergé de privilèges; il confirme l'organisation municipale donnée à Arles par son grand-père Frédéric Barberousse, mais place ses consuls sous la suzeraineté de l'archevêque Michel. Au détriment d'Aymar de Poitiers comte de Valentinois, il augmente les droits de l'évêque de Die sur Viviers et Saint-Paul-Trois-Châteaux; à Humbert archevêque de Vienne il donne la qualité d'archichancelier du royaume de Bourgogne et le premier rang à la cour. Pour récompenser les seigneurs qui avaient combattu l'hérésie, il confirme (1215) à Hugues de Baux et à son neveu Raymond le privilège de battre monnaie qu'avait concédé Conrad III en 1145 à Raymond de Baux; puis le 8 janvier 1215, il confère à Guillaume de Baux prince d'Orange le titre de roi d'Arles auquel renoncèrent, quarante-deux ans plus tard, ses descendants en faveur de Charles d'Anjou (p. 89). Peu de temps après d'ailleurs, Guillaume de Baux fait prisonnier par les Albigeois d'Avignon y est écorché vif (1218).

La guerre continue, dans la vallée du Rhône, entre Raymond VII comte de Toulouse et Raymond Bérenger IV comte de Provence. Elle se termine en 1233 par l'entremise d'Hugues de Baux, les deux rivaux promettant de se rendre à la cour de Frédéric, en quelque endroit qu'il se trouvât alors.

En 1234, Raymond Bérenger IV donne sa fille Marguerite, en mariage, à saint Louis; en garantie de sa dot, il engage son château de Tarascon et promet au roi de faire ratifier cet engagement par Frédéric II, *son suzerain* (sic).

En septembre 1234, par un diplôme daté de Montefiascone, Frédéric II concède en fief à Raymond VII comte de Toulouse les terres d'Empire ayant appartenu à la maison de Saint-Gilles et depuis huit ans détenues par l'Église. C'était le commencement de l'évolution complète de sa politique désormais antipapale.

En 1238, il somme Raymond Bérenger comte de Provence de se rendre à ses côtés à Brescia qu'il assiégeait; bien que de fort mauvaise grâce, le comte

Provence s'y rend en effet; Frédéric n'arrive pas à s'emparer de la ville et e le siège; son prestige en souffre en Provence, d'autant plus qu'il est ommunié en 1239; Raymond Bérenger relève la tête, expulse d'Arles le aire impérial et Frédéric le met au ban de l'Empire.

En 1244, au concile de Lyon, le pape Innocent IV fait conclure une paix finitive entre Raymond VII et Raymond Bérenger, qui meurt l'année vante, laissant la Provence à sa fille Béatrice. Peu après, elle épouse Charles Anjou, frère de saint Louis, et la lui apporte en dot.

Frédéric II, de son côté, meurt en 1250. Son fils Conrad meurt en 1254, ssant un fils âgé de deux ans, *Conradin*, au nom duquel son oncle *Mand*, fils naturel de Frédéric, gouverne le royaume de Naples, qui devait 1266 lui être enlevé par Charles d'Anjou.

Quant au royaume d'Arles, ce n'était plus qu'un fantôme qui, par la force s choses, évolue de plus en plus dans l'orbite de la royauté française; on a une première preuve quand, en 1271, Philippe le Hardi, ramenant de unisie les restes de saint Louis, son père, s'arrête à Lyon, où l'acclament les ourgeois, qui se déclarent ouvertement soumis à la juridiction du roi de rance.

Les empereurs d'Allemagne, cependant, ne renonçaient pas à leurs prétenons. En 1275, *Rodolphe de Habsbourg* essaie, sans succès d'ailleurs, de constituer le royaume d'Arles au profit d'un de ses fils; après lui, *Charles IV Luxembourg* (1346-1378) entrave de son mieux les négociations entamées vec Humbert III (qui aboutissent d'ailleurs en 1349) pour l'achat du Dauhiné par la France. Il fait mieux : en 1355, il obtient que les envoyés de la eine Jeanne de Naples viennent à Pise lui rendre hommage pour la Provence. n 1365, le 4 juin, il se rend à Arles, et s'y fait donner la couronne royale; établit même, à cette occasion, une Université à Orange (voir p. 96). Ce 'est qu'en 1377 que, venu à Paris, où il avait été élevé, avec son fils Weneslas, il donne au dauphin (le futur Charles VI) le titre de vicaire général u royaume d'Arles.

En 1423, la reine Jeanne II, par le traité de Castel Capuano, adopte Louis l'Anjou pour son successeur au comté de Provence. René d'Anjou frère de

Louis lui succède, mais, en 1442 il perd le trône de Naples qui lui est enlevé par Alphonse d'Aragon. Il lui reste son comté de Provence où « le bon roi » finit philosophiquement ses jours.

De la suzeraineté des empereurs d'Allemagne il n'est plus question. De nos jours il en reste encore une trace dans le langage inconscient des bateliers du Rhône qui appellent encore sa rive droite *la France* et sa rive gauche *l'Empire!*

NOTE 2

DOULCE. STÉPHANETTE. FAYTIDE

Les deux guerres de Succession que les comtes Barcelonais de Provence eurent à soutenir, contre le comte de Toulouse (1109-1125), puis (1136-1150) contre Raymond de Baux, mettent en présence trois femmes sur lesquelles il a été beaucoup discuté par ceux qui ont écrit sur l'histoire de Provence, de Toulouse et de Catalogne, savoir :

Doulce, femme du comte de Provence Raymond Bérenger I.
Stéphanette, femme de Raymond de Baux.
Faytide, femme d'Alphonse Jourdain comte de Toulouse.

Une première chose est certaine, c'est que Doulce est fille de Gilbert et de Gerberge comtesse de Provence. Quant à ses parents, pour Ruffi [1], Gilbert est le dernier descendant des Bozon de Provence et Gerberge la fille du comte de Gévaudan, Carlad et Rodez. C'est le contraire de la vérité: le dernier mâle des Bozon fut Bertrand II mort sans enfants en 1092, et Gerberge était sa sœur. Et c'est Gilbert qui était comte de Gévaudan, de Carlad et de Rodez ; il était, d'après Marca [2], fils de Pierre vicomte de Carlad et de la comtesse de Milhaud (Amiliani) et neveu de Richard qui acquit du comte de Toulouse le comté de Rodez.

1. De Ruffi, *Histoire des comtes de Provence*. Aix, 1654.
2. Mgr de Marca, *Marca hisbanica sive limes hispanicus*. Paris, 1688.

Ce premier point rectifié, quelle fut la descendance de Gilbert et Gerberge? n'eurent pas de fils, mais une ou deux filles, sur lesquelles les auteurs sont 1 de s'accorder :

Doulce et *Stéphanette* pour les uns;

Doulce et *Faytide* pour d'autres (Ruffi, de la Pise [1]).

Stéphanette et *Faytide*, pour Bernard, évêque de Saragosse, et pour Zurrita. On ne comprend guère ces derniers qui éliminent Doulce la plus sûre toutes.)

Établissons d'abord, pour déblayer le terrain de la discussion, qui était ytide. Papon [2] l'appelle Faytide d'Uzès; Devic et Vaissette [3] le confirment après une lettre écrite, en 1160, au roi Louis VII le Jeune par Raimond êque de Viviers et dans laquelle ce dernier se qualifie oncle maternel, nc frère de la mère du comte de Toulouse, qui était alors Raymond V s d'Alphonse Jourdain et de *Faytide*. Or ce prélat était certainement fils de aymond Decan seigneur d'Uzès et de Posquières; Faytide, sa sœur, était onc bien de la maison d'Uzès et fille de ce Raymond Decan mort en 1138.

Cela dit, on n'est plus en présence que de Doulce et de Stéphanette.

Pour les uns, de la Pise, Canonge [4], de Manteyer [5], Mijatovich [6], Doulce est *fille unique* de Gilbert et de Gerberge.

Pour d'autres, Papon, Bouche, Ruffi, Barthélemy [7], abbé Paulet [8], Paul ournier [9], Miret y Sans [10], Doulce et Stéphanette sont *toutes deux* filles de ilbert comte de Provence et de Gerberge.

Pour de Marca enfin, toutes deux sont bien filles de Gerberge, mais Doulce eule est fille de Gilbert; Stéphanette, issue d'un second mariage de Gerberge vec un certain Guibertus, ne serait que la sœur utérine de Doulce. Cela

1. De la Pise, *Histoire de la principauté d'Orange*. La Haye, 1640.
2. Le R. P. Papon, de l'Oratoire, *Histoire de Provence*. Paris, 1778.
3. Devic et Vaissette, *Histoire du Languedoc*. Paris, 1872, p. 229.
4. Canonge, *Notice historique sur la ville et la maison des Baux*. Nîmes, 1844.
5. De Manteyer, *La Provence du Ier au XIIe siècle*. 1908.
6. Mijatovich, *Eastern and Western Review* (1892) : The Ancestors of the house of Orange.
7. Barthélemy, *Inventaire chronologique et analytique des chartes de la maison des Baux*. Marseille, 1882.
8. Abbé Paulet, *Les Baux et Castillon*. Saint-Remy, 1902.
9. Paul Fournier, *Le Royaume d'Arles et de Vienne*, 1891.
10. Miret y Sanz, *La casa condal de Urgel*. Barcelone, 1903.

expliquerait, pour lui, les avantages, singuliers en effet, que Gerberge avait consentis à Doulce en lui donnant en dot, en 1112, après la mort de Gilbert († 1110) tout ce qu'elle tenait, tant du comte de Gévaudan son père que du comte Gilbert son mari (voir note 3). Discutons ces divers systèmes :

Le premier (Doulce fille unique de Gilbert et Gerberge), simplement affirmé par de Manteyer, qui ne parle ni des guerres de Succession de la Provence, ni de Stéphanette, ni de la maison des Baux, est par contre, très développé dans l'étude extrêmement intéressante que M. Chedomil Mijatovich a consacrée en 1892, dans l'*Eastern and Western Review*, sous le titre de « The Ancestors of the house of Orange », à l'histoire de la maison des Baux. — Pour lui, Raymond Bérenger aurait eu de Doulce *trois* fils : Raymond Bérenger, Gilbert et Bérenger Raymond. En mourant (1131) il aurait laissé le comté de Barcelone à son fils aîné *Raymond Bérenger IV* (qui devait plus tard devenir prince consort d'Aragon par son mariage avec Pétronille fille de Ramirez le Moine); au second, *Gilbert*, il aurait laissé le comté de Provence à la condition que, s'il n'avait pas de fils, ce comté reviendrait au troisième, *Bérenger Raymond* réduit ainsi à..... des espérances. Elles se réalisent en effet : Gilbert, comte de Provence sous le nom de Gilbert II, dont on ne connaît pas la femme, n'a pas de fils, mais seulement une fille *Stéphanette* qui épouse Raymond de Baux ; la Provence revient alors à Bérenger Raymond auquel Raymond de Baux la dispute de 1136 à 1150. Ce système est résumé par le tableau de la page suivante :

Ce système est contraire à la fois à la vraisemblance et à la réalité :

Contraire à la vraisemblance; en effet, il ferait de Stéphanette la *petite-fille* de Doulce. Or Doulce († 1128) s'est mariée en 1112 et Stéphanette (voir p. 10) a épousé Raymond de Baux au plus tard en 1120, car nous les voyons figurer tous deux dans deux chartes (By 31 et 33), l'une de 1121 avec leur fils Hugues et l'autre de 1130 avec leurs trois fils Bertrand, Guillaume et Hugues;

Contraire à la réalité pour deux raisons :

1° On ne trouve nulle part de trace d'un Gilbert II comte de Provence;

2° Raymond Bérenger I et Doulce, sa troisième femme [1] n'eurent, dans

1. D'après Bofarull (*Los condes de Barcelona vindicados*, Barcelone, 1836), la première, en 1105, fut Marie fille de Ruderic el Cambitor (Rodrigo el Campeador) et de Ximena del Bivar, c'est-à-dire du Cid et de

1er SYSTÈME (MIJATOVITCH).

Gerberte, Comtesse de Provence
GILBERT de Gevaudan († 1110).

Doulce († 1128) épouse en 1112
RAYMOND BERENGER I † (1131).

- Raymond Berenger IV de Barcelone † 1162 (Petronille d'Aragon).
  - ALFONSO I roi d'Aragon.
- Gilbert II (inconnue).
  - Stéphanette (Raymond de Baux † 1150).
    - 4 fils.
- BERENGER RAYMOND † 1144 (Beatrix de Melgueil).
  - RAYMOND BERENGER le Jeune † 1166 (Richilde, nièce de l'empereur Frédéric II).
    - Doulce II.

2e SYSTÈME (RÉEL).

Gerberte, Comtesse de Provence
GILBERT de Gevaudan († 1110).

- Doulce, épouse en 1112 RAYMOND BERENGER I († 1131).
  - Raymond Berenger IV de Barcelone † 1162 (Petronille d'Aragon).
    - ALFONSO I roi d'Aragon.
  - BERENGER RAYMOND † 1144 (Beatrix de Melgueil).
    - RAYMOND BERENGER le Jeune † 1166 à Nice (Richilde).
      - Doulce II.
- Stéphanette († 1163) (1120 Raymond de Baux † 1150).
  - 4 fils.

leurs sept enfants, aucun fils de ce nom. Leurs trois fils, d'après Bofarull, étaient : *Raymond Bérenger IV* de Barcelone Princeps conjux d'Aragon, *Bérenger Raymond* et *Bernardo* mort en bas âge; et de leurs quatre filles : *Bérengère* épouse à treize ans en 1128 Alfonso VII roi de Castille, *Ximena*, en 1131 Roger comte de Foix, *Almodiz*, en 1137 Poncio de Cerbera, *Mahalta* ne se maria pas. — Dans le testament de Raymond Bérenger I mort, trois ans après Doulce, au monastère de Ripoll (1131), testament intégralement cité par Bofarull (t. II, p. 176-180), nous le voyons [1], après de très nombreuses donations à des églises et couvents, répartir ses États entre ses *deux* fils : à *Raymond Bérenger IV* il donne le Comté de Barcelone; à *Bérenger Raymond* la Provence, le Gévaudan, Rodez et Carlad, en stipulant qu'en cas de mort de l'un, sans enfants, sa part reviendra à l'autre et qu'en cas de mort des deux sans fils légitimes, ce qu'il laisse au premier reviendra à sa fille Bérengère, ce qu'il laisse au second à ses trois autres filles.

Voilà donc bien et dûment condamné ce que j'appelle *le système Gilbert II* (que M. Mijatovitch a dû emprunter à Nostradamus ou, plus probablement, à de la Pise [2]), bien démontré que Raymond Bérenger I et Doulce n'eurent pas de fils du nom de Gilbert; et enfin, que Stéphanette *était non la petite-fille mais la sœur de Doulce.*

Chimène! tout simplement! Bonne ou mauvaise, ce sera une surprise pour ceux qui regrettent que Corneille n'ait pas fait connaître ce qu'il advint de ses héros. Il en eut une fille sans postérité. La seconde fut Almodiz (1106), morte sans enfants : la troisième, en 1112, Doulce qui lui en donna sept.

1. ...« Omnem alium meum honorem dimitto Raimundo Berengarii filio meo, id est Barchinonem et comitatum Barchinonensem... *Berengario Raymundi* filio meo, dimitto omnem meum honorem Provinciæ et illum quem habeo in Rotonensi patria et in Gavaldano et in Carlateso ita ut maritet sorores suas honorifice... Si autem evenerit alterum eorum obire sine filiis de legitimo conjugio revertantur prædicta omnia ad illum qui superstes extiterit... Si *Raymundus Berengarii* et *Berengarius Raymundi*, filii mei, obierint sine filiis de legitimo conjugio, remaneat omnis honor quod relinquo filio meo *Raymundo* ad filiam meam de Castilla et... quod relinquo *Berengario Raymundi* remaneat aliis filiabus meis... factum testamentum VIII Idus Julii XXIII regni Leovici regis. »

Ce Leovicus rex est Louis VI roi de France (1108-1137). Il est singulier, pour le dire en passant, de voir les comtes de Barcelone dater leurs chartes avec la mention du règne des Rois de France pour les uns, des Empereurs d'Allemagne pour les autres.

2. Ce n'est pas, d'ailleurs, la seule erreur de de la Pise. Sur cette même question il dit :

1° Que Gilbert était fils d'Odo, descendant de Bozon (alors qu'il était fils de Pierre de Carlad comte de Rodez);

2° Qu'il épousa Tiburge fille du comte de Rodez (alors qu'il épousa Gerberge sœur de Guillaume II comte de Provence, le dernier descendant mâle des Bozon);

3° Que leurs filles étaient Doulce et Faytide (au lieu de Doulce et Stéphanette).

'el est bien l'avis de Pierre de Marca : « .....vehementer errant qui tertium filium addunt, Gilbertum videlicet, secundum istius nominis, comitem vinciæ et patrem Stephaniæ uxoris Raimundi de Baucio » (p. 492).

/Iais lui aussi a son système. Dans l'acte du 13 janvier 1112 (voir note 3) lequel Doulce « Comitissa Provinciæ » transfère tous ses biens à son ri Raymond Bérenger, il remarque, parmi les témoins, un certain *Guibertus elatensis*. Et comme, dans l'acte de mariage de Doulce du 3 février 1111, rberge sa mère prend simplement le titre de comtesse d'Arles (comitissa elatensis), il se demande (*suspicor*) si, après la mort du comte Gilbert son ri, Gerberge n'aurait pas épousé précisément ce Gilbert d'Arles, qui serait si le père de Stéphanette (p. 592). Il pense, en tout cas, que Stéphanette née seulement après le mariage de Doulce qui eut lieu en 1112, deux ans rès la mort du comte Gilbert (« puto illam nondum fuisse natam eo tempre quo celebratum est matrimonium Dulciæ », p. 482-483).

A cela je réponds :

1° Par la bulle d'or de Conrad III, du 4 août 1415 à Wurzbourg, qui signe le comte Gilbert et sa femme Gerberge comme le père et la mère de éphanette ;

2° Par le traité de paix de septembre 1150 (voir note 4) dans le préambule quel il est constaté que si Raymond Bérenger prétendait ne rien devoir à éphanette et à ses fils c'est qu'elle avait été dotée lors de son mariage par comte Gilbert et Gerberge *ses père et mère* (quia Gisbertus *comes, pater suus* mater sua Gerberga comitissa eam maritaverant et hœreditaverant) ;

3° Enfin par le fait, établi il y a un instant, que Stéphanette s'est mariée ı plus tard en 1120 et, par suite, était certainement née lors du mariage de . sœur Doulce en 1112.

Mais, d'ailleurs, Stéphanette n'eût-elle été que sœur *utérine* de Doulce, elle ait, comme elle, fille de Gerberge ; or, c'est Gerberge qui était l'héritière des ozon et par suite de la Provence et c'est sur cette hérédité que Raymond Baux se basait pour revendiquer la Provence au nom de sa femme.

Il est donc bien établi que Doulce et Stéphanette étaient sœurs et toutes eux filles de Gilbert et de Gerberge.

NOTE 3

MARIAGE DE DOULCE FILLE DE GILBERT ET DE GERBERGE COMTESSE DE PROVENCE AVEC RAIMOND BÉRENGER COMTE DE BARCELONE

1er février 1111. Donation de Gerberge à sa fille.

Omnibus innotescat hominibus quod ego, Gerberga comitissa, dono tibi Dulciæ filiæ meæ omnem honorem quem habeo quocum modo, Comitatum videlicet Provinciæ et Gavaldanensis et Carladensis et illum honorem qui est in comitatu Rutenensi. Quæ omnia advenerunt mihi voce parentum meorum et largitione Girberti comitis patris tui... Præscriptum quoque honorem, sicut ego habeo aut habere debeo, sic dono eum tibi ut habeas et possideas omnibus diebus vitæ tuæ sine blandimento alicujus personæ et, de meo jure in tuo trado dominio et potestate ut facias exinde quicquid tibi placuerit. Hanc autem donationem meam si quis in crastinum disrumpere præsumpserit, nil valeat, sed reintegritatis et compositionis omnibus scriptura hæc perenne robur obtineat. Quod est actum kal. februarii anno IIII Ledovici regis regni.

S. GERBERGÆ comitissæ quæ hanc donationem feci et firmavi testibus que subscriptis firmare rogavi.

3 février 1111. Donation de Gerberge à Raymond et Doulce.

Ad cunctorum noticiam hominum deducere volumus quod ego, Gerberga comitissa Arelatensis, trado tibi Raymundo Berengarii filiam meam in conjugium, nomine Dulciam, cum omni honore meo et cum illo honore qui fuit Gerberti comitis patris puellæ, ut habeatis et possideatis, vos et filii vestri, progenies atque posteritas vestra, omni tempore absque alicujus contrarietatis obstaculo, nominatim Provinciam, quod ibi habeo et habere debeo et Comitatum Gavaldanensem et vice-comitatum Carladensem et omnem honorem quod habeo in comitatu Rutenense sicut fuit Girberti comitis et habuit et habere debuit et ego, comitissa Gerberga, habeo et habere debeo. Advenerunt autem mihi comitissæ Gerbergæ præscripta omnia, partim voce parentum meorum, partim largitione viri mei Girberti comitis. Hanc nimirum largitionem si quis disrumpere tentaverit, non valeat sed componat in duplo prælibata omnia et hoc semper maneat inconvulsum. — Actum est hoc III nonas februarii anno IIII regni Ledovici regis. — S. GERBERGÆ comitissæ quæ hanc donationem feci et firmavi, &a.

13 janvier 1112. Donation de Doulce à Raymond son mari.

Quod justum est ideò litteris commendari debet ne gestorum veritas oblivione deleatur. Unde ego Dulcia, Barchinonensis et Provinciæ Comitissa, per hanc scripturam omnibus innotescere volo qualiter tibi, venerabili comiti Raymundo, quem, Dei dispositione, mihi justo matrimonio copulavi, dono atque concedo totum meum honorem quem habeo vel habere debeo per paternam sive maternam hereditatem vel alio modo, in Provinciâ et in Rutenensi comitatu, vel ubicunque sit et in tuam potestatem omnino trado ut liberè et sine ullâ diminutione mecum quamdiù vivero habeas et post nos soboles quæ ex nobis utriusque superstes fuerit, vel si forte post obitum meum Deus te vivere concesserit, totum ipsum honorem quietè et liberè absque ullâ contradictione habeas et possideas quandiù tibi vita comes fuerit. Hanc itaque donationem quam tibi grato et libero animo facio, si quis disrumpere tentaverit, si nostræ dominationis fuerit, in potestatem tuam cum omnibus quæ habuerit redigatur. Si verò alienus, eorum quæ auferre molitus duplâ emendationis pænâ satisfaciat. — Actum est hoc Idus Januarii anno Dominicæ incarnationis 1112. — S. DULCIÆ comitissæ. — S. RAIMUNDI DE BAUCIO. — S. GUIBERTI ARELATENSIS &a.

Ces trois pièces, tirées des archives royales de Barcelone, sont reproduites par P. de Marca (*Marca hispanica*... Paris, 1688, p. 1237-1239).

NOTE 4

DEUXIÈME GUERRE DE LA SUCCESSION DE PROVENCE

Traité de paix de septembre 1150 [1].

Notum sit omnibus diù fuisse rixam atque discordiam inter Berengarium Raymundi Comitem Provinciæ et Raymundum de Baucio et uxorem suam

1. P. de Marca, *Marca hispanica sive limes hispanicus*. Paris, 1688, p. 1306 à 1309.

Stephaniam ac filios eorum Hugonem de Baucio et alios eorum filios, eò quod Stephania uxor prædicti Raymundi de Baucio et filii sui partem et hereditatem in Comitatù Provinciæ requirebant; sed præfatus comes Berengarius Raymundi nihil se eis inde dare debere recognoscebat, quia Gisbertus comes pater suus et mater sua Gisberga comitissa eam maritaverant et hereditaverant. — Illis vero super hoc diù litigantibus et guerram sibi alterutrum facientibus, contigit prænominatum comitem Berengarium Raymundi ex hoc sæculo emigrari (*en 1144*). Post cujus obitum, comitatus totius Provinciæ remansit fratri suo Raymundo Berengarii Comiti Barchinonensi sicut ei contingebat. — Prædictus autem Raymundus de Baucio et uxor illius Stephania ac filii eorum prænominati, in eâdem guerrâ et contentione cum prædicto Comiti Barchinonensi longo tempore permanserunt; in quâ contentione et guerrâ tamdiù cum eodem Comiti et cum hominibus suis Arelatensibus et cum aliis adjutoribus suis extiterunt, donec prædictus Raymundus de Baucio, sponte suâ adiit Barcheonam, ibique seipsum in manu Comitis misit pro complendis et exequendis suis mandatis; et dedit ei potestatem de castro Trenchataies, quia patri et matri jamdicti comitis, retroactis temporibus, eam dederat et juraverat. — Sed antequam prædictus comes Raymundus Berengarii omnia sua mandata ei fecisset, accidit Raymundum de Baucio ex hoc mundo transire. — Quo defuncto, supradictus Raymundus Berengarii venit in Provinciam, ibique Stephania uxor Raymundi de Baucio et filii ejus, Hugo atque Guillelmus et Bertrandus atque Gerbertus, propriâ voluntate se ipsos miserunt in manu suâ pro faciendis atque complendis suis mandatis. — Comes vero jamdictus Raymundus, consilio illustrium sapientumque virorum, tale fecit eis mandatum, scilicet ut facerent Comiti et suis justiciam et directum, idemque à comite et à suis reciperent quod ipsi omnino facere recusaverant. Curia vero prædicti comitis Barcheonensis et qui aderant viri utique nobiles ac sapientes, cognoscentes eos rectum et justitiam nolle facere nec posse, subscriptam pacem atque concordiam inter eos fecerunt sicut modo hoc incipit.

In Dei nomine, Ego Stephania jamdicta et filii mei Hugo et Guillelmus et Bertrandus atque Gerbertus, totum jus quod in Comitatù Provinciæ requirebamus, omnino solvimus, dimittimus et finimus et perpetuum silentium ibi imponimus, ita ut neque Raymundum Berengarii Comitem Barcheonensem neque nepotem suum Raymundum Berengarii filium fratris sui Berengarii Raymundi, aut aliquem successorum eorum, nos aut aliquis successorum nostrorum ex hoc ulteriùs inquietemus. Et recognoscimus jamdicto Raymundo comiti Barcheonensi et nepoti suo Raymundo Berengarii, eorumque heredibus, castrum de Trenchataies et omnes fortitudines quæ sunt ibi vel erunt, esse suas; et deinceps erimus eis inde fideles et potestatem inde dabimus eis et omnibus successoribus eorum, nos et omnes successores nostri post nos, sicut scriptum est in ipso sacramentali quod eis fecimus.

Diffinimus etiam et solvimus eis omnes usaticos novos quos, post mortem Girberti comitis, imposuimus vel accepimus, tam in terris quam in aquis dulcibus sive salsis.

Diffinimus etiam et dimittimus eis totum honorem Rostagni Alfanni et aliorum proditorum, videlicet Castrum de Mayranges et C. de Tranz et C. de Cordolor et C. de Ledinana et C. de Aquis...

Diffinimus etiam eis atque laxamus quidquid habebamus aut tenebamus, vel habuimus vel tenuimus aliquo modo in villâ de Berra vel in toto territorio ejus. Et in Meianes non faciemus aliquam fortitudinem... Sed ità stabit et remanebit sicut stabat et erat eâ die quâ pater noster Raymundus de Baucio ipsum bastimentum acquisivit à Raymundo comite Barcheonensi patre istius Comitis...

Et convenimus vobis fidelitatem de vitâ vestrâ et de corporibus vestris et de omnibus membris quæ in corporibus vestris sunt juncta et de omni Comitatù Provinciæ, sicut pater vester Raymundus Berengarii illum divisit cum comite Adefonso.

Et convenimus vobis et omnibus successoribus vestris dare potestatem de ipso castro de Portaldosa per quantas vices eam requisieretis à nobis, per vos aut per vestrum nuntium vel nuntios, sine vestro engan.

Et laudamus et concedimus vobis supradictis dominis nostris Raymundo Berengario et vestro nepoti Raymundo Berengarii quod habeatis hospitium cum suis equitaturis in burgo nostro novo Arelatense cum vestrâ expensâ, in omnibus locis quibus volueritis, exceptis domibus militum et operatoriis mercatorum.

Et reddimus ac solvimus illud pignus de Camarges quod pater noster Raymundus de Baucio accepit à Berengario Raymundi fratre vestro per centum et triginta marchas argenti, quod fecimus propter emendationem hospitiorum quæ accepimus in Provinciâ propter Comitatum. Et addimus vobis quatuor mille solidos propter hospitia eadem.

Et facimus finem absque ullo enganno omnibus adjutoribus et amicis Comitis, quos aliquo modo in hâc guerrâ inimicos habuimus, tam de præcipitiis quam de mortibus militum sive peditum et de omnibus quæ aliquatenùs possunt enumerari, totum ad intellectum Comitis.

Et si quid de prædicto placito et de fine suprascripto infractum fuerit vel transgressum per nos aut per nostros, si infrà quadraginta dies ex quo admoniti fuerimus per vos vel per vestros, hoc non habuerimus emendatum vel redirectum, ego Hugo de Baucio jamdictus veniam in potestatem vestram, et inde aliquo ingenio non egrediar donec totum habeam emendatum ad intellectum vestrum et redderem Castrum de Trenchataies in potestatem vestram, donec totum esset emendatum ad intellectum vestrum sine engan.

Et convenimus vobis quod adjuvemus vos et valeamus vobis contra omnes, homines et feminas, cum omni honore nostro et cum omnibus hominibus nostris sine vestro enganno, per quantas vices nos inde monueritis per vos aut per nuntium vestrum vel nuntios.

Facta ista carta concordiæ, pacis et convenientiæ, apud urbem Arelatensem, mense septembris in presentiâ subscriptorum testium, anno Domini incarnationis 1150.

S. Stephaniæ. — S. Ugonis de Baucio filii ejus. — S. Guillelmi filii Stephaniæ. — S. Bertrandi filii sui. — S. Gerberti filii sui —, qui predictam concordiam et convenientiam, sive diffinitiones, fecimus et manibus propriis confirmamus.

NOTE 5

18 AOUT 1162. — ACCORD DE FRÉDÉRIC Ier EMPEREUR D'ALLEMAGNE AVEC RAYMOND BÉRENGER II COMTE DE PROVENCE

Hæc est concordia facta inter Imperatorem Romanorum Fredericum et comitem Barcinonensem Raymundum et filium fratris ejus, comitem Provinciæ Raymundum.

Imperator concedit et dat in feodum comitatum Provinciæ sicut tenet comes Barcinonensis et prædecessores ejus tenuerunt, à Durancià scilicet usque ad mare et ab Alpibus usque ad Rhodanum et sicut divisit cum Comite Amfuso et quod habet ultrà Duranciam sive in Avinione, seu in aliis castris... ad regale seu imperiale servitium.

Insuper dat ei in feodum civitatem Arelatensem ita ut omnes cives sint ad ejus fidelitatem et servitium, sicut esse deberent ad servitium ipsius Imperatoris..... excepto eo quod Archiepiscopus et Ecclesia Arelatensis habet vel habuit à centum annis retro in eâ.

Præterea, dat ei in feodum Comitatum de Forokalxierii..... ità quod idem comes Forokalxerii faciat hominium et fidelitatem Comiti Provinciæ quemadmodum deberet Imperatori et si noluerit perdat Comitatum.

Comes Provinciæ jurabit fidelitatem Domino Imperatori Frederico contra omnes homines et hominium faciet ei et servitium faciet Imperio pro supradicto feudo..... Et cum placuerit Imperatori intrare Provinciam seu civitatem Arelatensem, tam Comes quam Comitatus et civitas et tota terra sint ad ejus fidelitatem et servitium et mandatum.

.....Comes quoque Provinciæ Dominum Papam Victorem recipiet et per totam terram suam tanquam catholicum et universalem Papam recipi faciet... Rolandum autem et ejus cardinales... terram suam intrare non permittet.

.....Tunc si placuerit Comiti Barchinonensi et nepoti ejus Comiti Provinciæ impetere Hugonem de Baucio de perjurio et hominio et Hugo se defendere noluerit aut confessus fuerit, Dominus Imperator de hoc justitiam faciet secundum quod curia ejus dictaverit. Si autem de traditione eum appellaverit et Hugo se defendere per pugnam in proprià personâ contra suum parem ad laudamentum curiæ noluerit, vel si in pugnâ victus fuerit, vel confessus in pugnâ vel extrà pugnam, Dominus Imperator Balcium dabit in feodum Comiti Provinciæ et Hugo terram suam et honorem amittet..... Si autem Hugo se per pugnam defenderit, comes Barchilonæ et comes Provinciæ facient justitiam Hugoni in curiâ Domini Imperatoris; Balcium autem tunc reddent in potestatem nuntiorum Dom. Imperatoris quos ad hoc destinaverit et nec ipsi per se neç per alios auferent à potestate D[ni] Imperatoris vel nuntiorum suorum et, si necesse fuerit, adjuvabunt eos retinere bonâ fide.

.....In proximo kalendis Augusti, comes Barchilonæ et comes Provinciæ venient ad curiam et supradicta complebuntur.

Statuimus etiam quod nepoti nostræ Richildi, nunc comitissæ Provinciæ dos ejus salva permaneat.

(P. de Marca, *Marca hispanica*. Appendix, p. 1332. Ex archivo regio Barcinonensi.)

NOTE 6

LES JUGES D'ARBORÉE

Nous avons vu (chap. III) que, vers 1170, Hugues de Baux découragé par tous ses déboires s'exila en Sardaigne. Il y fut, dit-on, l'origine d'une famille qui joua un grand rôle dans l'histoire de cette île.

La Sardaigne, à cette époque, était partagée en quatre petits royaumes indépendants : Arborée (capitale Oristano), Gallura, Cagliari et Torre. Leurs Princes (Juges), dans leurs fréquentes dissensions, faisaient appel à l'aide des Génois ou des Pisans, dont les appétits n'avaient pas besoin d'être excités (la fable du Cheval qui veut se venger du Cerf). Le Saint-Siège exerçait sur eux une suzeraineté, qui ne laissait pas d'être revendiquée aussi par les empereurs d'Allemagne. Les rois d'Aragon, enfin, avaient l'ambition, qu'ils réalisèrent en 1324, de se rendre maîtres de l'île.

Depuis la fin du XIIe siècle jusqu'à 1404, on trouve en Sardaigne, jouant un grand rôle dans les dissensions du pays, une famille de Juges d'Arborée désignés sous les divers noms de Bas, Bassis, Basso, Bassio, que Blanchard en 1875, Barthélemy en 1882, n'hésitent pas à identifier avec les Balz de Provence. C'est la raison pour laquelle je crois devoir en esquisser l'histoire.

A cette raison, peut-être insuffisante par elle-même, on peut ajouter que les Balz de Provence avaient, en Sardaigne, d'importantes possessions que Guillaume III d'Orange va d'abord reconnaître [1]; nous l'avons vu (page 100) par son testament du 1er juillet 1248, les laisser « au ventre de sa femme Galburge de Mevouillon, si elle est enceinte ». — Le 3 novembre 1280 ses neveux Bertrand III et Raymond III, fils de Raymond II prince d'Orange, sei-

1. Guglielmus de Baucio ivit in Sardiniam, nomine suorum et aliorum dominorum de Baucio (Polyptyque de Charles I d'Anjou). Archives des Bouches-du-Rhône, Reg. 170, cité par Barthélemy).

gneur de Courthezon, Suze et Solezieu, cèdent à leur cousin Bertrand comte d'Avellino († 1300) toutes les terres qu'ils possédaient dans les Judicats d'Arborée, Gallura et Torre (page 101). Enfin (page 52) Hugues de Meyrargues donne en 1286 à son cousin Bertrand de Berre tous les droits qu'il peut avoir en Sardaigne. Il n'est pas déraisonnable d'admettre que l'origine de ces propriétés se rattachait à Hugues, l'exilé volontaire.

Quoi qu'il en soit, nous rencontrons déjà *Hugues de Baux* à Oristano, le 31 octobre 1157, commedélégué de Ramon Bérenger le vieux, prince consort d'Aragon († 1162) et témoin d'un acte de partage de terres entre Bareson Juge d'Arborée et sa femme Agalburge fille de Pons de Cervera et petite-fille de Ramon Bérenger (By 1 : Arborée).

En 1165, l'empereur Frédéric Barberousse, affirmant ainsi ses droits de suzerain, donne l'investiture de la Sardaigne à la République de Pise. Cela contrariait toutes les ambitions du roi d'Aragon Alfonso II, sur l'invitation duquel, croit-on, Hugues de Baux se décida à revenir définitivement en Sardaigne en 1170. Il y épousa la fille, ou plutôt, je crois, la sœur de Bareson et en eut un fils *Hugues Pontius*. Il mourut en 1179.

Je donne ici un tableau de l'origine de cette branche, d'après les données de Barthélemy (Inventaire &a), en essayant de mettre d'accord son récit avec les premières des 69 chartes sardes qu'il a eu la patience de recueillir.

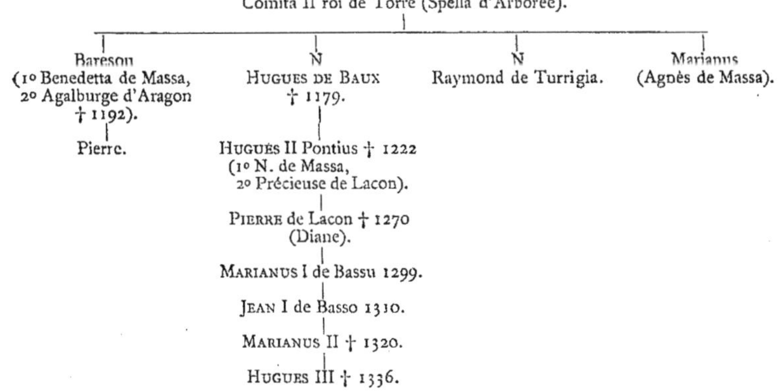

Hugues Pontius (ou Poncet), que les chroniques sardes appellent Ugo de Basso ou de Bassis, naquit en 1178 et, à la mort de sa tante Agalburge (1192), devint Juge d'Arborée sous la tutelle de son oncle Raymond de Turrigia. Ses droits lui furent contestés par son cousin germain Pierre, fils du premier mariage de Bareson avec Benedetta de Massa; mais, grâce à l'intermédiaire des Génois, ils conviennent d'un condominium qui prend fin à la mort, sans enfants, de Pierre. Comme l'avait fait Agalburge en 1186, d'accord avec le roi Alfonso d'Aragon marquis de Provence, Hugues s'allie, contre les Pisans, avec les Génois auxquels, à plusieurs reprises, en 1192 et 1198, il promet toute sa protection en Sardaigne. Il meurt en 1222. Il avait épousé d'abord N. de Massa, mais ce mariage est brisé par le Pape en 1206 pour cause de trop proche parenté; puis, en secondes noces, Précieuse de Lacon.

Pierre de Lacon son fils (appelé de Bassu par les Sardes), de concert avec sa femme Diane, reconnaît explicitement, et confirme par le paiement d'un tribut annuel, la suzeraineté du Saint-Siège (1237). Il meurt vers 1270.

Marianus I de Baux, son fils, lui succède. Grâce à ses efforts et aux conseils du roi d'Aragon [1], Pierre II et d'Alfonso III qui, en 1286, lui écrit pour le prier de lui continuer l'amitié qu'il portait au roi Pierre son père, le Judicat d'Arborée grandit au point d'absorber les trois autres vers 1290, non sans avoir, pourtant, laissé les Génois s'emparer d'une partie de ceux de Gallura et de Torre et les Pisans occuper et fortifier Cagliari, Bosa et Iglésias.

Pour se défaire des prétentions de ces deux ambitieuses Républiques, le pape Boniface VIII s'allie au roi Jaime II d'Aragon, gendre de Charles le Boiteux roi de Naples et, sous condition de foi et hommage, lui donne l'investiture de la Sardaigne. Gênes et Pise refusent, naturellement, de la reconnaître.

Jean I (de Basso), fils de Marianus I, entreprend contre elles de longues luttes que suspend la trêve du 31 juillet 1300.

Marianus II son fils soutient énergiquement les prétentions de Jaime II qui promet de lui maintenir dans tous les cas le Judicat d'Arborée (1310). Il meurt vers 1320.

1. Ramon Bérenger régent d'Aragon (1131-1162).

Alfonso II (1162-1196).	Alfonso III (1285-1291).	Jean I (1387-1396).
Pierre I (1196-1213).	Jaime II son frère (1291-1327).	Martin son frère † 1410.
Jaime I (1213-1276).	Alfonso IV (1327-1335).	
Pierre II (1276-1285).	Pierre III (1335-1387).	

Hugues III, fils de Marianus II, suit les exemples de son père et, le 9 décembre 1322, le roi Jaime II, de Tarragone, le remercie de son fidèle concours et promet de lui conserver tous ses titres et possessions. L'infant Alfonso, fils de Jaime, vient en Sardaigne en 1323 et, au nom de son père, donne Arborée en fief à Hugues qui lui prête serment d'hommage et de fidélité. En 1324, Hugues III reprend aux Pisans Iglesias, Sassari et, le 19 juin, Cagliari. A son avènement, Alfonso IV confirme la donation faite à Hugues III qui meurt en 1336 après avoir marié sa fille Buenaventura a Pedro, cousin d'Alfonso IV et arrière-petit-fils naturel de Jaime I (✝ 1276).

Mais les meilleures amitiés ont parfois de sombres lendemains. *Marianus III*, fils de Hugues III, est fait, en 1339, comte de Goceano par Pierre III qui avait succédé en 1335 au roi Alfonso; puis, à la suite du refus qu'il lui oppose du comté de Monte Acuto, la brouille, puis la guerre éclate entre eux.

Pour la soutenir, *Hugues IV*, fils de Marianus, fait alliance, en 1380, avec Louis Ier d'Anjou, fils adoptif de la reine Jeanne de Naples. Celui-ci l'abandonne peu après et Hugues, qui continue seul la guerre, repousse avec dédain les nouvelles avances de Louis qui lui demande pour son fils (âgé de 10 mois) la main de sa fille Benedetta. Il renvoie ses ambassadeurs et lui écrit « qu'il se réserve de démontrer, en temps et lieu, à tous les princes du monde, comment un duc d'Anjou se fait un jeu de la tenue des traités ». Il meurt en 1383, assassiné par ses sujets outrés de son despotisme et qui constituent le Judicat en République sous la protection de Gênes. Il n'avait pas d'enfants.

Éléonore (de Basso) sa sœur, mariée à Brancaleon Doria, alors prisonnier en Espagne, soutient seule, avec énergie, les droits de leur fils *Frédéric* et conclut, le 24 janvier 1388, puis le 1er janvier 1390, un traité de paix qui rend la liberté à Brancaleon. Frédéric meurt quelques années après; elle le suit de près en 1404.

Là se termine la descendance de Hugues de Baux. Pour être complet, j'ai cru devoir en esquisser l'histoire, malgré certaine obscurité qui règne peut-être sur son origine même :

Ce que je sais *le moins*, c'est mon commencement.

NOTE 7

COMTES DE BARCELONE ET ROIS D'ARAGON

Pour permettre de suivre plus facilement les relations de la Maison des Baux, avec les comtes de Catalogne en Provence au XIIe siècle (chapitre II), avec les rois d'Aragon à Naples aux XIVe et XVe (chapitre IV), je résume ici l'histoire de cette partie de l'Espagne du Moyen Age [1].

Comté de Barcelone.

Constitué par Charlemagne, le comté de Catalogne fut, en 864, isolé du duché de Septimanie et rendu héréditaire, en faveur de Wilfrid le Velu qui eut pour vassaux les comtes d'Urgel, de Cerdagne, de Roussillon et les vicomtes de Carcassonne. Son histoire est, pour nous, sans intérêt jusqu'à :

Ramon Bérenger III né en 1082, mort en 1131 ; il fut marié trois fois : en 1105 à *Marie del Bivar* fille du Cid et de Chimène, en 1106 à *Almodiz*, en 1112 à *Doulce* fille aînée de Gerberge comtesse de Provence et de Gilbert comte de Gévaudan, Rodez et Carlad. Il eut sept enfants : *Berenguela* épouse Alfonso VII roi de Castille ; *Ximena*, Roger comte de Foix ; *Almodiz*, Poncio de Cerbera (furtim et violenter) ; *Mahalta* ne fut pas mariée. De ses trois fils, le dernier *Bernardo* mourut jeune ; le second, *Bérenger Raymond*, époux de Béatrix de Melgueil, recueillit le comté de Provence ; l'aîné, enfin, *Ramon Bérenger IV* fut son successeur en Catalogne.

Ramon Bérenger IV (*le Vieux*) est fiancé en 1137 à Pétronille (Peronella) fille unique, alors âgée de deux ans, de Ramirez le Moine roi d'Aragon et devient, en son nom, Régent du Royaume quand Ramirez abdique pour revenir à son couvent de Saragosse. Après leur mariage, en 1150, Pétronille, âgée de quinze ans, devient reine d'Aragon ; Ramon Bérenger ne prend pas le titre de Roi, il reste prince consort « principe y dominador ».

J'ai dit dans le cours de cette étude (chapitre II) les longs démêlés que, pour assurer les droits à la Provence de son frère cadet Bérenger Raymond

1. Bofarull, *Los Condes de Barcelona vindicados*. Barcelona, 1836. — Joaquin Moret y Sanz, *La casa condal de Urgel*. Barcelona, 1903. — Pierre de Marca, *Marca hispanica sive limes hispanicus*. Paris, 1688.

1° COMTES DE BARCELONE.

RAMON BERENGER III † 1131
Cte de Provence
sous le nom de Raymond Berenger I
(1° 1105
2° 1106
3° 1111

RAMON BERENGER IV le Vieux † 1162
Cte de Barcelone Prce consort d'Aragon
(1150 Pétronille † 1174 fille de Ramirez le Moine).

BERENGER RAYMOND † 1144
Cte de Provence
(Béatrix de Melgueil).

ALFONSO II † 1196
roi d'Aragon.
(*Voir ci-dessous.*)

RAYMOND BERENGER III
Cte de Provence
† 1181 Montpellier.

RAYMOND BERENGER II le Jeune
Cte de Provence † 1166
(Richilde de Pologne).

2° ROIS D'ARAGON.

RAMIREZ le Moine (Agnès fille du Cte de Poitiers) abd

PÉTRONILLE Reine † 1174 (1150 Ramon Berenger IV Prc

ALFONSO II † 1196 (1171 Sancha de Casti

PIERRE I
tué en 1213 à la bataille de Muret
(Marie de Montpellier).

ALPHONSE
Cte de Provence
(Garsende de Forcalquier).

CONSTANC
(1° Emeric roi de
2° Empr Frédéric I

JAIME I le Conquérant † 1276
(1° 1221 Leonor fille d'Alphonse IX de Castille répudiée 1229,
2° 1235 Yolande † 1251 fille d'André II roi de Hongrie).

PIERRE II † 1285
(Constance de Sicile
fille du roi Manfred).

YOLANDE † 1251
(Alfonso XI le Sage
roi de Castille).

ISABELLE
(1262 Philippe le Hardi
roi de France).

SANCHO
Archevêq
de Tolède

ALFONSO III † 1291
le Magnifique,
non marié.

JAIME II † 1327
roi de Sicile, puis d'Aragon
(1295 Blanche d'Anjou
fille du roi Charles II).

FRÉDÉRIC roi de Sicile
après Jaime II
(Eléonore d'Anjou
fille de Charles II).

YOLANDE
(1295 Robert le Sage
roi de Naples).

ISABELLE
(Dionis
roi de Portu

ALFONSO IV † 1335
(Leonor de Castille).

YOLANDE d'Aragon
(1237 Philippe II d'Anjou
Tarente † 1339).

PIERRE III † 1387
(Leonor fille de Pierre roi de Sicile).

JEAN I † 1396
(Yolande de Bar † 1434).

MARTIN † 1410
(Maria de Luna
† 1407).

YOLANDE d'Aragon
(Louis III d'Anjou
roi de Naples
et Cte de Provence).

Avec MARTIN finit la maison d'Aragon
FERDINAND DE CAS

ALPHONSE V le Magnanime † 14
(Marie de Castille † 1458)
roi de Naples en 1442 après René le

FERRANTE I † 1494
roi de Naples
(1° Isabelle de Chiaramonte † 1465
2° 1476 Juana de Castille).

FRÉDÉRIC I † 1504
roi de Naples (Isabelle de Baux † 1533).
(1473 M

FERDINAND III † 1530 à Valence (Espagne)
(1518 Germaine de Foix).

ɪʀ III † 1131
ovence
mond Berenger I

(1° 1105 Maria del Bivar, fille du Cid et de Chimène.
2° 1106 Almodiz.
3° 1111 Doulce de Provence † 1129).

ne).

BERENGER RAYMOND † 1144
Cte de Provence
(Béatrix de Melgueil).

BERENGUELA
(Alfonso VII roi
de Castille).

XIMENA
(Roger
Cte de Foix).

ALMODIZ
(Poncio
de Cerbera).

GER III
nce
ellier.

RAYMOND BERENGER II le Jeune
Cte de Provence † 1166
(Richilde de Pologne).

Moine (Agnès fille du Cte de Poitiers) abdique en 1137.

eine † 1174 (1150 Ramon Berenger IV Prce consort † 1162).

ALFONSO II † 1196 (1171 Sancha de Castille).

ALPHONSE
Cte de Provence
sende de Forcalquier).

CONSTANCE
(1° Emeric roi de Hongrie,
2° Empr Frédéric II).

SANCHA
(Raymond V
Cte de Toulouse).

pudiée 1229,
ongrie).

ISABELLE
262 Philippe le Hardi
roi de France).

SANCHO
Archevêque
de Tolède.

JAIME
roi de Mayorque
(Esclarmonde de Foix).

YOLANDE
(1295 Robert le Sage
roi de Naples).

ISABELLE
(Dionis
roi de Portugal).

FERDINAND de Mayorque
(1314 Isabelle de Sabran † 1315)
aspirant à la principauté
de Morée ; décapité 1316.

SANZIA
(Robert le Sage,
roi de Naples).

Avec MARTIN finit la maison d'Aragon et commence, après 2 ans d'interrègne, celle de Castille avec
FERDINAND DE CASTILLE † 1416 (Leonor Urraca de Castille).

ALPHONSE V le Magnanime † 1458
(Marie de Castille † 1458)
roi de Naples en 1442 après René le Bon.

JEAN II roi de Navarre,
puis 1458 † 1479 d'Aragon et Castille
(Juana Enriquez).

FERRANTE I † 1494
roi de Naples
(1° Isabelle de Chiaramonte † 1465,
2° 1476 Juana de Castille).

FERDINAND † 1516
roi de Castille
(1° 1469 Isabelle la Catholique † 1504,
2° 1505 Germaine de Foix).

JUANA
(1476 Ferrante I
roi de Naples).

FRÉDÉRIC I † 1504
ples (Isabelle de Baux † 1533).

BEATRIX † 1500
(1473 Mathias Corvin, roi de Hongrie).

III † 1530 à Valence (Espagne)
518 Germaine de Foix).

et, après sa mort (1144), ceux de son neveu Raymond Bérenger le Jeune († 1166), il eut à soutenir en Provence, d'abord (1110-1125) contre Alphonse Jourdain comte de Toulouse, puis (1135-1150) contre Raymond de Baux et sa femme Stéphanette, sœur de Doulce femme de Ramon Bérenger III (I de Provence), enfin contre Hugues de Baux fils aîné de Raymond ; il n'en vient définitivement à bout, avec la protection de Frédéric Barberousse, qu'en 1162. A son retour de Turin en Espagne, il meurt à Borgo San Dalmazzo, laissant trois fils, *Alfonso*, *Ramon Bérenger* et *Sancho*.

Deux ans après (1164) sa veuve Pétronille abdique en faveur de l'aîné, Alfonso (qui s'était d'abord appelé Ramon). Elle meurt en 1174.

Depuis Alfonso II, le comté de Barcelone n'est plus qu'une province du royaume d'Aragon dont, en reprenant d'un peu plus haut, je résume l'histoire.

Royaume d'Aragon.

Ramirez le Moine (1134-1137), frère et successeur d'Alfonso Ier le Batailleur mort sans enfants, est arraché par les seigneurs à son couvent de Saint-Pons de Tomeriis, et, par eux forcé d'épouser (avec dispense du Pape) Agnès, fille de Guillaume IX comte de Poitiers. Il en eut une fille *Pétronille* (ut suprà) qui épouse, en 1150, le comte de Barcelone, Ramon Bérenger IV († 1162), dont je viens d'analyser l'histoire.

Alfonso II leur fils aîné (1162-1196) épouse, en 1171, Sancha de Castille. On l'a vu, dans le cours de ce récit (page 18), défendre (1167) contre les convoitises de Raymond V comte de Toulouse les droits au comté de Provence de sa cousine, Doulce II, fille unique de Raymond Bérenger tué, en 1166, au siège de Nice. Doulce II étant morte non mariée, Alfonso II confie la Provence d'abord à son frère *Raymond Bérenger III*, tué en 1181 à Montpellier et après lui à son deuxième frère *Sancho* ; il la lui enlève peu après en lui donnant le Gévaudan, Rodez et la remet enfin à son propre fils *Alfonso* époux de Garsende comtesse de Forcalquier. Ses filles épousèrent : *Constance*, Emeric roi de Hongrie, puis Frédéric II empereur d'Allemagne, *Sancha*, Raymond V comte de Toulouse († 1194). Il meurt à Perpignan en 1196, laissant l'Aragon à Pierre son fils aîné :

Pierre Ier (1196-1213), tué à la bataille de Muret en combattant, avec Raymond VI comte de Toulouse son neveu, contre Simon de Montfort, avait épousé, en 1204, à Montpellier, Marie fille du feu comte Guillaume; elle lui apporte la seigneurie de Montpellier pour laquelle il prête immédiatement hommage à l'évêque; *Guillaume* et *Hugues de Baux* fils de Bertrand et de Tiburge d'Orange sont ses témoins (pages 23-24). Le 10 novembre 1204 il se rend à Rome avec *Hugues de Baux* et s'y fait couronner roi par Innocent III (By 116). Il éprouvait pour sa femme une insurmontable aversion et avait à Montpellier une amie dans le lit de laquelle, par une ruse dynastique, ses amis substituèrent la reine. De là, naquit, en 1207, un fils Jaime.

JAIME I le Conquérant (1213-1276) reprend (1235) sur les Zeirides de Tunis les Baléares qui avaient déjà été prises aux Sarrasins (1115) par Raymond Bérenger III de Barcelone, aidé par *Raymond de Baux* son beau-frère (page 9), mais presque aussitôt reperdues. En 1238, il conquiert sur les Maures le royaume de Valence. En 1258, il renonce à sa prétendue suzeraineté sur le Languedoc pour obtenir que le roi saint Louis abandonne en sa faveur sa suzeraineté nominale sur le Roussillon et la Cerdagne.

Il avait épousé : 1° à quatorze ans, en 1221, Léonore, fille d'Alfonse IX roi de Castille, qu'il répudie en 1229; 2° en 1235 Violanta (Yolande), fille d'André II roi de Hongrie et de Yolande, fille de Pierre de Courtenai empereur de Constantinople. Il en eut quatre fils et quatre filles : *Pedro* (Pierre II son successeur), *Jaime*, roi de Mayorque, marié à Esclarmonde de Foix, *Sancho*, archevêque de Tolède et *Fernando* mort en bas âge; *Yolande* († 1251) femme d'Alfonso XI (le Sage), roi de Castille, *Constance*, femme de Fernando son frère, *Isabelle*, mariée en 1262 à Philippe le Hardi roi de France, *Maria*, religieuse et *Sancha* non mariée, morte à Jérusalem. — Un de ses arrière-petits-fils naturels, Pedro, épouse Buenaventura fille de *Hugues III de Baux*, juge d'Arborée (voir note 6).

PIERRE II (1276-1285), avec qui commencent les longues luttes des rois d'Aragon contre les rois de Naples de la Maison d'Anjou, épouse en 1262 *Constance* de Sicile († 1302), fille du roi Manfred tué en 1266 à la bataille de Bénévent. En 1282, les Vêpres Siciliennes lui acquièrent la Sicile avec l'aide de Jean de Procida. — En dehors de sept ou huit enfants naturels, il a quatre fils : *Alfonso III* son successeur; *Jaime II* roi de Sicile puis, à la mort de son frère, roi d'Aragon; *Frédéric* (Fadrique) roi de Sicile après Jaime II; *Pedro* mort jeune; et deux filles: *Isabelle* femme de Dionis roi de Portugal et *Yolande* qui épouse, en 1295, Robert d'Anjou (le Sage) roi de Naples.

ALFONSE III *le Magnifique* (1285-1291) meurt avant son mariage avec Léonor fille d'Édouard IV roi d'Angleterre.

JAIME II (1291-1327) son frère cadet, pour sceller la paix avec la Maison d'Anjou, épouse, en 1295, Blanche fille de Charles II le boiteux roi de Naples, qu'il avait longtemps retenu prisonnier, et de Marie fille d'Étienne V roi de Hongrie. En 1305, il s'empare d'une partie du royaume de Murcie et en 1323 enlève la Sardaigne aux Pisans (p. 184). — Une de ses filles Yolande épouse (1337) Philippe de Tarente, despote de Romanie († 1339)[1].

Les règnes d'ALFONSO IV le Débonnaire († 1335) fils aîné de Jaime II et de PIERRE III († 1387) sont sans intérêt.

JEAN Ier le chasseur (1387-1396), trois fois marié, épouse en 1370 Jeanne fille de Philippe VI de Valois, en 1372 Marie fille du comte d'Armagnac, en 1380 Yolande fille de Robert duc de Bar et cousine de Charles V le Sage roi de France. De ce dernier mariage, il eut une fille *Yolande* qui, en 1400, épousa Louis III d'Anjou roi de Naples et comte de Provence.

MARTIN frère de Jean Ier lui succède; avec lui s'éteint, en 1410, la dynastie d'Aragon qui, après deux ans d'interrègne, fait place, en 1412, à la Maison de Castille dans la personne de Ferdinand de Castille, petit-fils de Pierre III.

FERDINAND Ier (1412-1416) ne règne que quatre ans sur l'Aragon. Il avait épousé sa tante Leonor Urraca de Castille.

Son fils ALFONSE V le Magnanime (1416-1458) se mêle avec ardeur aux affaires de Naples (pages 69, 70 et note 8 : Maison d'Anjou). La reine Jeanne II l'appelle à son secours, en 1420, contre Louis III d'Anjou et l'adopte; mais bientôt, lasse de sa brutalité, elle se réconcilie avec Louis III qu'elle adopte à son tour, par le traité de Castel Capuano (2 juin 1423), quand

1. Voir Note 8 : Maison d'Anjou.

Alfonse est obligé de revenir en Espagne pour secourir son frère Jean II roi de Navarre et, en passant, pille Marseille qui appartenait à la Maison d'Anjou.

Après sa conquête du royaume de Tunis, il essaie de reprendre le royaume de Naples ; battu à Gaëte et fait prisonnier par les Génois alliés de René d'Anjou et interné à Milan, il en est renvoyé sans rançon par le duc Philippe Visconti, son grand admirateur. En 1442, une nouvelle tentative le rend maître de Naples d'où il chasse René d'Anjou (le Bon). Il y meurt en 1458, laissant l'Aragon à son frère Jean II et le royaume de Naples à son fils naturel, légitimé par le Pape, Ferdinand Ier (Ferrante) que nous avons vu directement mêlé à l'histoire *des Baux* puisqu'il maria son fils Frédéric, le dernier roi de Naples de la dynastie d'Aragon, à Isabelle de *Baux* (voir pages 71, 72).

JEAN II (1458-1479) son frère, déjà roi de Navarre, y réunit l'Aragon.

FERDINAND LE CATHOLIQUE (1479-1516) son fils épouse, en 1469, Isabelle de Castille († 1504). En 1504 il reçoit du Pape l'investiture du royaume des Deux-Siciles, une fois de plus réunies. En 1506, il épouse en secondes noces Germaine de Foix (sœur de Gaston). Après sa mort (1516) cette dernière se remarie avec le malheureux Ferdinand III fils de Frédéric et d'Isabelle de Baux qui meurt en exil à Valence (page 78).

NOTE 8

LES DEUX MAISONS D'ANJOU A NAPLES ET EN HONGRIE LEURS RELATIONS AVEC LA MAISON DES BAUX

Charles Ier † 1285. CHARLES D'ANJOU frère de saint Louis, comte de Provence par son mariage avec Béatrix fille de Raymond Bérenger IV, est appelé, en 1264, par le pape Urbain IV, au trône des Deux-Siciles alors occupé par Manfred fils naturel de l'empereur Frédéric II. La défaite et la mort de Manfred à la bataille de Bénévent (1266), la défaite de son neveu Conradin à Tagliacozzo, suivie de son exécution à Naples (1268), assurent pour quelque temps à Charles la tran-

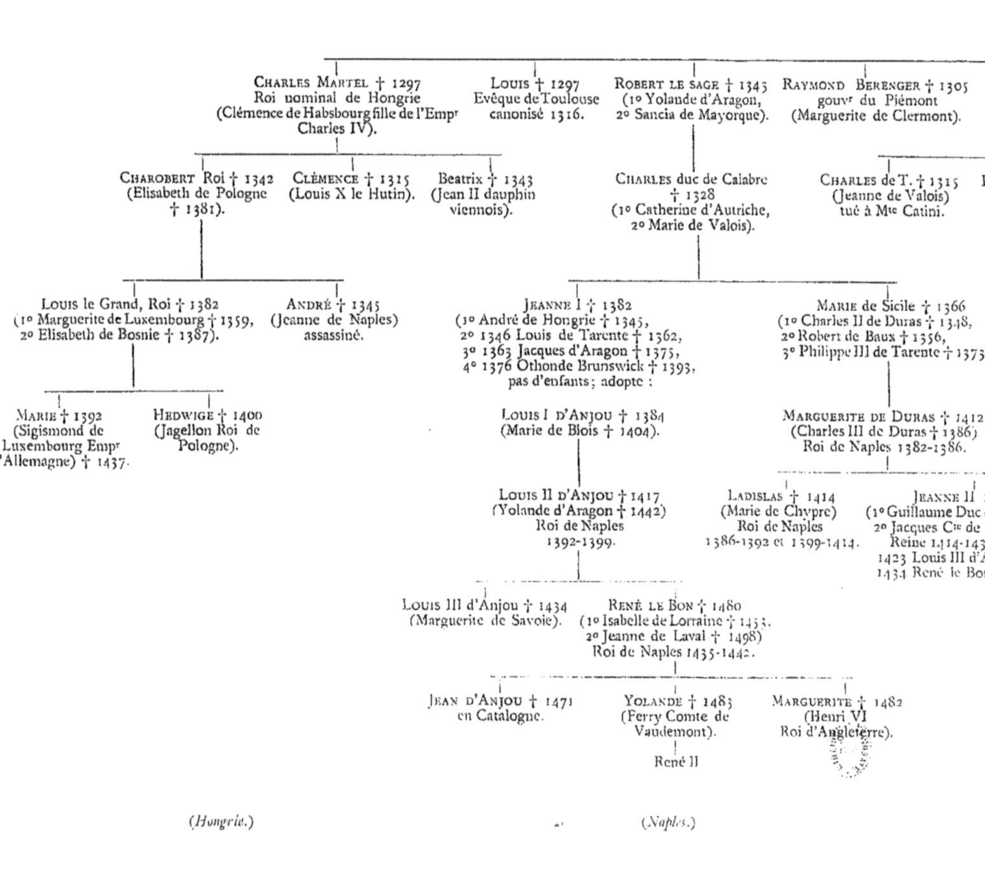
Charles Martel † 1297 Roi nominal de Hongrie (Clémence de Habsbourg fille de l'Empr Charles IV).
Louis † 1297 Evêque de Toulouse canonisé 1316.
Robert le sage † 1343 (1º Yolande d'Aragon, 2º Sancia de Mayorque).
Raymond Berenger † 1305 gouvr du Piémont (Marguerite de Clermont).
Charobert Roi † 1342 (Elisabeth de Pologne † 1381).
Clémence † 1315 (Louis X le Hutin).
Beatrix † 1343 (Jean II dauphin viennois).
Charles duc de Calabre † 1328 (1º Catherine d'Autriche, 2º Marie de Valois).
Charles de T. † 1315 (Jeanne de Valois) tué à Mte Catini.
Louis le Grand, Roi † 1382 (1º Marguerite de Luxembourg † 1359, 2º Elisabeth de Bosnie † 1387).
André † 1345 (Jeanne de Naples) assassiné.
Jeanne I † 1382 (1º André de Hongrie † 1345, 2º 1346 Louis de Tarente † 1362, 3º 1363 Jacques d'Aragon † 1375, 4º 1376 Othon de Brunswick † 1393, pas d'enfants; adopte :
Marie de Sicile † 1366 (1º Charles II de Duras † 1348, 2º Robert de Baux † 1356, 3º Philippe III de Tarente † 1375).
Marie † 1392 (Sigismond de Luxembourg Empr d'Allemagne) † 1437.
Hedwige † 1400 (Jagellon Roi de Pologne).
Louis I d'Anjou † 1384 (Marie de Blois † 1404).
Marguerite de Duras † 1412 (Charles III de Duras † 1386) Roi de Naples 1382-1386.
Louis II d'Anjou † 1417 (Yolande d'Aragon † 1442) Roi de Naples 1392-1399.
Ladislas † 1414 (Marie de Chypre) Roi de Naples 1386-1392 et 1399-1414.
Louis III d'Anjou † 1434 (Marguerite de Savoie).
René le Bon † 1480 (1º Isabelle de Lorraine † 1453, 2º Jeanne de Laval † 1498) Roi de Naples 1435-1442.
Jean d'Anjou † 1471 en Catalogne.
Yolande † 1483 (Ferry Comte de Vaudemont).
René II
Marguerite † 1482 (Henri VI Roi d'Angleterre).
(Hongrie.)
(Naples.)

LA MAISON D'ANJOU : NAPLES, HONGRIE, TARENTE, DURAS

- **Charles I d'Anjou** † 1285, 7e fils de Louis VIII et de Blanche de Castille, Cte de Provence et Roi de Naples (Beatrix † 1267 4e fille de Raymond Berenger Cte de Provence).
  - **Charles II le boiteux** † 1309 (1289 Marie de Hongrie † 1323, fille d'Étienne V roi de Hongrie, sœur et héritière de Ladislas le Cumain † 1290).
    - **Philippe de Sicile** Pce de Tarente, Pce d'Achaïe, despote de Romanie, seigneur d'Albanie † 1332 (1o Thamar † 1308 fille de Nicephore despote d'Étolie et d'Anne Cantacuzène, 2o 1313 Catherine de Valois † 1346 Impératrice titre de Constantinople fille de Catherine de Courtenai † 1308).
      - **Philippe II de T.** † 1337 (Yolande d'Aragon) fille de Jaime II.
      - **Robert de T.** † 1364 Pce de Tarente, Pce d'Achaïe, despote de Romanie, Empr titre de Constantinople (Marie de Bourbon). (a)
      - **Louis de T.** † 1362 (2e mari de Jeanne de Naples).
      - **Philippe III** † 1373 Pce de Tarente Empre titre de Const. (Marie de Sicile † 1366). (b)
      - **Marguerite de T.** (1o Édouard Roi d'Écosse, 2o François de Baux Duc d'Andrie † 1422).
        - *Jacques de Baux † 1383 Pce de Tarente Empr titre de Constantinople (Agnès de Duras).*
    - **Pierre** † 1315 Cte de Gravina tué à Mte Catini.
    - **Jean de Sicile** Duc de Duras † 1335 (Agnès de Périgord, veuve de Louis de Bourgogne Prince d'Achaïe).
      - **Charles II de D** † 1348 (Marie de Sicile † 1366) décapité à Aversa.
        - **Agnès de D.** † 1388 (1o Can Signorio della Scala, 2o Jacques de Baux † 1383).
        - **Jeanne de D** (1o Louis de Navarre, 2o Robert d'Artois, Cte d'Eu † 1387).
        - **Marguerite de D** † 1412 (Charles III de Duras) † 1386.
      - **Robert de D.** † 1356 Prince de Morée, tué à la bataille de Poitiers. (c)
      - **Louis de D.** † 1362 (Marguerite de San Severino) empoisonné à Naples. (d)
        - **Charles III de D** † 1368 (Marguerite de Duras † 1412) Roi de Naples et de Hongrie.
          - **Ladislas** † 1414 Roi de Naples 1386-1392 1699-1414.
          - **Jeanne II** † 1435 Reine de Naples.
    - (A) **Marguerite** † 1301 (Charles de Valois) frère de Philippe le Bel.
    - (B) **Blanche** † 1310 (Jaime II † 1327) Roi d'Aragon.
    - (C) **Éléonore** † 1341 (Frédéric d'Aragon) Roi de Sicile.
    - (D) **Marie** † 1324 (1o Sancho Roi de Mayorque, 2o Jaime III d'Aragon).
    - **Beatrix** (1o 1305 Mis d'Este, 2o 1308 Bertrand III de Baux Cte d'Andrie).
      - *François de Baux duc d'Andrie † 1422. (Margte de Tarente).*
        - *Jacques de Baux † 1383 Pce de Tarente, Empr titre de Constantinople (Agnès de Duras).*
  - **Marie de Sicile** † 1303 (1269 Ladislas le Cumain Roi de Hongrie † 1290).
  - **Blanche de Sicile** † 1270 (Robert Cte de Béthune).
  - **Robert** † 1266 à Nocera.
  - **Philippe de Sicile** † 1277 Pce d'Achaïe, Roi de Thessalonique (1271 Isabelle de Villehardouin † 1312).
  - **Beatrix de Sicile** (1273 Philippe de Courtenai † 1285 Empr titre de Constantinople).
    - *Catherine de Courtenai † 1308 Imperce titre de Constantinople (Charles Cte de Valois).*
      - *Catherine de Valois † 1346 (1313 Philippe de Sicile Pce de Tarente † 1332) Empr titre de Constantinople.*
        - **Robert de Tarente** Empr titre de Constantinople † 1364 (Marie de Bourbon).
        - **Philippe III de Tarente** Empr titre de Constantinople † 1373 (Marie de Sicile † 1366).

(a) (b) (c) (d) prisonniers en Hongrie de 1348 à 1352.

(Tarente.)

(Duras.)

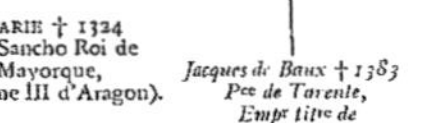

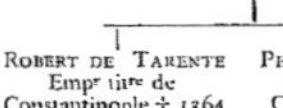

quille possession de son royaume et lui permettent de tourner ses vues ambitieuses vers Constantinople.

Il en prépare la réalisation en mariant, en 1269, l'une de ses filles Marie de Sicile avec Ladislas le Cumain prince héritier de Hongrie et, en 1273, une seconde, Béatrix avec Philippe de Courtenai fils de Baudoin II le dernier des Empereurs français.

Baudoin, dépossédé en 1261, avait demandé à Charles d'Anjou de l'aider à reconquérir son trône et conclu avec lui le traité de Viterbe (1267) aux termes duquel, à titre d'arrhes pour ainsi dire, il lui faisait don de la Principauté d'Achaïe. Mais l'attention de Charles est bientôt détournée, d'abord par sa croisade de Tunis, puis par les menées de Pierre III roi d'Aragon.

Basant ses prétentions à la couronne de Naples sur son mariage avec Constance fille de Manfred, Pierre d'Aragon réussit, à la suite des Vêpres Siciliennes (1282), à s'emparer de la Sicile. Pendant de longues années, Charles et ses successeurs essaieront vainement de la reprendre; en 1284, sa flotte est battue à Malte par Roger de Loria; l'année suivante, son fils Charles prince de Salerne fait, malgré ses ordres, une nouvelle tentative; battu dans les eaux de Naples, il est fait prisonnier et emmené en Aragon. Abreuvé de chagrins, le roi Charles meurt à Foggia (1285), à l'âge de 66 ans, confiant la tutelle du royaume à son neveu Robert comte d'Artois qui l'exerce jusqu'en 1289.

De sa femme Béatrix de Provence, morte en 1267, il avait eu sept enfants : quatre fils, *Charles*, qui lui succéda; *Louis*, mort en bas âge (1248); *Robert*, en 1266; *Philippe* prince d'Achaïe par son mariage (1271) avec Isabelle de Villehardoin [1] et mort empoisonné à Nocera (1277), et trois filles : *Marie* épouse, en 1269, Ladislas fils d'Étienne V roi de Hongrie; *Blanche*, en 1269, Robert de Béthune comte de Flandre, et *Béatrix*, en 1273, Philippe de Courtenai.

Charles II le Boiteux 1285-1309.

CHARLES II ne fut mis en liberté par Alfonso III le Magnifique, sucesseur de Pierre III, qu'en 1289 et à la condition de laisser en otages trois de ses fils et quatre-vingts chevaliers, qui ne furent rendus qu'en 1294 par Jaime II, successeur d'Alfonso. Pour sceller une paix soi-disant définitive, Jaime II

1. Voir le tableau généalogique joint à la présente note et ceux des notes 7 (Rois d'Aragon) et 10 (Empire latin et principauté d'Achaïe).

épouse (1295) Blanche de Sicile, fille de Charles II. Bien plus, il veut (1302) forcer son frère, Frédéric d'Aragon, à rendre la Sicile à Charles. Une guerre s'ensuit, dans laquelle Philippe prince de Tarente, fils de Charles II, est fait prisonnier. Après diverses péripéties, on convient de laisser la Sicile à Frédéric sa vie durant; il épouse Éléonore, autre fille de Charles II, rend la liberté à Philippe son nouveau beau-frère, et promet de laisser la Sicile, à sa mort, à Charles ou à ses héritiers.

Dégoûté des guerres, Charles laisse le gouvernement de Naples à l'archevêque d'Arles chancelier du royaume et vient (1307) se reposer dans son comté de Provence. Il acquiert, pour la donner à son fidèle Bertrand de Baux, la partie de la principauté d'Orange qui appartenait aux Chevaliers de Saint-Jean de Jérusalem, abolit en Provence l'ordre des Templiers, à l'imitation de Philippe le Bel, fait son testament dont il confie l'exécution à Hugues de Baux comte d'Avellino, puis rentre à Naples. Il y meurt le 5 mai 1309, âgé de 63 ans.

De sa femme Marie de Hongrie qu'il avait épousée en 1289, aussitôt après sa mise en liberté, il avait eu huit fils et 5 filles : 1° *Charles Martel* l'aîné, roi nominal de Hongrie à la mort de son oncle Ladislas, meurt en 1297; 2° *Louis*, à vingt ans évêque de Toulouse, grâce à la singulière bienveillance du Pape, meurt en 1297 à Brignoles; il est canonisé en 1316 par Jean XXII son ancien précepteur; 3° *Robert* duc de Calabre succède à son père sur le trône de Naples; 4° *Raymond Bérenger*, marié à sa cousine Marguerite fille de Robert comte de Clermont et sixième fils de saint Louis, meurt gouverneur du Piémont (1305); 5° *Philippe* prince de Tarente, despote de Romanie, acquiert, par sa seconde femme Catherine fille de Charles de Valois (frère de Philippe le Bel) et de Catherine de Courtenai (arrière-petite-fille de l'empereur Baudoin II), des droits nominaux à l'empire de Constantinople; 6° *Tristan* meurt en bas âge; 7° *Pierre* comte de Gravina est tué à la bataille de Monte Catini (1315); 8° enfin *Jean*, souche de la branche de Durazzo, meurt en 1335. Quant à ses filles : 1° *Marguerite* fut la première femme de Charles de Valois; 2° *Blanche*, 3° *Éléonore* épousèrent respectivement, on vient de le voir, Jaime II roi d'Aragon et Frédéric son frère roi de Sicile; 4° *Marie* épousa Sancho roi de Mayorque; 5° *Béatrix*, enfin, veuve du marquis d'Este, épouse, en 1308, Bertrand III de Baux comte de Monte Scaglioso, comte d'Andrie, capitaine général et grand amiral de Naples.

Cl. Brogi

ROBERT règne au début du grand schisme d'Occident. Le pape Clément V, que Philippe le Bel avait fait nommer (1305) à la place de Boniface VIII, le couronne en 1309 à Avignon où il venait de transporter le siège de la papauté et y meurt en 1314. Après un conclave qui ne dure pas moins de deux ans, il est remplacé par Jean XXII ancien précepteur de Louis, frère de Robert et entièrement dévoué à la Maison d'Anjou. Robert veut le défendre contre les Gibelins, mais il se fait battre à Monte Catini (1315) où, de ses deux frères, l'un, Pierre comte de Gravina est tué, l'autre, Philippe prince de Tarente fait prisonnier. Nommé par le Pape sénateur de Rome et seigneur de la République de Gênes, il prend sa revanche (1323) en délivrant Gênes que Frédéric de Sicile et les Visconti assiégeaient depuis cinq ans. Florence lui offre, pour dix ans, la seigneurie de la République; il s'y rend (1325) accompagné par Amiel de Baux, chef de la branche d'Alessano (Orange) (p. 111). En 1327, l'empereur Louis de Bavière, appelé par les Pisans, entre à Rome, y fait élire un Pape contre Jean XXII resté à Avignon et, de concert avec Frédéric roi de Sicile, attaque Naples, si vigoureusement défendue par le roi Robert et par Bertrand III de Baux comte d'Andrie, qu'il est obligé de lever le siège et de s'enfuir en Lombardie.

Robert le Sage 1309-1343.

Peu après, une grande douleur frappe Robert : le 14 novembre 1328, il perd son fils unique Charles duc de Calabre (Carlo illustre) âgé de trente et un ans, son orgueil et l'adoration des Napolitains; de sa femme Marie de Valois fille de Charles duc de Bretagne, il laissait deux filles : *Jeanne* âgée de deux ans et *Marie* posthume.

En 1331 Robert règle sa succession par un testament auquel assiste, comme témoin, le dauphin Humbert II époux de Marie des Baux; il institue pour son héritière universelle l'aînée de ses petites-filles et, à défaut, Marie de Sicile sa sœur. En 1132, il les fiance toutes deux aux deux fils, André et Louis, du roi de Hongrie Charles Robert d'Anjou (Charobert). Seule, la première de ces unions se réalisa, en 1342; elle fut, comme on sait, singulièrement tragique. Quant à Marie de Sicile, Charles II de Durazzo, l'aîné des fils de Jean frère du roi Robert, l'enlève, pour contrecarrer les projets ambitieux de Charobert sur Naples et l'épouse en 1343.

Cette même année, meurt Robert âgé de soixante-quatre ans. Il s'était marié deux fois : la première, en 1295, avec Yolande fille de Pierre III roi d'Aragon et de Constance fille du roi Manfred, la seconde avec la sainte reine Sancia fille de Jaime Ier roi de Mayorque (dont j'ai longuement parlé au chapitre VI).

Avant de continuer l'histoire de Naples, disons quelques mots de celle de la Hongrie qui, sous les successeurs de Robert, se mêle fréquemment à la première (voir Appendice, note 9).

Le roi Étienne V meurt en 1272; ses deux enfants épousent : *Ladislas le Cumain*, en 1269, Marie de Sicile fille de Charles Ier et *Marie de Hongrie*, en 1289, le roi Charles II. Par cette double union, les rois angevins croyaient préparer la réussite de leurs vues sur Constantinople; ils n'amenèrent que de grands malheurs en appelant sur le royaume de Naples les convoitises des rois de Hongrie.

Ladislas IV (1272-1290), fantasque, débauché, délaisse sa femme Marie de Sicile pour des filles Cumaines à moitié païennes. Il n'a pas d'enfants et fait venir de Venise, pour lui succéder, le dernier héritier de la famille d'Arpad, qui, sous le nom de *André III*, occupe le trône de Hongrie de 1290 à 1301.

Dès la mort de Ladislas, sa sœur Marie de Hongrie, femme de Charles II, obtient que leur fils aîné Charles Martel soit sacré roi de Hongrie par le Pape qui ne considérait André que comme « un prétendu roi ». Ce titre, en réalité, ne put s'appliquer qu'à Charles Martel qui n'occupa jamais le trône et mourut à Naples en 1297. A la mort d'André III (1301), Marie de Hongrie veut faire donner la couronne à son petit-fils Charles-Robert (Charobert) fils de Charles Martel, que Boniface VIII se presse trop de reconnaître : les magnats se rebiffent et, pendant neuf ans, malgré trois sacres successifs, méconnus parce qu'ils n'avaient pas été faits avec la vraie couronne de Saint-Étienne, lui opposent Wenceslas de Bohême, puis Otto de Bavière.

Charobert est enfin couronné en 1310 à vingt-deux ans, avec le joyau historique précieusement caché par Apor, voyvode de Transylvanie. Ce fut un roi autoritaire, défenseur du droit divin autant que ses magnats l'étaient de leur droit d'élection, ambitieux et vindicatif. Il médite, par ses alliances, de faire de la Hongrie une grande puissance : depuis son mariage (le troisième) avec Élisabeth de Pologne (1320) et les fiançailles (1334) de son second fils André avec Jeanne de Naples, il n'a de regards que sur l'Italie et la Pologne.

En 1339, il obtient de son beau-frère Casimir roi de Pologne qu'il reconnaisse Louis, son fils aîné, comme son futur successeur et il meurt en 1342 croyant avoir atteint le but de sa vie.

Louis le Grand (1342-1383) fut un des plus grands rois de la Hongrie. En 1356, il s'empare de Zara et enlève aux Vénitiens toute la Dalmatie qui lui ouvre l'Adriatique. « Signifer Ecclesiæ », comme l'appelle le Pape, il se tourne d'abord (1360) contre les Serbes schismatiques, reprend au tsar Douchan toutes les provinces qu'il avait enlevées à la Hongrie, s'empare de la Bosnie et se tourne contre Vlaiko prince schismatique de Valachie. En 1366, il bat les Turcs aux Portes de fer. Reconnu Roi de Pologne à la mort de Casimir (1370), il en confie le gouvernement à sa mère Élisabeth. En 1378, il marie sa fille aînée *Marie* au fils de l'empereur Charles IV, Sigismond qui devait devenir en 1390 roi de Hongrie, en 1413 empereur d'Allemagne. Après un règne que les Hongrois appellent une longue bénédiction, il meurt en 1382, en même temps que sa cousine et belle-sœur Jeanne de Naples, dont je vais, dans un instant, dire les longs différends avec lui.

A sa mort, la Diète choisit pour *Roi* la *princesse Marie* sa fille, qui gouverne avec Élisabeth sa grand'mère. Mais des troubles sérieux éclatent dans le royaume Uni. La Pologne se sépare de la Hongrie et prend pour roi Jagellon prince de Lithuanie qui venait d'épouser Hedwige la seconde fille de Louis le Grand (1384); d'un autre côté certains magnats hongrois, mécontents de voir un prince d'Autriche sur le trône de Saint-Étienne, y appellent (1385) Charles III de Durazzo roi de Naples depuis la mort violente de la reine Jeanne (1382).

Charles III accepte; mais, à peine arrivé en Hongrie, il est battu par les troupes de la reine Élisabeth, fait prisonnier et, par son ordre, assassiné à Visegrad (1386). Il avait quarante ans. Ses partisans séquestrent la reine Marie et massacrent Élisabeth dont ils envoient la tête à Naples à Marguerite veuve de Charles III.

Marie, délivrée par les Vénitiens (1390), est replacée sur le trône de Hongrie que *Sigismond*, son mari, occupe jusqu'à sa mort (1437) sans autre trouble qu'une tentative sans importance faite, en 1401, par Ladislas fils de Charles III de Durazzo, qui se fait couronner à Zara mais est obligé de regagner Naples. C'est le dernier signe de vie de la Maison d'Anjou en Hongrie.

Revenons maintenant à Naples où nous allons retrouver Louis de Hongrie et Charles III de Durazzo.

Jeanne I 1343-1382.

JEANNE DE NAPLES, dont l'histoire est un long drame, était, au dire de tous, la plus charmante, la plus instruite et la plus accomplie des princesses de ce temps, mais suivant l'heureux euphémisme du bon Oratorien Papon : « elle ne se défiait pas assez du penchant qu'elle avait à se rendre familière ». Elle avait été fiancée à neuf ans (1334) à André de Hongrie fils de Charobert, que le roi Robert avait fait venir à sa cour pour le façonner : simple, timide, rudement élevé en Hongrie, peu gênant d'ailleurs, son mari formait avec elle ce qu'on appellerait, de nos jours, un mariage mal assorti. Élisabeth de Pologne, sa mère, s'en inquiète, vient de Hongrie à Naples avec une nombreuse escorte, insistant auprès de son fils pour qu'il revienne avec elle. Bertrand de Baux grand justicier de Sicile a la fâcheuse idée de l'en détourner et la reine Jeanne, on ne sait pourquoi, s'oppose à dénouer de cette manière une union qui allait, bientôt après, être tragiquement brisée. Dans la nuit du 18 septembre 1345, au château d'Aversa, Jeanne quitte un instant la chambre conjugale où pénètre une troupe d'assassins soudoyés, dit-on, par le prince Louis de Tarente, son cousin et son amant et, le lendemain, l'on découvre, dans le jardin, le corps percé de coups du malheureux André. Le 24 décembre, Jeanne accouche d'un fils, Charles, dont elle prie le pape Clément VI d'être le parrain !

Comme pour justifier tous les soupçons, moins d'un an après, le 20 août 1346, Jeanne épouse Louis de Tarente son cousin, fils de Philippe de Sicile († 1332) et de Catherine de Valois († 1346) impératrice titulaire de Constantinople, du chef de sa mère Catherine de Courtenai († 1308).

Dès le 1er janvier 1346, une bulle du Pape fulmine contre les assassins. Le roi Louis de Hongrie, frère d'André, le supplie de lui permettre d'administrer le royaume de Naples et d'emmener en Hongrie, pour l'y élever, son jeune neveu à la mamelle. Le Pape refuse, mais confie au grand justicier du royaume, Bertrand des Baux comte de Monte Scaglioso, comte d'Andrie et gendre du roi Charles II, l'instruction du procès des coupables. Il est censé aidé dans ses recherches par Robert de Tarente frère de Louis de Tarente, par Charles, Louis et Robert de Durazzo, fils de Jean de Sicile, tous cousins de Jeanne, tous désireux de se justifier des soupçons qui pesaient sur eux. Jeanne dut livrer à la justice plusieurs seigneurs réfugiés auprès d'elle au Château Neuf de Naples, des comparses sans doute, que Bertrand de Baux fait torturer et supplicier.

Après le mariage de Jeanne, le roi Louis de Hongrie frère d'André l'accuse formellement d'être l'auteur de son meurtre; il lui écrit : *Impudica vita quam jam duxisti, occupatum regnum, neglecta vindicta, vir alter susceptus, necis viri tui probant noxiam te prorsùs fuisse.* Il ne songe qu'à venger son frère, réunit facilement une armée dans son pays indigné, en négocie le passage avec la République de Venise, les della Scala, les d'Este; très bien accueilli à Florence, il arrive à Bénévent en janvier 1348 (Sayous, *Histoire des Hongrois*).

Jeanne effrayée s'embarque à Naples le 15 janvier 1348 avec son grand camerlingue Marin Carracioli, arrive le 20 à Nice et se dirige sur Avignon dans le but de s'y justifier auprès du Pape. A son arrivée à Aix, Hugues II de Baux comte d'Avellino fait arrêter Carracioli et six de ses compagnons et, respectueusement, prie Jeanne de séjourner à Château-Arnaud, forteresse d'Aix, où il la fait garder à vue. Louis de Tarente, de son côté, s'embarque à Gênes le 11 février, débarque à Aigues-Mortes d'où il se rend à Beaucaire puis à Villeneuve-lès-Avignon. Mise en liberté à Aix, le 17 février, sous la promesse qu'elle n'aliénera jamais son Comté de Provence à un étranger, comme on la soupçonnait de vouloir le faire, Jeanne arrive, le 15 mars, à Avignon où la rejoint Louis de Tarente et s'y défend elle-même devant la Commission des Cardinaux. Plein d'indulgence, le pape Clément VI confirme leur mariage et, même, écrit en sa faveur à Louis de Hongrie, en lui reprochant son excès de sévérité.

Le roi Louis, en effet, était entré à Naples. Il avait été rejoint à Aversa par les Princes du sang, Robert frère de Louis de Tarente, Charles II, Louis et Robert de Durazzo fils de Jean de Sicile. Le Roi fait arrêter Robert de Tarente, Louis et Robert de Durazzo et les expédie en Hongrie où ils y restent captifs jusqu'en 1352. Quant à Charles II, l'aîné des Durazzo, époux de Marie de Sicile sœur de la reine Jeanne, il l'accuse d'être le principal auteur de l'assassinat d'André et lui fait, sous ses yeux, trancher la tête dans le jardin du château d'Aversa, au lieu même où avait été précipité le corps de sa victime (23 janvier 1348). Il se regarde comme l'héritier de son frère André et gouverne avec une sage activité, comme roi de Sicile et de Jérusalem. Mais diverses inquiétudes le ramènent en Hongrie d'où il ne devait pas tarder à revenir.

Jeanne, de son côté, sans doute pour mieux se concilier la bienveillance du pape Clément VI, lui cède, au prix de 80.000 florins d'or, tous ses droits su Avignon, s'embarque à Marseille avec Louis de Tarente son mari et, en aoû 1348, arrive à Naples.

Impatient des lenteurs que subissait à la cour papale le procès de sa belle sœur, Louis de Hongrie revient en 1350 en Italie, débarque à Manfredonia e entre à Naples. Mal accueilli par les Napolitains, il se retire en Pouille, conclu avec eux une trêve d'un an et consent à rentrer en Hongrie à la conditio que le procès de Jeanne à Avignon se terminerait bientôt, que si elle étai reconnue coupable, il serait, par le Pape, mis en possession du royaume d Naples, que si, au contraire, elle était déclarée innocente, il rendrait à Jeann contre 300.000 florins, toutes les places qu'il continuait à occuper. Ce ne fu qu'en mai 1352 que fut rendue la sentence papale. Elle innocentait Jeanne, s l'on peut appeler cela innocenter, en admettant que des maléfices l'avaien éloignée de son mari et que des serviteurs trop zélés avaient cru devoir l délivrer de lui. Jeanne offre à Louis, rentré en Hongrie, les 300.000 florin stipulés, mais Louis les refuse en disant que ce n'était pas pour de l'arge qu'il avait fait la guerre mais seulement pour venger la mort de son frè André.

Pendant ce temps, de singuliers et tragiques événements, dans lesquels famille des Balz joue le rôle principal, se passaient à Naples et à Gaète. l'arrivée du roi de Hongrie en Italie (1350), Hugues II de Baux troisièn comte d'Avellino, qui venait de perdre en Provence la haute confiance la reine Jeanne et de se voir révoquer les pouvoirs dont elle l'avait inves croit le moment propice à sa vieille ambition. Il arrive à Naples avec d galères, espérant qu'il pourra s'emparer de la Provence s'il arrive à fai épouser à son fils Robert de Baux, Marie de Sicile sœur de Jeanne et veu de Charles duc de Durazzo, décapité à Aversa en janvier 1348. Pour protég dit-il, Jeanne et Louis de Tarente contre le roi Louis qui venait de débarqu à Manfredonia, il leur propose de fuir Naples et les conduit, dans une de s galères, à Gaète; puis il revient à Naples, entre au château de l'Œuf où savait que la duchesse Marie avait cherché un refuge, la force à épouser en présence Robert de Baux son fils, les enlève tous les deux et fait voile po la Provence. Il a la fâcheuse idée de toucher à Gaète; Louis de Tarente l'apprend et l'invite à descendre à terre; sur son refus, il va le trouver à son bord, le tue de sa propre main, s'assure de ses deux fils Robert et Raymond et conduit la duchesse Marie auprès de sa sœur dans le château de Gaète. Robert est mis dans un cachot où, quelque temps après, Marie vient le voir et après de vifs reproches, pour se venger de la violence qu'il lui avait fait subir, le fait tuer sous ses yeux (1356). Elle devait par la suite, après la mort si tragique de ses deux maris, épouser en troisièmes noces Philippe II de Tarente empereur titulaire de Constantinople et, enfin, en 1366, mourir à Naples où elle est enterrée dans l'église Santa Chiara, panthéon des Princes angevins.

Remis d'aussi chaudes alarmes, Jeanne et Louis se font enfin couronner (22 mai 1352) à Naples. En 1355, pour se concilier l'empereur d'Allemagne Charles IV, Jeanne lui prête hommage à Pise pour le Comté de Provence.

Cette même année, Louis et Robert de Durazzo, jaloux des faveurs accordées, au retour de leur captivité en Hongrie, à leurs cousins Robert et Philippe II de Tarente frères du roi Louis de Tarente, se révoltèrent contre Jeanne. Louis ravage le royaume de Naples, Robert la Provence avec Amiel dit le bâtard des Baux (p. 112) : il prend (5 février 1355) le château des Baux mais, quelques mois après, est obligé de le rendre; de dépit il passe au service du roi de France Jean et se fait tuer à la bataille de Poitiers (1356); il ne laissait pas d'enfants. Quant à Louis de Durazzo son frère, il meurt en 1362 au château de l'Œuf à Naples, empoisonné, croit-on, par ordre de la reine Jeanne.

Le 13 mai 1362, Jeanne perd son second mari Louis de Tarente, âgé de quarante-deux ans seulement, mais elle ne reste pas longtemps veuve. Sollicitée par le pape Urbain V, au nom du roi de France Jean, d'épouser son quatrième fils Philippe duc de Bourgogne, elle craint de se donner un maître et lui préfère (1363) un mari moins compromettant, Jacques d'Aragon roi de Mayorque, quatorze ans prisonnier à Barcelone, du roi d'Aragon, à la condition qu'il garderait son titre de roi de Mayorque et n'aurait à Naples aucun pouvoir. Humilié bientôt de cette situation, Jacques retourne en Espagne et reprend, avec l'aide de Pierre le Cruel, la lutte contre son ancien ennemi le roi d'Aragon : vaincu, fait prisonnier, racheté 40.000 ducats par la Reine sa femme, il tente plus tard, une seconde fois, la fortune en Cerdagne mai sans plus de succès. Après une vie bien malheureuse, il y meurt en 1375.

Pendant qu'il guerroyait en Espagne, Jeanne avait encore, en Provence e en Italie, maille à partir avec la Maison des Baux.

En Provence, en 1367, elle intervient auprès de Raymond IV de Bau prince d'Orange qui s'était emparé des terres et de la personne de sa parent Catherine de Courthezon. Celle-ci fait appel à Jeanne qui exige sa mise e liberté; sur le refus de Raymond IV elle fait occuper la principauté par se milices provençales, et prononce la confiscation de toutes les terres du Princ Cet acte de vigueur accompli, elle ne lui tient pas longtemps rigueur et le lui rend en 1370 en lui confirmant le droit de battre monnaie.

En Italie, son beau-frère Philippe de Tarente, veuf depuis 1366 de la pri cesse Marie de Sicile, meurt sans enfants en 1373, instituant pour son hériti son neveu, encore mineur, Jacques de Baux d'Andrie. Jacques était le fils d François de Baux duc d'Andrie, comte de Monte Scaglioso et de Margueri d'Anjou Tarente sœur de Philippe, que François avait épousée en 1352 apr la mort de Louise de San Severino sa première femme. Ennemi juré des Sa Severino, François leur enlève la ville de Mathera. Jeanne, leur protectric exige qu'il la leur rende. A cette injonction, François d'Andrie répond e conduisant devant Capoue une armée de 15.000 hommes. Par bonheur, s'arrête sur les vives représentations de son oncle Raymond de Baux d'Oran comte de Soleto, le plus fidèle et le meilleur des serviteurs de la reine Jeanne q en avait fait le grand justicier du royaume (p. 109). Il se rembarque en Pouil y laissant ses troupes qui, sans chef, sans solde, pillent le pays. Jeann moyennant 600.000 livres, arrive à s'en débarrasser, mais elle ordonne, 1374, la confiscation de toutes les possessions de François. Cette fois, elle montra plus impitoyable et ce fut seulement après sa mort que, en 1383, p les bonnes grâces du roi Charles III de Duras, la Maison d'Andrie récupé ses domaines.

Après la mort (1375) de Jacques d'Aragon son troisième mari, la rei Jeanne qui avait, en 1369, reçu la Rose d'Or du pape Urbain V (!), se réso sans doute pour donner un général à ses troupes, et toujours après u année à peine de veuvage, à épouser (1376) Othon de Brunswick, sans toutefois lui donner le titre de roi.

C'était l'époque où les troubles du schisme d'Occident atteignaient leur maximum d'intensité. A la mort de Grégoire XI (1378), une émeute éclate à Rome pour obtenir la nomination d'un Pape italien ; ce fut Urbain VI qui, dès le premier jour, se montre l'ennemi déclaré de Jeanne et déclare qu'il « veut l'envoyer filer dans un cloître ». Elle fait élire contre lui, à Avignon, sous le nom de Clément VII, Robert de Genève beau-frère de Bertrand III de Baux prince d'Orange. Urbain VI l'excommunie et soulève contre elle François duc d'Andrie et Charles de Durazzo qui espérait l'appui de son cousin le roi Louis de Hongrie. Jeanne se tourne vers la France et adopte Louis Ier d'Anjou, deuxième fils du roi Jean et longtemps prisonnier en Angleterre depuis la funeste bataille de Poitiers (1356). Clément VII ratifie cette adoption (1380), mais la noblesse Napolitaine ne veut pas d'un prince français et se déclare pour Charles de Durazzo.

Élevé en Hongrie dans la haine de Jeanne qui, en 1362, avait fait empoisonner son père Louis dans le château de l'Œuf, Charles accourt, se fait couronner à Rome par Urbain VI (1381), entre à Naples le 16 juillet et assiège le château de l'Œuf où Jeanne s'était réfugiée avec sa Cour. Il bat et fait prisonnier son mari Othon de Brunswick et fait enfermer Jeanne dans le château de Muro en Basilicate. Puis, sur l'avis que Louis Ier d'Anjou, alors à Avignon auprès de Clément VII qui le couronne roi de Sicile, se disposait, sur le conseil de son frère Charles VI roi de France, à venir au secours de Jeanne, il se débarrasse de sa cousine en la faisant étouffer entre deux matelas (22 mai 1382). Jeanne avait cinquante-sept ans. Charles III 1381-1386.

Louis Ier d'Anjou ignorant ce drame arrive, un mois après, à Naples. Anathématisé par Urbain VI, il perd son temps à recevoir des cartels de Charles III, à ordonner, de Tarente, le transport d'Aix à Marseille de la cour souveraine de Provence. Après quelques succès contre Charles, il meurt de dépit et d'épuisement à Bari le 21 septembre 1384. De sa femme Marie de Blois fille de Charles de Blois duc de Bretagne, Louis Ier laisse deux fils : Louis II prétendant au trône et Charles du Maine duc de Calabre et prince de Tarente qui devait mourir en 1404 à Angers.

Marie de Blois se rend à Paris auprès du roi Charles VI son beau-frère qui lui fait un excellent accueil et arme ses deux fils chevaliers. Elle revient en 1385 à Avignon où Clément VII donne au jeune Louis II l'investiture du royaume de Naples en la déclarant régente, et de là à Apt où les États Généraux, qu'elle y convoque, proclament Louis comte de Provence.

Sur ces entrefaites, comme je l'ai dit plus haut, les magnats offrent au roi Charles III la couronne de Hongrie (1385); il l'accepte, marche sur Bude où il se fait couronner, puis, battu par les troupes de la reine régente Élisabeth veuve de Charobert, il est assassiné dans sa prison à Visegrad en 1386.

Terribles péripéties et bien dignes d'inspirer les poètes tragiques, au même titre que l'histoire des Atrides, que celles de la première maison d'Anjou qui finit avec Jeanne : André de Hongrie assassiné en 1345, Charles II de Durazzo, complice de ce meurtre, exécuté en 1348 par ordre du roi Louis de Hongrie, Louis de Durazzo frère de Charles II empoisonné en 1362 par ordre de la reine Jeanne, Jeanne elle-même étouffée en 1382 par ordre de Charles III de Durazzo, ce dernier enfin assassiné en 1386!

Je passerai rapidement en revue l'histoire, à Naples, de la deuxième Maison d'Anjou, à laquelle celle des Baux est encore mêlée.

Ladislas 1386-1392. LADISLAS fils de Charles III de Durazzo règne à Naples sous la tutelle de sa mère Marguerite; Louis II, son rival, fils de Louis Ier adopté par la reine Jeanne, régnait en Provence sous celle de sa mère Marie de Blois. Othon de Brunswick, rendu à la liberté en 1384, se range d'abord du côté de cette dernière, qui lui donne la ville de Martigues, et combat quelque temps pour elle dans le Napolitain, puis il l'abandonne pour soutenir la reine Marguerite de Duras.

Louis II 1392-1399. LOUIS II, couronné roi de Sicile à Avignon par Clément VII (1389), s'embarque pour disputer le trône à Ladislas qui lui-même venait d'être sacré à Rome par Boniface IX. Il le bat en 1392 à Ascoli où il fait prisonnier Othon de Brunswick et occupe le trône de Naples jusqu'en 1399. A cette époque, Ladislas reprend l'offensive. Assiégé dans Tarente, Louis II s'en échappe et rentre en Provence avec les débris de son armée. En 1400, il épouse Yolande fille de Jean Ier roi d'Aragon sur lequel il compte pour l'aider à reprendre Naples. En 1404, il perd en même temps sa mère Marie de Blois et son frère le comte du Maine. En 1409, il revient en Italie, s'y fait donner par Alexandre V une seconde investiture, prend la Toscane et, après deux retours en Provence pour s'y ravitailler, revient à Rome ; il bat Ladislas à Ceprano sur le Garigliano (1411) mais ne tire aucun fruit de sa victoire et rentre piteusement en France. Il meurt à Angers six ans après (1417) laissant cinq enfants : *Louis III* et *René* (le Bon) qui seront successivement adoptés plus tard par la reine Jeanne II, *Charles du Maine*, *Yolande*, femme de François duc de Bretagne et *Marie* qui, en 1422, épousa le roi de France Charles VII.

LADISLAS qui, depuis 1399, occupait pour la deuxième fois le trône de Naples et qui, en 1401, avait fait en Hongrie une tentative infructueuse pour disputer la couronne à Sigismond, le conserve jusqu'à sa mort (1414). De son mariage avec Marie de Chypre (1403), il n'eut pas d'enfants. Ladislas 1399-1414.

JEANNE II sa sœur lui succède sur le trône de Naples. Veuve de Guillaume duc d'Autriche, elle épouse Jacques de Bourbon comte de la Marche qui, découragé par ses bizarreries, la quitte pour fonder, avec sainte Colette, le monastère de Poligny et meurt à Besançon sous le froc franciscain (1420). Jeanne II 1414-1435.

Le pape Martin V offre la couronne à Louis III d'Anjou et Jeanne appelle à son aide Alphonse V d'Aragon. Violent et ambitieux, ce dernier demande au Pape l'investiture du royaume et, sur son refus, veut se saisir de la reine. Effrayée, Jeanne se réconcilie avec Louis III et l'adopte par le traité de Castel-Capuano (2 juin 1423). Battu à Capoue, Alphonse regagne l'Espagne, pillant au passage Marseille et la Provence.

Louis III, de son côté, rentre en France d'un cœur léger, séduit par les charmes de la cour de Charles VII, son non moins léger beau-frère. Il revient en Italie en 1430 pour déjouer les intrigues des Aragonais et meurt en 1434, à trente et un ans, à Cosenza dans une expédition contre Jean-Antoine des Ursins-Baux, partisan d'Alphonse d'Aragon (voir Appendice, note 11). Sa femme Marguerite de Savoie fille du comte Amédée VIII ne lui avait pas donné d'enfants.

Jeanne II le suit de près ; elle meurt à soixante-cinq ans, le 11 février 1435, en désignant pour son héritier René d'Anjou frère de Louis III.

René (le Bon) 1435-1442.

RENÉ duc de Bar, marié à Isabelle, fille et héritière de Charles Ier duc de Lorraine, était alors, depuis 1432, prisonnier du duc de Bourgogne allié du comte de Vaudemont qui avait, les armes à la main, disputé à René le duché de Lorraine. Il nomme sa femme Régente du royaume et demande pour elle l'aide de Visconti contre Alphonse V qui, sur les entrefaites, était revenu à Naples. Visconti le bat à Gaète (4 août 1435), et le fait prisonnier; mais plein d'admiration pour lui, il lui rend chevaleresquement la liberté. Moins généreux, le duc de Bourgogne ne rend la sienne à René, l'année suivante, qu'au prix d'une rançon énorme. De 1436 à 1442, René partage son temps entre l'Italie et la Provence. Éminemment pacifique, il revient cependant à Naples en 1439 et enlève à Alphonse d'Aragon le Château Neuf qu'il occupait depuis longtemps; mais ce dernier revient en forces en 1442 et le force à quitter définitivement Naples.

Celui que l'histoire n'appelle que « le bon roi René » prend philosophiquement son parti de sa dépossession. Il se plaît dans son Comté, à Aix ou Tarascon l'hiver, à sa villa de Gardanne l'été et la Provence tout entière célèbre, encore aujourd'hui, sa bonté. Il meurt à Aix, en 1480, âgé de soixante-douze ans.

Avec lui finit à Naples la deuxième Maison d'Anjou.

J'indique très brièvement les efforts que *Jean* duc de Calabre fils du bon René fit, dans l'Italie du Nord, pour revendiquer le trône de Naples, en 1455 puis de 1459 à 1464. Il est puissamment aidé par Jean-Antoine des Ursins qui, après avoir embrassé d'abord la cause du roi Alphonse d'Aragon, se déclare, à sa mort, contre Ferrante I son fils (voir note 11). Mais après cinq années de luttes, ce dernier, aidé par un autre Orsino (Robert) et par les troupes Épirotes que Scanderbeg lui envoie sous les ordres d'Yvan Balša[1], reprend le dessus. Battu à Troia (1464) Jean abandonne la partie et va mourir en Catalogne en 1470. Son fils *Nicolas* duc de Calabre, puis de Lorraine et de Bar, le suit de près et meurt en 1473.

Charles du Maine, frère de René le Bon qui, dès 1474, l'avait constitué son héritier, sollicite en vain du pape Sixte IV l'investiture du royaume de Naples. Il meurt le 11 décembre 1481 laissant le duché de Bar et le comté de Provence au roi Louis XI qui choisit pour son lieutenant général en Provence Palamède de Forbin.

Ce fut la fin, en France, de la deuxième Maison d'Anjou.

1. Voir Chap. VIII, in fine.

(Sayous, HISTOIRE DES HONGROIS. Paris, 1900.)

RÉ II (Yolande de Courtenai fille de Pierre de C. Empr de Constantinople † 1218).

YOLANDE † 1251
35 Jaime I roi d'Aragon † 1276).

MARIE † 1323
(Charles II roi de Naples).

CHARLES MARTEL
Roi nominal 1290 † 1297.

LADISLAS IV le Cumain 1272-1290.
(Marie de Sicile fille de Charles Ier d'Anjou).

ANDRÉ III 1290-1301 son fils adoptif (descendant d'Arpad).
Guerre civile : 1301-1310.

CLÉMENCE
is X le Hutin roi de France).

BEATRIX
Jean II Dauphin viennois.

CHAROBERT d'Anjou 1310-1342
(1320 Elisabeth de Pologne).

LOUIS Ier le Grand 1342-1382
(Elisabeth Kotromanovitch sœur du roi de Bosnie)
1346, Signifer Ecclesiæ, attaque la Servie schismatique; battu.
1348-1350 à Naples pour venger la mort de son frère.
1370 Roi de Pologne, reprend la Bosnie à Urosh V.

ANDRÉ † 1345
(Jeanne I Reine de Naples)
assassiné.

HEDWIGE
(1384 Jagellon roi de Pologne)
la Pologne se sépare de la Hongrie.

MARIE roi 1382-1408.
(1378 Sigismond de Luxembourg † 1437 fils de l'Empr Charles IV).
1386 Elisabeth, sa mère, fait assassiner Charles III de Durazzo.
1389 Sigismond battu, avec Lazare de Servie, à Kossovo.
1396 — id. à Nicopolis par Bajazet II.
1413 — Empr d'Autriche, 1419 Roi de Bohême.

ELISABETH 1437-1441 (Albert d'Autriche † 1439)
essaie en vain de faire nommer son fils posthume, LADISLAS, né en 1440,
s'enfuit en emportant la couronne de St-Etienne.

VLADISLAS JAGELLON 1441-1444 (Roi de Pologne)
nommé par la Diète en présence du danger turc,
1442 bat Mourad II à Hermanstadt et aux Portes de Fer,
tué à la bataille de Varna.

JEAN HUNYADE 1444-1456 nommé *Gouverneur* par la Diète,
en l'absence de Ladislas alors âgé de 4 ans, qu'elle proclame Roi.
1454 bat les Turcs à Krussovatz,
reprend Belgrade assiégée depuis 3 ans.

LADISLAS le Posthume 1456-1458 fils d'Elisabeth.
Après la prise de Constantinople 1453, de Belgrade, Bude et Vienne,
l'Empr consent à rendre son neveu Ladislas la couronne de St-Etienne.
Type d'ingratitude, Ladislas fait arrêter et décapiter Ladislas Hunyade,
prend comme otage Mathias Hunyade son frère,
qu'il confie à Jean Podiebrad son lieutenant en Bohême.
1458, par un édit, il déclare Jean Hunyade traître et scélérat.

MATHIAS HUNYADE (Corvin) 1458-1490,
élu roi par la Diète,
la Bohême se sépare et prend pour roi Podiebrad
qui délivre Mathias Hunyade et lui donne sa fille
(1° Catherine Podiebrad,
2° 1473 Beatrix d'Aragon fille de Ferrante I roi de Naples).
1479 bat les Turcs. 1485 attaque l'Autriche et prend Vienne.

ULAZLO 1490 épouse Béatrix veuve de Mathias Corvin et la répudie
après 8 ans de procès. Elle se retire à Naples (1500).

LOUIS II 1515-1526 tué à la bataille de Mohacz,
Soliman prend Bude. Fin de l'indépendance de la Hongrie.

ETIENNE I

ETIENNE II	1197-1224
ETIENNE III	1224-1230
LADISLAS	1230-1237
ETIENNE IV (Ourosh)	1237-1270 (Hélène de

Etienne V DRAGOUTINE 1270-1275
(Catherine fille de Bela
roi de Hongrie).

Etienne V
(Elisabet
Simonide

NEDA
(répudiée par Michel roi de
garie, 1328 battu et tué
Douchan).

1346 b

perd l

L'usur
souve

MILEVA
(Sultan Bajazet † 1402).

1389
1396
1403 v
Mongols
C'est la *fi*

Sultan Mourad II † 1451
(Mara fille de Georges
Biankovich).

Avec l'aide
reprend la Servi
1448,
de lu

LAZARE BRANKOVITCH 1457-1459 (Hélène de Baux).
A sa mort, Hélène désespérée offre la Servie au Pape;
mais les Boyards, schismatiques,
préfèrent reconnaître la suzeraineté de Mahomet II.
(Fin de l'existence politique de la Servie.)

IRÈNE (Giovanni Castriota
Duc de San Pietro in Galatina,
fils de Scanderberg).

DES ROYAUMES

(Sayous, H

DE SERVIE

(Coquelle, ROYAUME DE SERVIE. Paris, 1894.)

ANDRÉ II (Yola(Nemanya) 1143-1197

YOLANDRATZKO (St-Saba) VOUK
(1235 Jaime I
† 1
Courtenai fille de Pierre, Empr de Constantinople † 1218).

I MILUTINE 1275-1321 (Ourosh II)
CLÉM fille d'André III roi de Hongrie,
(Louis X le Hutifille d'Andronic Empereur de Constantinople).

Etienne VII (OUROSH III) 1321-1333 assassiné
Bul- (N. fille du Duc de Valachie)
par prend la Macédoine à Andronic son beau-père.

DOUCHAN 1333-1356
(1340 Hélène fille de Jean Cantacuzène)
t Louis Ier roi de Hongrie; meurt sous les murs de
Constantinople qu'il allait assiéger.

(138
la Etienne VIII OUROSH V 1356-1367
. Bosnie, assassiné par son ministre Voukachine.

---

teur VOUKACHINE 1367-1371. Guerre avec les Balša
ins de la Zetta ; tué par les Turcs à Andrinople.

LAZARE Greblianovitch 1371-1389
(Militza, descendante de Vouk Nemanya)
389 battu par Mourad à Kossovo et décapité.

ETIENNE IX 1389-1427
azet ne lui laisse que le titre de Despote de Servie.
— le bat à Nicopolis, avec Sigismond de Hongrie.
u secours de Bajazet son beau-frère attaqué par les
Tamerlan; battu et envoyé captif à Samarkande.
de la dynastie des Nemanya régnant depuis 809.

HÉLÈNE † 1427
(Georges II Balša † 1403).

GEORGES BRANKOVITCH 1427-1457
(Irène † 1458 fille de Jean Paléologue).
: Jagellon roi de Hongrie qui lui envoie Jean Hunyade,
la Bosnie, l'Herzégovine et porte la guerre en Macédoine.
itre et ingrat, propose à Mourad II, son gendre,
livrer Jean Hunyade; Mourad indigné le refuse
prend pour otage son fils Ladislas Hunyade.

ETIENNE BRANKOVITCH 1459-1471
(Ste Angélina N. sa belle-sœur);
igre en Syrmie (entre Drave et Save);
Mahomet II lui fait crever les yeux.
Etienne va en Albanie
demander le secours de Scanderbeg.

GEORGES II BRANKOVITCH 1499
(1487 Isabelle de Baux
fille d'Aghilberto d'Andrie).
bdique après la mort de sa femme
et se fait moine dans le Banat.

GRÉGOIRE BRANKOVITCH.

VOUK ET PAUL BRANKOVITCH 1471-1497
élus despotes et reconnus par Mathias Corvin.
1475 prennent Schebatz près Belgrade.
1481 Bajazet II, à son avènement,
conclut avec eux une trêve de 5 ans.

NOTE 10

§ I. — L'EMPIRE LATIN DE CONSTANTINOPLE. — § II. LA PRINCIPAUTÉ D'ACHAÏE ET DE MORÉE. § III. LA MAISON DE COURTENAI

Le rôle important joué à Naples par les Balz m'a amené (App., note 8) à retracer sommairement l'histoire des rois de la Maison d'Anjou. Les visées de ces derniers sur Byzance, le fait que deux princes de cette Maison et, après eux, deux Balz ducs d'Andrie ont porté le titre d'Empereur de Constantinople et de Prince d'Achaïe, me conduisent à exposer brièvement l'histoire de l'Empire latin et celle des Princes de Courtenai, dont trois ont occupé le trône impérial, dont les autres n'ont fait qu'en porter le titre (voir le tableau à la fin de cette note).

§ I. — EMPIRE LATIN DE CONSTANTINOPLE [1]

La quatrième croisade dévia singulièrement de son but : prêchée par Foulques de Neuilly, en 1198, pour délivrer les lieux saints, elle aboutit à la fondation d'un empire latin à Constantinople [2]. Boniface marquis de Montferrat, chef des Croisés, traite pour leur transport avec les Vénitiens qui rassemblent une flotte imposante et, pour se payer en partie de leurs dépenses, demandent aux Croisés de les aider à reprendre Zara dont le roi de Hongrie s'était emparé. Le jeune prince Alexis (fils de l'empereur grec Isaac Lange qui avait été en 1195 détrôné, privé de la vue et jeté en prison par son frère Alexis III) vient les y trouver, et leur demande de replacer son père sur le trône, leur promettant, en échange, de payer les sommes importantes qu'ils devaient aux Vénitiens. Séduits par cet avantage matériel, trouvant d'ailleurs que Constantinople leur serait une base sérieuse pour leurs futures opérations en Palestine, les Croisés acceptent, et le 18 juillet 1203, de concert avec les Vénitiens, s'emparent de la ville [3]. L'empereur Alexis III s'enfuit à Zagora.

1. Lebeau, *Histoire du Bas-Empire*. Paris, 1834.
2. Gibbon, *Histoire de la décadence de l'Empire Romain*, traduite par Guizot. Paris, 1812.
3. Du Cange, *Histoire de Constantinople sous les Empereurs français*, par Budron. Paris, 1826.

Remis sur le trône, Isaac, tout en ratifiant les promesses de son fils, supplie les Croisés de l'aider à reconquérir son empire. Ils y consentent, mais bientôt se rendent intolérables aux Grecs qui se révoltent à la fois contre les Latins et contre Isaac et son fils, coupables, à leurs yeux, d'avoir accepté leur protection. Le chef de la rébellion, Murzuphle, gendre de l'ex-empereur Alexis III, s'empare du pouvoir après avoir fait assassiner le jeune Alexis dont le père Isaac Lange succombe à son chagrin. Obligés de quitter Constantinople, les Croisés la reprennent après un siège de trois mois et la livrent à un épouvantable pillage (avril 1204). Peu de mois après, les Latins se saisissent de Murzuphle et le mettent à mort. Boniface de Montferrat, en 1206, oblige Alexis III à se réfugier en Asie Mineure où il essaie (1210) d'enlever à son gendre, Théodore Lascaris, l'empire de Nicée. Déçu dans sa tentative, il y finit ses jours dans un couvent.

Baudoin Ier 1204-1206.

L'Empire était vacant, les Latins l'attribuent à BAUDOIN comte de Flandre et conviennent de prolonger d'un an leur séjour avant de se rendre en Palestine, afin de prendre possession effective des territoires de l'empire, qu'ils se partagent : le marquis de Montferrat, chef de la croisade, qui épouse Marguerite sœur du roi de Hongrie et veuve de l'empereur Isaac, reçoit le royaume de Salonique (Macédoine); le comte de Blois le duché de Nicée, le comte de Saint-Pol celui de Demotika, Renier de Trith celui de Philippopoli; la principauté d'Achaïe et Morée échoit au jeune Geoffroy II de Villehardoin. L'historien de la Croisade, grand-oncle et homonyme de ce dernier, déjà maréchal de Champagne, est fait maréchal de Romanie.

Tous ces territoires étaient à conquérir : Baudoin prend Demotika, Philippopoli et Salonique; Henri comte de Hainaut, son frère, soumet la Thrace et s'empare d'Andrinople; Boniface marquis de Montferrat prend Larissa, Athènes, Argos, Thèbes, Corinthe et Nauplie. Les Grecs profitent de leur absence de Constantinople pour conspirer contre eux, avec l'aide de Joannice, roi catholique des Bulgares, que le légat du Pape venait de couronner solennellement à Tirnovo (1204) et qui avait été blessé de l'accueil hautain fait par Baudoin aux ambassadeurs qu'il lui avait envoyés pour le féliciter de son avènement à l'Empire. Toute la Thrace se soulève et appelle Joannice qui accourt avec quinze mille Tartares Cumains. Baudoin rappelle d'Asie, où il l'avait envoyé guerroyer, son frère Henri de Hainaut et, sans attendre son arrivée, livre bataille à Joannice à Andrinople. Il est battu (15 avril 1205), fait prisonnier et meurt d'une mort que sa jeunesse (il avait trente-six ans) ne permet guère de croire naturelle.

Henri
1206-1216.

Henri de Hainaut frère de Baudoin débarquait à ce moment à Rodosto. Les Latins lui confient la régence et, à la mort de son frère, le font empereur; il est couronné le 20 août 1206. Il poursuit la guerre contre Joannice dont les cruautés avaient fini par effrayer les Grecs et lui inflige, au pied des Balkans, une sérieuse défaite à la suite de laquelle le roi Bulgare est trouvé assassiné dans sa tente. Il bat de même son successeur Phrorilas à Philippopoli (1208) et conclut avec lui une paix qui lui assure huit années d'un règne plus tranquille.

Il avait épousé, en 1207, Agnès fille de Boniface de Montferrat tué en 1208 au Mont Rhodope. Il meurt, le 11 juin 1216, à quarante ans, empoisonné, dit-on, à Salonique où il était allé défendre le royaume et les droits de Démétrius de Montferrat son beau-frère.

Il s'en fallait d'ailleurs que son pouvoir fût reconnu dans toute l'étendue de l'empire grec.

En Asie, *Théodore Lascaris*, gendre de l'empereur Alexis III, comme Murzuphle, s'était, après la révolte de ce dernier, réfugié en Asie Mineure où, après avoir pris Pruse, Smyrne et Éphèse, il s'était fait couronner empereur de Nicée (1206). D'un autre côté, *Alexis Comnène*, petit-fils du féroce Andronic (renversé en 1185 par Isaac Lange) et légitime héritier des Comnènes, s'était emparé du duché de Trébizonde comprenant toute la côte, de Sinope au pied du Caucase; et son petit-fils Jean Comnène devait s'attribuer le titre d'empereur.

En Europe, *Théodore Lange*, bâtard de la Maison des Lange et gendre du gouverneur de Durazzo, s'était évadé du camp de Boniface de Montferrat et, avec le titre de Despote, avait constitué une principauté puissante comprenant l'Albanie, l'Épire et la Thessalie.

Pierre de
Courtenai
1216-1218.

Yolande de Hainaut, sœur de Baudoin et d'Henri les deux premiers empereurs, avait épousé Pierre de Courtenai comte d'Auxerre et, par son père (Pierre de France), petit-fils du roi Louis VI le Gros. Pierre de Courtenai lui-même avait, en 1215, marié sa fille, Yolande de Courtenai, à André II roi de Hongrie. C'est à ce dernier d'abord, en raison de son voisinage, que les barons de Romanie offrent la couronne impériale. Sur son refus, ils vont en France l'offrir à son beau-père qui l'accepte.

Pierre part, en mars 1217, avec 5.500 hommes d'armes, son beau-frère Guillaume de Sancerre et la fleur de sa noblesse. Laissant ses fils en France, il se rend à Rome avec sa femme et ses filles. Honorius III avait vu avec grand déplaisir choisir pour l'Empire un homme si souvent excommunié, en raison de ses longs et violents démêlés avec l'Église d'Auxerre; il consent, pourtant, à le couronner le 9 avril, mais en dehors de Rome même, dans l'église de Saint-Laurent-hors-les-Murs. Neuf jours après son sacre, Pierre embarque, à Brindisi, sa femme et ses filles pour Constantinople. Quant à lui, pour prix du passage que lui offraient les Vénitiens, il consent à les aider d'abord à reprendre Durazzo sur Théodore Lange, despote d'Épire. Après plusieurs assauts infructueux, il lève le siège et commet l'imprudence de vouloir, avec le légat du Pape et une trop faible escorte, gagner Salonique par la voie de terre. Il se perd dans le dédale des montagnes d'Albanie, son escorte se débande, et, fait prisonnier par Théodore Lange, il meurt, empoisonné, dit-on, en janvier 1218. De sa femme Yolande de Hainaut qui, pendant deux ans, exerça très sagement la régence et mourut le 26 août 1219, il avait eu onze enfants dont le dernier, posthume, fut Baudoin II, avec qui devait finir l'empire latin.

Robert de Courtenai 1221-1228.

Après un an d'interrègne causé par l'incertitude où l'on était du sort de Pierre, on offre, à Namur, la couronne à son fils aîné Philippe qui la refuse; le second, ROBERT, l'accepte et, pour se rendre à Constantinople, passe par la Hongrie dont le roi, André, avait épousé sa sœur Yolande de Courtenai.

Couronné à Sainte-Sophie (25 mars 1221), son triste règne se passa à se débattre contre deux puissants ennemis : en Europe, Théodore Lange despote d'Épire, assassin de son père, envahit la Macédoine, chasse de Salonique le jeune prince Démétrius de Montferrat qui va mourir en Italie (1230) et s'empare d'Andrinople; en Asie, Théodore Lascaris empereur de Nicée, bien que son beau-frère par son mariage (1219) avec sa sœur Marie de Courtenai, reprend la guerre contre lui. Lascaris meurt d'ailleurs, ainsi que sa femme, en 1222, mais son gendre et successeur, Jean Vatace, continue avec succès, avec l'aide de quelques déserteurs français, à attaquer l'empereur Robert son oncle et le bat à Pemanene en Asie Mineure (1224). Robert se compromet gravement dans une tragique intrigue amoureuse avec une jeune fille qu'il enlève à son fiancé et, abandonné de tous, du roi Louis VIII qui, d'Avignon où il assiégeait les Albigeois, lui avait promis quelques secours, du pape Grégoire IX qu'il était allé implorer, méprisé de ses sujets, français et autres, il meurt en Achaïe à son retour de Rome en 1228. Il avait trente ans, et ne laissait pas de postérité.

Jean de Brienne 1230-1237.

Son frère, le futur Baudoin II, n'avait que dix ans; les barons de la Romanie ne pouvaient songer à lui et appellent au trône, par intérim pour ainsi dire, un vétéran des Croisades, JEAN DE BRIENNE qui, de 1209 à 1229, du fait de son mariage avec Marie fille d'Amaury de Lusignan, avait porté le titre, désormais honorifique, de Roi de Jérusalem, titre qui venait de lui être enlevé par son gendre, l'empereur Frédéric II [1]. Agé de quatre-vingts ans, il est nommé Empereur à vie, étant entendu que le jeune Baudoin II, fiancé de sa fille Marie de Brienne, lui succéderait sur le trône. De Rome où il s'était mis au service du Pape, Jean n'arrive qu'en 1230 à Constantinople. Il passe en Asie où il remporte quelques succès (1232) contre Vatacès empereur de Nicée; mais celui-ci s'allie avec Azán l'un des plus grands rois des Bulgares et gendre d'André roi de Hongrie, traverse les Dardanelles et prend Gallipoli

1. ROIS DE JÉRUSALEM

1° *Effectifs*	
Godefroy de Bouillon	1099
Baudoin Ier	1100
Baudoin II	1118
Foulques d'Anjou	1131
Baudoin III	1144
Baudoin IV	1185
Guy de Lusignan chassé par Saladin.	1186

2° *Titulaires*	
Henri de Champagne	1192
Amaury de Lusignan	1197
Jean de Brienne	1209
Empereur Frédéric II	1229

EMPEREURS LATINS DE CONSTANTINOPLE

1° *Effectifs*	†
Baudoin Ier	1206
Henri	1216
Pierre de Courtenai	1218
Robert de Courtenai	1228
(Jean de Brienne)	1237
Baudoin II de Courtenai	1272

2° *Titulaires*	†
Philippe de Courtenai	1285
Catherine de Courtenai (Charles de Valois)	1308
Catherine de Valois (Philippe de Tarente)	1346
Robert de Tarente	1364
Philippe de Tarente	1373
Jacques de Baux	1383

(1234); les deux alliés ravagent la Thrace et mettent le siège devant Constantinople, mais Jean de Brienne, à la tête d'une poignée de combattants, leur inflige une défaite complète (1235); ils reviennent à la charge l'année suivante, mais leur flotte est anéantie en vue de Constantinople par le prince de Morée Geoffroy de Villehardouin (1236). Jean de Brienne meurt le 23 mars 1237 à quatre-vingt-neuf ans.

Baudoin II de Courtenai 1237-1261.

Malgré ces succès, la situation de l'Empire était singulièrement précaire : BAUDOIN était en France pour solliciter des secours financiers et telle était sa détresse qu'il engage aux Vénitiens le plus précieux trésor de sa chapelle, la couronne d'épines; le roi saint Louis la dégage et la fait transporter à Paris; il fait, de plus, rendre à Baudoin les comtés de Courtenai, de Hainaut et de Namur qu'il engage aussitôt pour se créer des ressources; il lève une armée de 30.000 hommes qui se débande en route et, avec ses débris, revient à Constantinople par l'Autriche, la Hongrie et la Thrace et s'y fait couronner Empereur en décembre 1239.

Après une alternative d'alliances et de ruptures, tant avec Azan roi de Bulgarie († 1241) qu'avec Vatacès, Baudoin, aux abois, refait à deux reprises ses humiliantes tournées en Italie et en France, pendant que l'impératrice Marie de Brienne, sa femme, va faire des demandes analogues en Espagne auprès de Jaime roi d'Aragon et d'Alphonse roi de Castille, son cousin. Il vend à saint Louis un lot de reliques de sa chapelle, un morceau de la vraie Croix, le fer de la lance, l'éponge, le roseau, la robe de pourpre, etc... (1247); il va même jusqu'à donner son fils Philippe de Courtenai en gage d'un emprunt qu'il contracte à Venise.

Vatacès empereur de Nicée meurt en 1255; son fils Théodore Lascaris le suit de près (1258) et les Grecs donnent pour tuteur à son petit-fils, Michel Paléologue dont les troupes, par une surprise presque inconcevable, s'emparent de Constantinople le 25 juillet 1261.

Baudoin II se réfugie d'abord à Négrepont, puis en Pouille auprès du roi Manfred (1264), enfin à Rome auprès d'Urbain IV. Le 27 mai 1267, dans le but de reconquérir son Empire, il conclut avec le roi Charles d'Anjou, à Viterbe, en présence de Barral de Baux grand justicier de Sicile, un traité aux termes duquel il lui cède la seigneurie dominante de la principauté d'Achaïe.

Ce traité lui fut inutile en raison du départ de Charles pour Tunis, avec son frère saint Louis (1269). Abreuvé de chagrins, Baudoin II meurt en 1272.

Ce fut la fin de l'Empire latin; il avait duré cinquante-sept ans.

EMPEREURS TITULAIRES DE CONSTANTINOPLE

Son fils Philippe, libéré en 1269, vient résider à Naples, où Charles Ier d'Anjou lui donne des terres, une pension et la main de sa fille Béatrix de Sicile. Il ratifie à Brindisi, le 3 octobre 1274, la Convention de Viterbe et donne à Philippe de Sicile son beau-frère le royaume de Thessalonique. En 1281, le pape Martin IV excommunie Michel Paléologue comme schismatique et fomente contre lui une alliance de Charles d'Anjou avec les Vénitiens. Ce fut l'objet du traité d'Orvieto (3 juillet 1281) contresigné par Bertrand de Baux comte d'Avellino. Charles s'établit déjà à Corfou et à Durazzo quand éclatent les Vêpres Siciliennes (30 mars 1282). C'est la ruine définitive des espérances de Philippe et des ambitions orientales du roi Charles Ier son beau-père. Tous deux meurent en 1285.

Catherine de Courtenai 1285-1308.

CATHERINE DE COURTENAI, fille de Philippe et de Béatrix d'Anjou-Sicile, était élevée à Naples. Elle y est demandée en mariage à Robert, régent de Naples, en l'absence de Charles II prisonnier du roi d'Aragon, par Andronic empereur de Constantinople (1289), puis par Jacques d'Aragon roi de Mayorque, pour leurs fils respectifs. Mais, sur l'invitation du roi Philippe le Bel, elle se rend à Paris, promettant à Charles II d'Anjou de ne se marier qu'avec son consentement, faute de quoi elle le déliait de tous les engagements contractés par les traités de Viterbe et d'Orvieto. Elle ratifie d'ailleurs la donation de la principauté d'Achaïe, faite par Philippe son père à Charles Ier. Avec l'assentiment de Charles II, Philippe le Bel la marie à son frère Charles de Valois qui venait de perdre sa femme Marguerite de Sicile (1300). Elle lui apporte ses droits sur Constantinople; pour les faire valoir, Charles se rend d'abord avec elle auprès du Pape à Anagni, mais rappelé en France par son frère pour guerroyer en Flandre (mars 1303) il ne peut donner suite à ses desseins.

A la mort de Catherine (3 janvier 1308), CHARLES DE VALOIS prend le titre d'Empereur de Constantinople et, pour reconquérir l'Empire, s'allie (27 mai 1308) à Milutine, roi de Serbie. Celui-ci était parent de Catherine puisqu'il était fils du roi Étienne IV Ourosh († 1270) et d'Hélène de Courtenai, l'une des filles de l'empereur Pierre de Courtenai († 1218). Mais indolent de sa nature, surnommé en Italie Charles sans Terre, il ne donne pas suite à ses projets et meurt le 13 décembre 1325, laissant deux filles Catherine et Jeanne.

Catherine de Valois 1308-1346.

CATHERINE DE VALOIS, l'aînée, avait sept ans à la mort de sa mère. Pour mieux défendre ses droits à l'Empire, Philippe le Bel, son oncle, l'avait destinée dès lors à Philippe de Sicile prince de Tarente, second fils du roi Charles II d'Anjou et déjà veuf de Thamar; elle l'épouse à Fontainebleau le 30 juillet 1313 (à douze ans, âge de majorité!).

Jeanne de Valois, de son côté, épouse Charles de Tarente, fils aîné du premier mariage de Philippe, et devient ainsi la belle-fille de sa sœur aînée.

Philippe de Sicile meurt le 26 décembre 1332. Catherine de Valois, sa veuve, va se fixer en Achaïe, à Patras; elle confie (1336) le gouvernement de la principauté à Bertrand de Baux de Courthezon avec le titre de Maréchal d'Achaïe qu'il garde jusqu'à la mort de sa bienfaitrice (1346).

Robert de Tarente 1346-1364.

ROBERT fils de Philippe de Tarente et de Catherine de Valois prend, du chef de sa mère, le titre d'Empereur de Constantinople et de prince d'Achaïe. Le 9 septembre 1347, il épouse Marie de Bourbon, veuve de Guy de Lusignan prince de Galilée; Amiel de Baux est témoin de ce mariage. En 1348, le roi Louis de Hongrie, venu à Naples pour venger l'assassinat de son frère André, premier mari de Jeanne de Naples, le considère, ainsi que son frère Philippe II, comme complice de ce meurtre; il s'empare de leurs personnes et les garde quatre ans captifs en Hongrie, après avoir fait décapiter à Aversa leur cousin Charles de Duras.

En 1352, Robert rentre à Naples où son frère Louis de Tarente, deuxième mari de Jeanne, lui constitue un important apanage en rapport avec son titre impérial. Satisfait d'une situation honorifique qui lui donnait le pas sur tous, même sur Louis son frère, il meurt à Naples le 10 septembre 1364.

Philippe II de Tarente 1364-1373.

L'Empire et la Principauté d'Achaïe échoient à PHILIPPE II DE TARENTE son frère puîné. Il avait épousé, en 1352, sa cousine Marie de Sicile fille de Carlo illustre duc de Calabre et déjà deux fois veuve, dans des conditions si tragiques, de Charles Ier de Duras décapité en 1348 et de Robert de Baux assassiné en 1352 (voir Appendice, note 9). Il meurt à Naples en 1373 sans enfants.

Jacques de Baux 1373-1383.

Philippe laisse les titres d'Empereur de Constantinople et de Prince d'Achaïe à JACQUES DE BAUX duc d'Andrie, doublement son neveu, d'abord par sa mère Marguerite d'Anjou sœur de Philippe et femme de François de Baux duc d'Andrie, ensuite parce que lui-même avait épousé Agnès de Durazzo fille de Charles Ier de Durazzo décapité à Aversa et veuve de Can Signorio della Scala. Jacques meurt sans enfants en 1383 laissant tous ses titres et possessions à Louis Ier roi de Naples, de la deuxième Maison d'Anjou.

Personne après lui ne s'arrogea plus le titre honorifique d'Empereur de Constantinople.

§ 2. — PRINCIPAUTÉ D'ACHAÏE ET DE MORÉE [1]

Après la prise de Constantinople par les Croisés (1204) et lors du partage entre eux des terres de l'Empire, la Principauté d'Achaïe comprenant presque tout le Péloponnèse moins l'Attique et la Laconie, fut attribuée à *Guillaume de Champlitte* vicomte de Dijon. Il en fit la conquête avec l'aide de son ami *Geoffroy II de Villehardouin* (petit-neveu du chroniqueur Geoffroy maréchal de Champagne puis de Romanie) et la lui laissa quand il rentra en France en 1210. Celui-ci, marié en 1217 à Agnès de Courtenai l'une des filles de Pierre de Courtenai empereur de Constantinople, meurt en 1245 et la transmet à son frère *Guillaume II de Villehardouin* époux d'Anne Ange Comnène.

L'empereur Baudoin II, après sa dépossession, demande l'aide de Charles Ier d'Anjou roi de Naples en vue de reconquérir l'Empire; il lui cède, par le traité de Viterbe (27 mai 1267), la *suzeraineté* de la Principauté en stipulant qu'à l'avenir Villehardouin et ses successeurs ne seront tenus de reconnaître d'autres suzerains que les rois de Sicile. Cette cession est ratifiée en 1274 par l'empereur Philippe de Courtenai fils de Baudoin II, puis le 13 mai 1294 à Naples vis-à-vis du roi Charles II, par la jeune Catherine de Courtenai (fille

1. Du Cange, *Histoire de Constantinople sous les Français*. — Charles Hopf, *Chroniques gréco-romaines*. Berlin, 1873.

de Philippe et de Béatrix d'Anjou), au moment où elle quitte la cour du Roi son oncle pour se rendre en France à celle de Philippe le Bel (note 8).

Guillaume II vient en effet à Naples, en 1269, prêter son hommage au roi *Charles Ier*.

En 1275, sa fille *Isabelle de Villehardouin* épouse le dernier fils de ce roi, *Philippe de Sicile* qui reçoit à cette occasion : de son père la suzeraineté de la principauté d'Achaïe et, de l'empereur Philippe de Courtenai, le royaume de Thessalonique; il meurt, sans enfants, deux ans après (1277) et laisse la suzeraineté à son frère *Charles* que nous voyons porter le titre de prince d'Achaïe quand, en 1284, il est battu et fait prisonnier par le roi d'Aragon.

Devenu roi en 1289, Charles II donne le titre, le 12 août 1294, à son fils *Philippe de Sicile* qui, despote de Romanie du fait de son mariage avec Thamar fille de Nicéphore despote d'Étolie, épouse en secondes noces (1313) Catherine de Valois fille de Catherine de Courtenai, impératrice titulaire de Constantinople. Il meurt en 1332 et transmet le titre impérial et la suzeraineté de l'Achaïe, à son fils *Robert de Tarente* [1].

L'un et l'autre échurent, à la mort de ce dernier (1364), à son frère *Philippe III de Tarente* époux de Marie de Sicile et, par elle, beau-frère de la reine Jeanne; il meurt sans enfants (1373) et prend pour son héritier *Jacques de Baux*, comme je l'ai dit à la fin du précédent paragraphe.

Voilà pour la Suzeraineté : quant à la Principauté elle-même, sa possession fut fort disputée et bien des concurrents s'attribuèrent le titre de Prince d'Achaïe ou de Morée.

De son mariage avec Anne-Ange Comnène, Guillaume II de Villehardouin († 1278) avait eu deux filles, Isabelle et Marguerite.

Isabelle de Villehardouin princesse de Morée fut mariée trois fois : en 1275, nous venons de le dire, à Philippe de Sicile († 1277) dont elle n'eut pas d'enfants; en 1289, à Florent comte de Hainaut, grand connétable de Sicile, dont elle eut une fille Mathilde (Mahaut); enfin, en 1301, pour se défendre contre

1. Catherine de Valois devenue veuve et son fils Robert de Tarente prennent pour bail ou gouverneur de l'Achaïe Bertrand de Baux, seigneur de Courthezon qui exerce cette charge de 1336 à 1346 avec le titre de maréchal d'Achaïe.

les attaques des Grecs, à Philibert de Savoie († 1334) dont elle eut un fils, Jacques de Savoie. Elle meurt en 1311 et chacun de ses maris et de ses enfants occupe successivement la Principauté.

Florent de Hainaut, son 2e mari, qui prend le titre de prince d'Achaïe et de Morée, meurt en 1297; leur fille *Mathilde de Hainaut* († 1331) l'apporte en mariage en 1313 à son mari *Louis de Bourgogne* qui meurt empoisonné (1316)[1]. Son frère Eudes IV duc de Bourgogne le revendique, puis le cède en 1320 à Louis de Bourbon comte de Clermont. Ce dernier le cède à son tour à Philippe de Tarente empereur titulaire de Constantinople († 1332).

Philibert de Savoie, le 3e mari d'Isabelle, avait reçu d'elle la principauté d'Achaïe, à la condition qu'après elle, cette principauté reviendrait à sa fille Mathilde de Hainaut. Devenu veuf en 1311, Philibert se remarie avec Catherine de Viennois et en a un fils, *Jacques de Savoie* qui à la mort de son père (1334), prétend à la Principauté (By 1138). Après la mort de Jacques (1367) elle fut revendiquée successivement par ses deux fils *Amédée* († 1402) et *Louis de Savoie* († 1418).

Mais il y avait aussi une branche cadette. *Marguerite de Villehardouin*, seconde fille de Guillaume II et mariée en 1294 à Isnard de Sabran († 1297), était dame de Matagrifon en Grèce. A la mort de sa sœur Isabelle (1311), elle revendique la principauté d'Achaïe, passe ses droits à sa fille *Isabelle de Sabran* et pour les faire valoir, la marie en 1314, avec Ferdinand fils du roi Jaime de Mayorque et de la reine Esclarmonde de Foix (p. 187). Isabelle et sa mère Marguerite meurent toutes deux en 1315.

Ferdinand de Mayorque passe en Morée avec des troupes espagnoles levées par la reine Esclarmonde sa mère, mais il y est battu (1316) par Louis de Bourgogne qui le fait décapiter. Il laissait un enfant à la mamelle Jacques qui, devenu plus tard Jacques II roi de Mayorque, essaie, mais sans succès, en 1338, de conquérir la Morée et meurt en 1349.

Un peu plus tard, la grande compagnie des Navarrais envahit la Morée et leur capitaine général Pierre de Saint-Superan de Landiran occupe en 1380 la

1. Certains auteurs disent qu'après la mort de Louis de Bourgogne, Mathilde de Hainaut épousa (1318) Jean de Sicile fils de Charles II, d'abord comte de Gravina depuis la mort de son frère Pierre tué (1315) à la bataille de Monte Cattini, puis duc de Durazzo et mort en 1335. D'après Charles Hopf, ordinairement si sûr, ce mariage projeté ne se réalisa pas; mais vers 1322 elle épousa secrètement Hugues de la Paisse.

Principauté ; après sa mort elle appartient à son beau-frère Centurione Zaccarie de 1404 à 1432, date à laquelle elle fut définitivement reprise par les Paléologues.

§ 3. — LA MAISON ROYALE DE COURTENAI[1]

Je n'ai pas l'intention de donner une histoire même très sommaire de la famille de Courtenai. Sans parler de sa branche anglaise, la seule qui subsiste encore aujourd'hui, ni des branches françaises éteintes de Champignelles, Bléneau, Tanlay, je me bornerai à esquisser le tableau de la seule branche de Nevers, Auxerre et du Gâtinais, qui nous intéresse par son essaimage de France à Constantinople, en Hongrie, en Servie, à Naples, en relations, directes ou lointaines, avec les maisons d'Anjou et des Baux. Et encore, ne ferai-je figurer dans cette branche que ceux de ses membres que j'ai eu déjà l'occasion de mentionner à un titre quelconque.

L'origine royale de la Maison de Courtenai remonte au roi Robert, fils de Hugues Capet, dont descendaient *à la fois* Élisabeth de Courtenai et son mari Pierre de France, 7e et dernier fils de Louis le Gros comme le montre le tableau suivant :

Robert, roi de France, † 1032.	....	....
Renaud I, comte de Nevers, † 1042.	....	....
Guillaume I, comte de Nevers, † 1100.	Othon de Courtenai, † 1040.	Robert (fils d'Hugues Capet), † 1032 (Constance d'Arles).
Renaud II, comte de Nevers, † 1087.	Josselin I de Courtenai, † 1127. (Hildegarde de Gâtinais), † 1060.	Henri Ier, † 1060. (Anne de Savoie).
Ermengarde de Nevers épouse (1095)	Milon de Courtenai, † 1127.	Philippe Ier, † 1108. (Berthe de Hollande).
	Renaud de Courtenai. (N. du Donjon).	Louis VI le Gros, † 1137. (Adélaïs de Savoie).
	Élisabeth † 1205, épouse (1150)	Pierre de France † 1183.

Tous les Courtenai, ancêtres d'Élisabeth, ont été en Palestine. *Élisabeth* a cinq frères dont l'un, Baudoin, y meurt en 1204 ; elle est arrière-petite-nièce des rois de Jérusalem Baudoin II († 1132) et Foulques d'Anjou († 1144) et cousine germaine de Josselin IV de Courtenai le dernier des comtes d'Édesse

1. P. Anselme. — Du Bouchet, *Histoire généalogique de la Maison royale de Courtenai*. Paris, 1661. — Abbé Berton, *Courtenai et ses anciens seigneurs*. Montargis, 1877.

(✝ 1142) et d'Agnès de Courtenai sa sœur, femme d'Amaury de Lusignan comte de Jophe et roi de Jérusalem (✝ 1197).

Pierre de France (✝ 1183 en Palestine) et Élisabeth de Courtenai (✝ 1205) eurent onze enfants :

Leur fils aîné *Pierre de Courtenai* qui prend le nom de sa mère, épouse d'abord Agnès de Nevers, puis Yolande de Hainaut sœur des deux premiers empereurs latins de Constantinople : il devient lui-même Empereur (1217-1218) et après lui le trône est occupé successivement par ses deux fils Robert (1221-1228) et Baudoin II détrôné en 1261 par Michel Paléologue. Je n'indique ci-dessous que six de ses onze enfants :

Pierre de France ✝ 1183
(Elisabeth de COURTENAI ✝ 1205).

PIERRE DE COURTENAI ✝ 1218 Empr de Constantinople
(1184 Agnès de Nevers,
1193 Yolande de Hainaut ✝ 1219).

ROBERT
Empereur 1221
✝ 1228

BAUDOIN II DE COURTENAI Empr 1237 ✝ 1272
(Marie de Brienne).

PHILIPPE DE COURTENAI
✝ 1285 Empr titre
(Béatrix de Sicile fille de
Charles I d'Anjou).

CATHERINE DE COURTENAI ✝ 1308
Impératrice titulaire
(Charles de France
Cte de Valois ✝ 1325
fils de Philippe le Hardi).

Catherine de Valois
✝ 1346
(Philippe de Sicile, Pce de Tarente ✝ 1332
Empereur titulaire).

Robert de Tarente
Empr titre ✝ 1364
(Marie de Bourbon).

Philippe II de Tarente
Empr titre ✝ 1373 (1352
Marie de Sicile ✝ 1366).

Jacques de Baux
Duc d'Andrie ✝ 1383
dernier Empr titre.

YOLANDE ✝ 1233
(André II roi de
Hongrie ✝ 1270).

Yolande de Hongrie
(Jaime I roi d'Aragon
✝ 1276).

MARIE ✝ 1222
(Théodore Lascaris
Empr de Nicée
✝ 1222).

AGNÈS
(Geoffroy II
de Villehardouin
Pce de Morée ✝ 1245).

Guillaume II de
Villehardouin ✝ 1278
(Anne Ange Comnène).

Isabelle de Villehardouin
✝ 1311
(Philippe de Sicile ✝ 1277,
Florent Cte de Hainaut ✝ 1297
Philibert de Savoie ✝ 1334).

Mathilde de Hainaut
✝ 1331 (Louis de
Bourgogne ✝ 1316).

Marguerite de
Villehardouin ✝ 1315
(Isnard de Sabran
✝ 1297).

Isabelle de Sabran
✝ 1315
(Ferdinand de Mayorque).

Jacques II
Roi de Mayorque ✝ 1349.

HÉLÈNE
(Etienne IV Ourosh
roi de Servie
✝ 1270).

NOTE II

LES BAUX DES URSINS[1]

Je n'ai pas le dessein de tracer, même sommairement, l'histoire d'une des familles les plus illustres d'Italie, celle des Orsini (des Ursins). Ce fut une famille puissante d'hommes de guerre braves, habiles et ambitieux. Fidèles à leurs amitiés, autant que le leur conseillait le soin de leurs intérêts, toujours dévoués dans la Romagne au Saint-Siège, autant que les Colonna, leurs éternels ennemis, l'étaient aux empereurs d'Allemagne et au parti Gibelin, les Orsini ont été pendant tout le Moyen Age, mêlés aux dissensions qui ont déchiré l'Italie. Dans ces guerres perpétuelles qui ont successivement opposé les unes aux autres, surtout dans le Nord et le Centre de la Péninsule, les républiques de Venise, Milan, Gênes, Pise, Florence, Sienne, tantôt alliées, tantôt ennemies les unes des autres, les Papes s'efforçant toujours de profiter de leurs discordes, les Orsini figurent au premier plan parmi ces Condottieri vivant de la guerre et pour la guerre, dans des combats plus fréquents que meurtriers, avec des défaites suivies, d'ordinaire, de promptes revanches.

Nous avons plusieurs fois trouvé leurs noms dans notre récit et signalé leurs alliances avec les diverses branches de la maison des Baux :

Au chapitre IV (Andrie), nous avons vu *François* Ier duc d'Andrie († 1404) prendre pour sa troisième femme, en 1381, Suève Orsina fille de Nicolas des Ursins; puis leur fils *Guillaume* épouser Marie Orsina. Plus tard, *Pirro* 4e duc d'Andrie († 1487) épouse Maria Donata fille de Gabriel Orsino-Balzo duc de Venosa († 1453).

Au chapitre V (Orange), *Suève del Balzo* sœur de Raymond comte de Soleto épouse, en 1130, Robert Orsino comte de Nola. Plus tard, en 1491, *Bernardino comte d'Alessano* épouse Altobella di Gesualdo sœur de Luigi Orsino Gesualdo prince de Venosa;

Au chapitre VIII enfin (Balz de la Zetta) nous avons vu les trois enfants de *Maria Antonia Balša* († 1531) et de Alfonso Ferillo comte de Muro († 1483)

1. Sansovino, *Historia di Casa Orsina*. Venise, 1565. — Della Marra, *Discorsi delle famiglia estinte*, &. Naples, 1641.

épouser : *Isabelle* Luigi Gesualdo prince de Venosa, *Béatrix* Ferrante Orsino duc de Gravina et *Guillaume*, en 1491, Marguerite Orsina fille de Jacopo comte de Gravina et petite-fille de Francesco Orsino préfet de Rome.

Laissant de côté quatre des cinq branches de la famille des Ursins qui, en dehors des guerriers, ont toutes fourni à l'Église des cardinaux et des papes, je ne parlerai ici que de celle d'entre elles qui se relie le plus spécialement à l'histoire de Naples au temps des deux dynasties d'Anjou et d'Aragon. Elle descend de Robert Orsino comte de Nola, qui épousa Suève del Balzo de Soleto, à la condition que leurs fils porteraient, désormais réunis, les noms des deux familles : Orsino-Balzo (Baux des Ursins). Voici leur descendance :

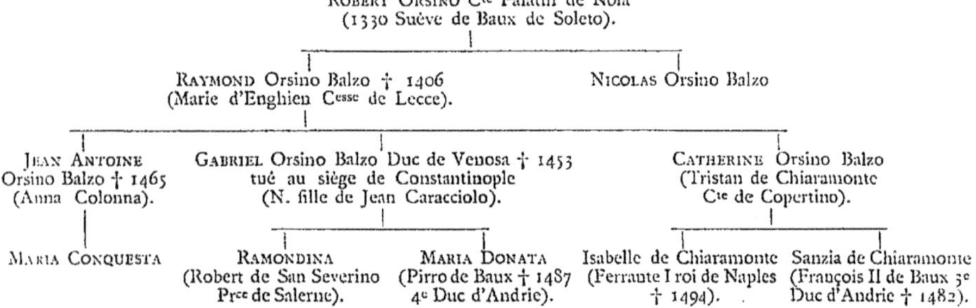

Le 18 octobre 1375, la reine Jeanne, comme comtesse de Provence, accorde à son grand camerlingue, Jean d'Arcussia de Capra comte de Minervino, les châteaux de Saint-Geniès, Jonquières, la Couronne, Tourves, Raysset et Gaillet, dévolus à la cour par la mort sans enfants de Raymond comte de Soleto; et ce, à l'exclusion de Nicolas de Baux des Ursins neveu du comte de Soleto et fils cadet de Robert et de Suève, qui a reconnu lui-même n'avoir aucun droit sur les biens féodaux de son oncle (By 1520).

Dès la mort violente de Jéanne (22 mai 1382), Raymond Orsino Balzo fils aîné de Robert s'empare, par la force, des terres et châteaux ayant appartenu, dans la Principauté ultérieure, au comte de Soleto. Sur son refus de les restituer, le roi Charles III (de Durazzo) ordonne, le 27 mai 1382, à son sénéchal

Raymond † 1406.

de Sicile de se les faire remettre, et le 24 septembre, à tous ses barons de la Basilicate, Capitanate, etc..., de lui prêter vigoureusement mainforte : ils n'obéissent pas, d'ailleurs, à cet ordre et Charles III ne leur en tient pas rigueur (By 1576, 1580).

Après quelques années de troubles sur lesquels les détails font défaut, le 22 août 1391, le roi Ladislas son fils, d'accord avec sa mère la reine Marguerite de Duras et avec le pape Boniface IX, autorise Raymond à rentrer avec ses soldats dans ses terres et châteaux et à en percevoir les revenus pendant un an, sans être poursuivi personnellement pour cause des rapines et dommages commis par ses troupes (By 1638).

Le 14 janvier 1394, le roi Louis II d'Anjou et sa mère Marie de Blois, régente, l'autorisent à céder ses domaines de Provence à Jean de Chalon, depuis 1358 prince d'Orange, et renoncent à tous les droits qu'ils pourraient avoir sur ces biens (By 1650).

Banni par son père s'il faut en croire Francesco Sansovino (*Historia di casa Orsina.* Venise, 1565), il s'en fut guerroyer en Palestine et à son retour (1399) il reçut du roi Ladislas la Principauté de Tarente.

Il épouse Marie d'Enghien fille de Jean d'Enghien comte de Lecce et de Blanche de Baux sœur de François Ier de Baux duc d'Andrie.

Lorsque furent complètement apaisés et oubliés les troubles qui, dans le royaume de Naples, avaient si longtemps mis aux prises les partisans de Ladislas et ceux de Louis d'Anjou [1], en janvier 1406, Raymond et sa femme Marie d'Enghien princesse de Tarente comtesse de Lecce et de Soleto pardonnent à leurs parents et vassaux de s'être soulevés contre eux pour suivre la cause du roi Louis II, leur remettent les peines encourues pour leur rébellion et leur restituent leurs biens et dignités (By 1702). Raymond meurt bien peu de temps après (1406).

Jean Antoine † 1463.

Sansovino raconte qu'après sa mort, le roi Ladislas voulut reprendre, assiégea et prit Tarente, si énergiquement défendue par Marie d'Enghien que, pénétré d'admiration pour son courage, il l'épousa en 1406.

Cette affirmation de Sansovino ne peut pas se concilier avec toute une

1. (Voir note 8.) Ladislas (premier règne), 1386-1392. — Louis d'Anjou, 1392-1399. — Ladislas (deuxième règne), 1399-1414.

série de documents que nous trouvons dans l'Inventaire de Barthélemy et dont voici l'analyse :

En juillet 1406, à Tarente, Marie d'Enghien demande aux ambassadeurs de Louis II d'Anjou, alors à Aix, d'abandonner en faveur de Raymond de Baux des Ursins son mari, *s'il vit encore* (sic) et, après sa mort, à ses enfants, JEAN ANTOINE DE BAUX DES URSINS et autres, la principauté de Tarente, le comté de Soleto, le duché d'Andrie et tous les biens qui avaient appartenu au duc d'Andrie en Provence et Sicile, promettant de livrer au Roi toutes les places qu'il lui désignera et d'obéir à tous ses commandements.

Le 21 juillet, à Tarente, les commissaires de Louis d'Anjou donnent à fief à Jean Antoine la principauté de Tarente et ses terres et châteaux, tels que les avaient possédés Robert et Philippe (d'Anjou) prince de Tarente, avec pouvoir de les léguer à ses fils légitimes et s'il n'en a pas (ce fut le cas) à son frère Gabriel. Le même jour, à Tarente, Marie d'Enghien princesse de Lecce et comtesse de Soleto prête hommage aux ambassadeurs du roi Louis II, comme tutrice de son fils Jean Antoine prince de Tarente et de ses autres enfants (By 1706, 1707, 1708).

A cela ne se bornent pas d'ailleurs les preuves d'affection de Louis II. Ses ambassadeurs avaient conclu verbalement un projet de mariage entre Jean Antoine de Baux des Ursins et Marie fille de Louis II et de la reine Yolande. Le même jour, 21 juillet 1406, à Tarente, ils promettent à Marie d'Enghien princesse de Tarente de faire ratifier par Yolande cet engagement verbal et règlent, en vertu d'une procuration de Louis II datée d'Aix, les conditions de ce mariage qui ne devait avoir lieu que quand l'âge des fiancés le permettrait; Jean Antoine était alors dans la première année de son principat de Tarente (By 1709, 1710). (Ce projet, d'ailleurs, ne s'est pas réalisé, car Jean Antoine Orsino épousa Anna Colonna.)

Le même jour enfin, par une faveur rétrospective, les commissaires de Louis II, à la demande de Marie d'Enghien, confirment le pardon accordé à feu Raymond de Baux des Ursins; ils déclarent que les crimes à lui reprochés, sont le fait de quelques hommes notés d'infamie et absolvent sa mémoire de toutes ses fautes (By 1711).

Quelques jours après, le 2 août 1406, à Tarente, Marie d'Enghien, princesse de Tarente comtesse de Lecce et de Soleto, promet aux ambassadeurs de Louis II de prêter mainforte à ses troupes pour la conquête de son royaume (By 1712). (Louis II en effet devait revenir en Italie en 1409, y recevoir à Rome l'investiture d'Alexandre V, battre Ladislas à Ascoli en 1411, puis rentrer enfin en France sans tirer profit de ses succès : note 8.)

Peu après la mort de Ladislas (1414), la reine Jeanne II, sa sœur, pour récompenser les nombreux services de Marie d'Enghien, de son mari Raymond de Baux des Ursins prince de Tarente et comte de Soleto et de Jean Antoine leur fils aîné, confirme, en juin 1415, l'achat fait par eux de Caserte et de plusieurs châteaux en terre d'Otrante et autorise Marie à partager ses biens également entre tous ses enfants, avec le consentement de Gabriel frère cadet de Jean Antoine (By 1740). En 1418 et 1419, Jeanne II confirme à Jean Antoine la possession des comtés de Lecce et de Soleto et à la princesse Marie d'Enghien l'achat du château de Guardia Lombardi, sous obligation du service militaire envers la couronne (By 1754-1758).

Rien de tout cela ne peut se concilier avec l'affirmation de Sansovino que le roi Ladislas aurait épousé Marie d'Enghien, veuve de Raymond de Baux des Ursins.

D'après le même auteur, d'ailleurs très obscur et fort difficile à suivre, lorsqu'en 1419 Jacques de Bourbon comte de la Marche s'enfuit d'auprès la reine Jeanne II sa femme, il se serait rendu à Tarente où Jeanne le fit assiéger. Avant de se réfugier définitivement en France, il aurait vendu la principauté de Tarente à Jean Antoine de Baux des Ursins et la reine aurait approuvé cette cession.

Ce qui est certain du moins, c'est que, le 15 août 1420, Jeanne II qui avait appelé à son aide le roi Alfonso d'Aragon contre Louis III d'Anjou (qu'elle devait trois ans plus tard adopter à son tour), désirant récompenser François des Ursins son capitaine et conseiller (cousin de Jean Antoine) du service qu'il lui avait rendu en s'enfermant avec elle dans son château royal, quand elle y était assiégée, par terre et par mer, par son ennemi Louis d'Anjou, détache de la principauté de Tarente, déjà donnée à Jean Antoine, la terre de Massafra et la lui donne avec la faculté de la vendre ou de la léguer (By 1765).

Jusqu'ici Jean Antoine de Baux des Ursins a joué un rôle assez effacé. Il va se révéler au moment de la mort de Jeanne II. Par haine, peut-être, contre Jean Caracciolo son amant, il se prononce nettement en faveur d'Alfonso d'Aragon, prend le commandement de ses troupes et bat à Cosenza (1434) Louis III d'Anjou qui trouve la mort dans la bataille. Jeanne meurt l'année suivante, laissant le trône de Naples à René d'Anjou frère de Louis. Il était alors prisonnier en Bourgogne, mais ses partisans relèvent la tête, Alfonso est battu sur mer à Gaète (1435) et fait prisonnier ainsi que Jean Antoine et son frère Gabriel de Baux des Ursins duc de Venosa.

Lorsque, sept ans plus tard, Alfonso d'Aragon revient à Naples et en chasse René d'Anjou, Jean Antoine est son grand favori, grand connétable du royaume, jouissant d'un traitement annuel de 100.000 ducats, avec l'obligation de tenir toujours 1.000 lances à sa disposition. Cela dura ainsi jusqu'à la mort du roi Alfonso (1458).

A cette époque et sans qu'on en sache exactement la raison, Jean Antoine change son arquebuse d'épaule et se déclare pour Jean d'Anjou, fils de l'ex-roi René, contre le roi Ferrante I fils naturel et successeur d'Alfonso. Il était cependant l'oncle de ce roi qui avait épousé en premières noces Isabelle de Chiaramonte fille de Catherine Orsina et de Tristan de Chiaramonte comte de Copertino. Il est suivi dans sa révolte par les trois fils de son cousin germain Raimond Orsino prince de Salerne et duc d'Amalfi (Félix prince de Salerne, Daniel comte de Sarno et Giordano comte de Tripalda), par Orso Orsino comte de Nola son cousin, par Robert San Severino son neveu, gendre de Gabriel de Baux des Ursins duc de Venosa et par un grand nombre de seigneurs calabrais.

La lutte fut longue et d'abord malheureuse pour Ferrante qui est battu à Sarno, puis à San Fabiano. Mais, grâce à la rare énergie de la reine, il ne perd pas courage; soutenu par un autre Orsino, Robert comte de Tagliacozzo, par François II de Baux duc d'Andrie, son beau-frère (il avait épousé Sanzia de Chiaramonte) puis, en 1463, par Scanderberg qui lui envoie d'Épire des renforts commandés par Yvan Balša de la Zetta neveu de sa femme Andronica (p. 150), il reprend le dessus. Orso Orsino et Robert de San Severino abandonnent le parti des rebelles et jurent fidélité au roi Ferrante qui donne au premier les seigneuries de Nola, Tripalda, Lauro et Ascoli, au second la principauté de Salerne.

Jean Antoine de Baux des Ursins cependant continue la lutte. Il investit Andrie que défend brillamment son duc François II de Baux et s'en empare après quarante-neuf jours d'un siège acharné. Puis il attaque Minervino; Ferrante en avait confié la garde à Pirro de Baux fils de François II d'Andrie, qui s'y était enfermé avec sa femme Maria Donata de Baux des Ursins, fille de Gabriel duc de Venosa et nièce par suite de Jean Antoine. Indifférent aux liens du sang, au point de faire canonner la maison où elle gémissait dans les douleurs de l'enfantement, Jean Antoine s'empare de la ville et interne sa nièce à Spinacciola.

Mais Ferrante rassemble en Pouille ses troupes commandées par Robert Orsino comte de Tagliacozzo. Jean Antoine est complètement battu à Troia et obligé de demander la paix. Le prince Jean d'Anjou renonce à la lutte et rentre en France muni d'un sauf-conduit de Ferrante I. Celui-ci poussa-t-il l'oubli des injures, comme le dit Sansovino, jusqu'à rendre à Jean Antoine sa dignité de Grand Connétable ? En tout cas, il n'en jouit pas longtemps, car vieux et fatigué, aidé dit-on par le poison que lui donnent les familiers du Roi, il meurt à 70 ans (1465). Dès la nouvelle de sa mort, le roi Ferrante se rend à Tarente et s'y empare de ses bijoux et de ses richesses qui s'élevaient à plus d'un million.

Jean Antoine de Baux des Ursins avait épousé, on peut en être surpris, une descendante des constants ennemis de sa race, Anne fille de Giordano Colonna frère du pape Martin V. Elle ne lui donna pas d'enfants légitimes; mais il laissait quatre enfants naturels : un fils comte de Lecce et trois filles.

Gabriel † 1453. Le frère de Jean Antoine, *Gabriel duc de Venosa*, dont nous avons plus haut prononcé le nom, épousa la fille de Jean Caracciolo le favori de la reine Jeanne II; il n'en eut que deux filles : l'aînée *Ramondina* se maria avec Robert de San Severino que le roi Ferrante fit prince de Salerne; la seconde *Maria Donata* fut la femme de Pirro de Baux 4e duc d'Andrie dont j'ai raconté plus haut et dont je rappelle en deux mots la dramatique histoire. En 1486, le roi Ferrante marie son fils Frédéric, qui devait lui succéder, à Isabelle de Baux fille de Pirro; un an après (1487) Pirro, Aghilberto son frère et deux de leurs fils se révoltaient contre leur bienfaiteur qui les fait étrangler dans leur prison.

Ainsi s'éteint le rameau de la famille Orsino constitué par les Baux des Ursins.

BIBLIOGRAPHIE CONSULTÉE

BARTHÉLEMY, *Inventaire du château des Baux*. 1878.

— *Recherches historiques et généalogiques sur la maison des Baux*. 1879.

— *La ville des Baux et ses seigneurs*. 1882.

— *Inventaire chronologique et analytique des chartes de la maison des Baux*. 1882.

CANONGE, *Notice historique sur la ville et la maison des Baux*. 1844-1869.

ANMAN, *Description et souvenirs des Baux*. 1875.

JOURDAN, *Guide du visiteur dans l'ancienne ville des Baux*. 1885.

DESTANDAU, *Promenade aux Baux*. 1890.

— *La Réforme aux Baux*. Avignon, 1895.

— *Documents inédits sur la ville des Baux*. Avignon, 1903.

Baron DU ROURE, *Inventaire analytique des archives du château de Barbegal*. Paris, 1903.

PAULET, *Les Baux et Castillon*. Saint-Remy, 1902.

RUFFI, *Histoire des comtes de Provence*. 1654.

PAPON, *Histoire générale de Provence*. 1777.

DE LA PISE, *Histoire des princes et de la principauté d'Orange*. La Haye, 1640.

Augustin FABRE, *Histoire de Provence*. Marseille, 1834.

Paul FOURNIER, *Le Royaume d'Arles et de Vienne*. 1891.

POUPARDIN, *Le Royaume de Bourgogne*. 1907.

DE MANTEYER, *La Provence du Ier au XIIe siècle*. 1908.

LABANDE, *Avignon au XIIIe siècle*. 1908.

TRISTAN L'HERMITE, *Naples français*. Paris, 1663.

CHAZOT DE NANTIGNY, *Généalogies historiques des maisons qui ont possédé les différentes parties des Royaumes de Bourgogne et d'Arles*. 1738.

P. ANSELME, *Histoire généalogique de la maison royale de France*. 1712.

DEVIC et VAISSETTE, *Histoire du Languedoc*. 1872.

Du Bouchet, *Histoire généalogique de la maison de Courtenai.* 1661.
Abbé Berton, *Courtenai et ses anciens seigneurs.* Montargis, 1877.
Gibbon, *Histoire de la décadence de l'Empire romain*, traduction Guizot. Paris, 1812.
Du Cange, *Histoire de Constantinople sous les empereurs français.* Paris, Budron, 1826.
Lebeau, *Histoire du Bas-Empire.* 1834.
Lenormant, *Turcs et Monténégrins.*
— Deux dynasties françaises chez les Slaves. *Revue des Deux Mondes*, 1910.
Charles Hopf, *Chroniques gréco-romaines.* Berlin, 1873.
Georges Bibesco, *Vie du prince Bibesco.* Paris, 1894.
Coquelle, *Royaume de Servie.* 1894.
Sayous, *Histoire générale des Hongrois.* 1900.
Fauriel, *Histoire de la poésie provençale.* 1846.

Rogeri di Pacienzia, *Lo Balzino*, manuscrit 1500 (Bibliothèque de Pérouse).
Benedetto Croce, *La Regina Isabella del Balzo.* Napoli, 1897.
Sansovino, *L'historia di Casa Orsino.* Venezia, 1569.
— *Dell' origine e di fatti delle famiglie illustre d'Italia.* Venezia, 1582.
Scipione Ammirato, *Delle famiglie nobili Napoletane.* Firenze, 1580.
Filiberto Campanile, *Dell' armi overo Insegni de i nobili.* Napoli, 1618.
Della Marra, duca della Guardia, *Discorsi delle famiglie estinte imparentate colla Casa della Marra.* Napoli, 1641.
Orbini, *Il regno degli Slavi.* Pesaro, 1601.
Gelcich, *La zetta e la dinastia dei Balşidi.* Spalato, 1899.

— *Diplomatarium relationum Reipublicæ Ragusanæ.* Buda-Pest, 1887.
P. de Marca, *Marca hispanica sive limes hispanicus.* Paris, 1688.
Du Cange, *Illyricum vetus et novum.* Posonii, 1746.

P. de Bofarull, *Los Condes de Barcelona vindicados.* Barcelona, 1836.
J. Miret y Sanz, *La Casa Condal de Urgell en Provenza.* Barcelona, 1903.

Mijatovitch, The ancestors of the house of Orange. *Eastern and Western Review.* 1892.

TABLE DES TABLEAUX GÉNÉALOGIQUES

Branche de Marseille Avellino 22
Branche de Berre Andrie 48
Descendance de Bianchino d'Andrie 86
Branche d'Orange 88
Résumé synoptique de la généalogie des Balz en Provence et en Italie, et de celle des comtes de Provence et rois de Naples 116
Les Balša de la Zetta (Monténégro-Albanie). Résumé synoptique de leurs relations avec des familles serbes et albanaises 138
Les Balş de Roumanie 150
Comtes de Barcelone et rois d'Aragon 186
La maison d'Anjou : Naples, Hongrie, Tarente, Duras 190
Résumé synoptique de l'histoire des royaumes de Servie et de Hongrie 204

TABLE DES PLANCHES

Panorama des Baux vus du Val d'Enfer.......... IV
Plan des Baux.......... VII
Cloître du monastère de Montmajour.......... 16
Église de Saint-Vincent aux Baux.......... 24
Rocher de la Tour Sarrazine, — les Bannes.......... 40
Chemin de ronde, — Trou de l'Aure, — Maison des Quiqueran.......... 40
Le Donjon des Baux vu de l'extérieur (Est).......... 48
Le Donjon vu de l'intérieur, — Columbarium.......... 48
Tombeau de Bertrand III comte d'Andrie, † 1351.......... 64
— Jacques d'Andrie, empereur titulaire de Constantinople, † 1383.......... 64
— Jean Antoine de Baux des Ursins, † 1482.......... 64
— François II duc d'Andrie, † 1482.......... 72
— Raymond comte de Soleto († 1375) à Santa Chiara.......... 104
Quelques sceaux et armes des trois branches de la maison des Baux.......... 116
Hôtel des Porcelets et lanterneau de Saint-Vincent.......... 128
Pavillon dit de la reine Jeanne.......... 128
Maison de Manville.......... 160
Temple protestant.......... 160
Tombeau du roi Robert le Sage à Santa Chiara.......... 192

TABLE DES MATIÈRES

INTRODUCTION V

CHAPITRE I. Les Balz de l'origine à 1100 1

CHAPITRE II. La Maison de Barcelone en Provence. Guerres de la Succession . . 7

CHAPITRE III. Branche de Marseille et d'Avellino 23

CHAPITRE IV. Branche de Berre et d'Andrie 49

CHAPITRE V. Branche d'Orange 87

CHAPITRE VI. La chapelle des Balz à Santa Chiara de Naples 117

CHAPITRE VII. Les troubadours aux Baux 123

CHAPITRE VIII. Les Balz en Servie, Montenegro 138

CHAPITRE IX. Les Balz en Roumanie 151

ÉPILOGUE 158

APPENDICE

Note 1. La suzeraineté des empereurs d'Allemagne sur la Provence et la Bourgogne. 165

Note 2. Doulce, Stéphanette, Faytide 170

Note 3. Mariage de Doulce avec Raimond Bérenger comte de Barcelone 176

Note 4. Guerre de la succession de Provence. — Traité de paix de septembre 1150. 177

Note 5. Accord de Frédéric Ier empereur d'Allemagne avec Raimond Bérenger, 18 août 1162 180

Note 6. Les Juges d'Arborée 182

Note 7. Comtes de Barcelone et Rois d'Aragon 186

Note 8. Les deux Maisons d'Anjou à Naples et en Hongrie. — Leurs relations avec la maison des Baux 190

Note 9. Résumé synoptique de l'histoire de Hongrie et de Servie. (Tableau.)

Note 10. L'Empire latin de Constantinople. La Principauté d'Achaïe. La Maison de Courtenai 205

Note 11. Les Baux des Ursins 218

MACON, PROTAT FRÈRES, IMPRIMEURS

www.ingramcontent.com/pod-product-compliance
Ingram Content Group UK Ltd.
Pitfield, Milton Keynes, MK11 3LW, UK
UKHW020435200726
13857UKWH00002B/429

9 782012 887787